农业部"十一五"规划教材

计算机应用基础

李纪文　田继红　主编

中国农业科学技术出版社

图书在版编目（CIP）数据

计算机应用基础/李纪文，田继红主编 .—北京：中国农业科学技术出版社，2010.12
ISBN 978 – 7 – 5116 – 0334 – 0

Ⅰ.①计… Ⅱ.①李…②田… Ⅲ.①电子计算机 – 高等学校 – 教材 Ⅳ.①TP3

中国版本图书馆 CIP 数据核字（2010）第 221498 号

| 责任编辑 | 王海东　闫庆健 |
| 责任校对 | 贾晓红 |

出 版 者	中国农业科学技术出版社
	北京市中关村南大街 12 号　邮编：100081
电　　话	（010）82106626（编辑室）　　（010）82109704（发行部）
	（010）82109703（读者服务部）
传　　真	（010）82106626
网　　址	http：//www.castp.cn
经 销 者	全国各地新华书店
印 刷 者	北京富泰印刷有限责任公司
开　　本	787 mm×1 092 mm　1/16
印　　张	15.25
字　　数	360 千字
版　　次	2010 年 12 月第 1 版　2010 年 12 月第 1 次印刷
定　　价	30.00 元

※ 版权所有·翻印必究 ※

《计算机应用基础》编委会

主　　编：李纪文　田继红

副 主 编：常　青　吴宇玲

主　　审：于忠党　张秀杰

参　　编：胡树煜　蒋　岱

内容简介

本书根据教育部高等学校计算机科学与技术教学指导委员会提出的《关于进一步加强高等学校计算机基础教学的意见》暨计算机基础课程教学基本要求中对非计算机专业学生的计算机教学的基本目标进行编写，在内容选取上，既考虑到了国家对计算机教育的相关要求，又考虑到了初级计算机用户的实际应用需求，以应用为主，注重计算机理论学习与实际应用相结合，在讲述方式上，采用了循序渐进和精讲多练的方式。

全书共六章，主要内容包括计算机基础知识；中文操作系统 Windows XP；文字处理软件 Word 2003；电子表格软件 Excel 2003；演示文稿软件 PowerPoint 2003；计算机网络基础和 Internet 的使用等内容。

本书选材新颖、内容丰富、层次清晰、图文并茂、浅显易懂，实用性和可操作性强，适用于一般院校大学计算机基础课程的教学，也可作为其他各类计算机基础教学的培训教材和自学参考书。

前　　言

随着计算机广泛的应用到各行各业，计算机基础教学在各专业的本科培养计划中已成为不可缺少的一部分。本书根据教育部高等学校计算机科学与技术教学指导委员会提出的《关于进一步加强高等学校计算机基础教学的意见》暨计算机基础课程教学基本要求中对非计算机专业学生的计算机教学的基本目标进行编写，也就是根据教育部高等学校非计算机专业计算机课程教学指导分委员会提出的"计算机基础教学白皮书"进行编写。本书按照"白皮书"的要求对计算机基础教学内容的知识结构与课程体系进行了合理的设置，将"以人为本、以学生为主体、教师为主导"的现代教学理念渗透到教学中去，注重在知识传授过程中培养学生能力和素质。

本教材的编写努力遵从教学规律及原则，注意理论知识与实际应用相结合，按照学生的认知特点，在内容组织上保持系统性、完整性的同时，删繁就简、层次清晰、重点突出。注重培养学生认识问题、分析问题、解决实际问题的能力。强化技能训练，针对各专业不同的教学需要，在广度优先的基础上保证所"必须"的深度，在"够用"的理论基础上，更注重应用技术技能的培养与训练。本教材主要特色有如下几点。

➢ 内容丰富、层次清晰、连贯、完整。
➢ 通俗易懂、图文并茂，实用事例突出，具有代表性。
➢ 注重学生实际应用能力的培养。

通过本课程学习，学生能在较短的时间掌握计算机的基础知识，并熟练应用计算机操作技能。本书选材新颖、内容丰富、图文并茂、浅显易懂，实用性和可操作性强，读者容易入门、便于自学。每章都设有明确的学习目标，章后附有小结，全书共分为6章。

本书由辽宁医学院的李纪文、田继红任主编，由辽宁医学院的常青、吴宇玲任副主编，辽宁医学院的胡树煜、锦州万程有线电视信息网络有限公司蒋岱参加了编写工作。编写具体分工如下：

第1章　计算机基础知识，由　吴宇玲　编写；
第2章　中文操作系统 Windows XP，由　李纪文　编写；
第3章　文字处理软件 Word 2003，由　田继红　编写；
第4章　电子表格软件 Excel 2003，由　常青　编写；
第5章　演示文稿制作软件 PowerPoint 2003，由　胡树煜　编写；
第6章　计算机网络基础和 Internet，由　蒋岱　编写；

最后由李纪文总纂成书。

 计算机应用基础

  本书由渤海大学信息科学与工程学院院长于忠党教授、黑龙江畜牧兽医职业学院的张秀杰副教授担任主审,在审定的过程中提出了很多宝贵意见,在此表示衷心的感谢!

  由于时间仓促,以及作者水平有限,书中难免有不足之处,敬请各位读者批评指正!

编者

2010 年 10 月

目 录

第1章 计算机基础知识 (1)
1.1 电子计算机的诞生与发展 (1)
1.1.1 电子计算机的诞生 (1)
1.1.2 计算机的发展阶段 (3)
1.1.3 未来计算机的发展方向 (4)
1.2 计算机的特点与分类 (6)
1.2.1 计算机的特点 (6)
1.2.2 计算机的分类 (6)
1.3 计算机的应用 (9)
1.4 计算机的系统组成 (10)
1.4.1 计算机系统概述 (10)
1.4.2 计算机的硬件系统 (11)
1.4.3 计算机的软件系统 (16)
1.4.4 计算机的性能指标 (17)
1.5 计算机中信息的表示方法 (18)
1.5.1 进位记数制 (18)
1.5.2 不同进位记数制间的转换 (21)
1.5.3 字符与汉字的编码 (23)
1.6 计算机病毒防治与信息安全 (26)
1.6.1 计算机病毒 (26)
1.6.2 计算机病毒的防治 (28)
1.6.3 信息安全 (29)
本章小结 (31)

第2章 中文操作系统 Windows XP (32)
2.1 Windows XP 概述 (32)
2.1.1 Windows XP 的简介 (32)
2.1.2 Windows XP 的特点 (32)
2.1.3 Windows XP 的运行环境与安装方法 (33)
2.2 Windows XP 的基本操作 (35)
2.2.1 Windows XP 系统的启动和关闭 (35)
2.2.2 鼠标与键盘的操作 (36)
2.2.3 Windows XP 的桌面 (38)
2.2.4 窗口 (43)

　2.2.5　对话框 …………………………………………………………………… (46)
　2.2.6　菜单 ……………………………………………………………………… (47)
　2.2.7　剪贴板 …………………………………………………………………… (49)
　2.2.8　中文输入 ………………………………………………………………… (49)
2.3　Windows XP 的文件管理 ………………………………………………………… (62)
　2.3.1　文件 ………………………………………………………………………… (62)
　2.3.2　文件夹 ……………………………………………………………………… (64)
　2.3.3　文件管理工具 ……………………………………………………………… (64)
　2.3.4　文件管理 …………………………………………………………………… (68)
2.4　Windows XP 磁盘管理 …………………………………………………………… (72)
　2.4.1　磁盘属性 …………………………………………………………………… (72)
　2.4.2　磁盘格式化 ………………………………………………………………… (73)
　2.4.3　磁盘清理 …………………………………………………………………… (74)
　2.4.4　磁盘扫描及查错 …………………………………………………………… (74)
　2.4.5　磁盘碎片整理 ……………………………………………………………… (75)
2.5　Windows XP 的控制面板管理 …………………………………………………… (76)
　2.5.1　控制面板 …………………………………………………………………… (76)
　2.5.2　系统设置简介 ……………………………………………………………… (76)
　2.5.3　"区域和语言选项"的设置 ……………………………………………… (77)
　2.5.4　"日期和时间"的设置 …………………………………………………… (79)
　2.5.5　"声音和音频设备"的设置 ……………………………………………… (79)
　2.5.6　"添加或删除程序"的设置 ……………………………………………… (80)
　2.5.7　"添加硬件"的设置 ……………………………………………………… (80)
　2.5.8　"显示"的设置 …………………………………………………………… (81)
　2.5.9　"用户账户"的设置 ……………………………………………………… (83)
2.6　Windows XP 的应用程序 ………………………………………………………… (84)
　2.6.1　画图 ………………………………………………………………………… (84)
　2.6.2　记事本 ……………………………………………………………………… (88)
　2.6.3　写字板 ……………………………………………………………………… (89)
2.7　Windows XP 的多媒体程序 ……………………………………………………… (91)
　2.7.1　Windows XP 的"录音机" ……………………………………………… (91)
　2.7.2　媒体播放机 Windows Media Player ……………………………………… (93)
本章小结 …………………………………………………………………………………… (97)
第3章　文字处理软件 Word 2003 ………………………………………………… (98)
3.1　Word 2003 概述 …………………………………………………………………… (98)
　3.1.1　Word 2003 的特点及主要功能 …………………………………………… (98)
　3.1.2　Word 2003 的启动与退出 ………………………………………………… (99)
　3.1.3　Word 2003 的窗口组成及操作 …………………………………………… (100)

3.1.4 Word 2003 的视图方式 ……………………………………………（103）
 3.2 文档的编辑与基本操作 …………………………………………………（104）
  3.2.1 文档的创建与打开 …………………………………………………（104）
  3.2.2 文档的编辑 …………………………………………………………（105）
  3.2.3 文档的保存 …………………………………………………………（108）
  3.2.4 文档的打印 …………………………………………………………（109）
  3.2.5 文档的关闭 …………………………………………………………（110）
 3.3 基本格式的编排 …………………………………………………………（111）
  3.3.1 字符格式的设置 ……………………………………………………（111）
  3.3.2 段落格式的设置 ……………………………………………………（112）
  3.3.3 边框和底纹的设置 …………………………………………………（114）
  3.3.4 文档背景的设置 ……………………………………………………（115）
  3.3.5 项目符号和编号的设置 ……………………………………………（116）
  3.3.6 分栏的设置 …………………………………………………………（117）
  3.3.7 中文版式的设置 ……………………………………………………（118）
  3.3.8 样式和格式的设置 …………………………………………………（119）
 3.4 表格的创建与编辑 ………………………………………………………（121）
  3.4.1 创建表格 ……………………………………………………………（121）
  3.4.2 修改表格 ……………………………………………………………（122）
  3.4.3 在表格中输入和编辑文本 …………………………………………（124）
  3.4.4 设置表格格式 ………………………………………………………（125）
  3.4.5 表格的排序与计算 …………………………………………………（126）
  3.4.6 表格与文本之间的转换 ……………………………………………（127）
 3.5 图文混排 …………………………………………………………………（127）
  3.5.1 在文档中绘制图形对象 ……………………………………………（127）
  3.5.2 在文档中插入图片 …………………………………………………（129）
  3.5.3 使用文本框 …………………………………………………………（131）
  3.5.4 制作艺术字 …………………………………………………………（132）
  3.5.5 插入公式 ……………………………………………………………（132）
 3.6 文档的高级编排技术 ……………………………………………………（133）
  3.6.1 文档大纲的编写 ……………………………………………………（133）
  3.6.2 页眉和页脚的设置 …………………………………………………（135）
  3.6.3 页码的设置 …………………………………………………………（138）
  3.6.4 脚注和尾注的设置 …………………………………………………（139）
  3.6.5 编制目录 ……………………………………………………………（140）
 本章小结 …………………………………………………………………………（141）
第 4 章 电子表格软件 Excel 2003 ……………………………………………（142）
 4.1 Excel 2003 电子表格概述 ………………………………………………（142）

　　4.1.1　Excel 2003 的特点及主要功能 …………………………………………（142）
　　4.1.2　Excel 2003 的启动与退出 ……………………………………………………（142）
　　4.1.3　Excel 2003 的窗口组成及操作 ………………………………………………（143）
4.2　Excel 2003 的基本操作 ……………………………………………………………（145）
　　4.2.1　创建和打开工作簿与工作表 …………………………………………………（145）
　　4.2.2　保存工作簿与工作表 …………………………………………………………（147）
　　4.2.3　关闭工作簿与工作表 …………………………………………………………（148）
　　4.2.4　在工作表中输入数据 …………………………………………………………（148）
　　4.2.5　插入工作表 ……………………………………………………………………（152）
　　4.2.6　移动或复制工作表 ……………………………………………………………（152）
　　4.2.7　删除工作表 ……………………………………………………………………（154）
　　4.2.8　重新命名工作表 ………………………………………………………………（154）
　　4.2.9　隐藏与取消隐藏工作表 ………………………………………………………（154）
　　4.2.10　打印工作簿与工作表 …………………………………………………………（154）
4.3　编辑工作表 …………………………………………………………………………（156）
　　4.3.1　选定操作 ………………………………………………………………………（156）
　　4.3.2　编辑行、列或单元格 …………………………………………………………（156）
　　4.3.3　编辑修改数据 …………………………………………………………………（158）
　　4.3.4　查找与替换数据 ………………………………………………………………（158）
4.4　工作表的格式编排 …………………………………………………………………（160）
　　4.4.1　单元格格式的设置 ……………………………………………………………（160）
　　4.4.2　调整行高和列宽 ………………………………………………………………（162）
　　4.4.3　条件格式的设置 ………………………………………………………………（163）
　　4.4.4　自动套用格式的设置 …………………………………………………………（163）
　　4.4.5　用格式刷复制单元格格式 ……………………………………………………（164）
4.5　公式与函数 …………………………………………………………………………（164）
　　4.5.1　使用公式 ………………………………………………………………………（164）
　　4.5.2　使用函数 ………………………………………………………………………（166）
　　4.5.3　单元格引用 ……………………………………………………………………（167）
4.6　数据管理 ……………………………………………………………………………（169）
　　4.6.1　用记录单管理数据 ……………………………………………………………（169）
　　4.6.2　数据清单的管理 ………………………………………………………………（169）
　　4.6.3　数据排序 ………………………………………………………………………（170）
　　4.6.4　数据筛选 ………………………………………………………………………（171）
　　4.6.5　分类汇总 ………………………………………………………………………（172）
4.7　图表的创建与编辑 …………………………………………………………………（172）
　　4.7.1　创建图表 ………………………………………………………………………（172）
　　4.7.2　图表的组成 ……………………………………………………………………（174）

4.7.3 编辑图表 …………………………………………………………………… (174)
本章小结 ………………………………………………………………………………… (175)
第 5 章 演示文稿制作软件 PowerPoint ……………………………………………… (176)
  5.1 PowerPoint 2003 概述 …………………………………………………………… (176)
    5.1.1 PowerPoint 2003 的特点及主要功能 ……………………………………… (176)
    5.1.2 PowerPoint 2003 的启动与退出 …………………………………………… (176)
    5.1.3 PowerPoint 2003 的窗口组成及操作 ……………………………………… (177)
    5.1.4 PowerPoint 2003 的视图方式 ……………………………………………… (178)
  5.2 演示文稿的基本操作 …………………………………………………………… (179)
    5.2.1 创建演示文稿 ……………………………………………………………… (179)
    5.2.2 打开演示文稿 ……………………………………………………………… (182)
    5.2.3 保存演示文稿 ……………………………………………………………… (182)
    5.2.4 打印演示文稿 ……………………………………………………………… (183)
    5.2.5 关闭演示文稿 ……………………………………………………………… (183)
  5.3 编辑演示文稿 …………………………………………………………………… (184)
    5.3.1 选定操作 …………………………………………………………………… (184)
    5.3.2 编辑与输入文本 …………………………………………………………… (184)
    5.3.3 插入图片、声音和影片 …………………………………………………… (186)
    5.3.4 插入图表、表格和组织结构图 …………………………………………… (188)
    5.3.5 插入对象和超级链接 ……………………………………………………… (191)
    5.3.6 移动幻灯片 ………………………………………………………………… (192)
    5.3.7 复制幻灯片 ………………………………………………………………… (192)
    5.3.8 删除幻灯片 ………………………………………………………………… (193)
    5.3.9 设置页眉和页脚 …………………………………………………………… (193)
  5.4 设置幻灯片外观 ………………………………………………………………… (194)
    5.4.1 应用幻灯片版式 …………………………………………………………… (194)
    5.4.2 应用幻灯片设计模板 ……………………………………………………… (194)
    5.4.3 配色方案 …………………………………………………………………… (194)
    5.4.4 设置幻灯片背景 …………………………………………………………… (194)
    5.4.5 使用母版 …………………………………………………………………… (194)
  5.5 幻灯片的放映 …………………………………………………………………… (197)
    5.5.1 幻灯片的放映 ……………………………………………………………… (197)
    5.5.2 制作动作按钮 ……………………………………………………………… (199)
    5.5.3 动作设置 …………………………………………………………………… (199)
    5.5.4 动画方案 …………………………………………………………………… (200)
    5.5.5 自定义动画的设置 ………………………………………………………… (200)
    5.5.6 幻灯片的切换方式 ………………………………………………………… (200)
  5.6 演示文稿的打包与网络发布 …………………………………………………… (201)

  5.6.1　演示文稿的打包 ………………………………………………… (201)
  5.6.2　演示文稿的网络发布 ……………………………………………… (202)
 本章小结 ……………………………………………………………………… (204)

第6章　网络基础与 Internet 应用 …………………………………………… (205)
 6.1　计算机网络基础 ………………………………………………………… (205)
  6.1.1　计算机网络概述 …………………………………………………… (205)
  6.1.2　计算机网络的功能 ………………………………………………… (206)
  6.1.3　计算机网络的分类 ………………………………………………… (206)
  6.1.4　计算机网络的拓扑结构 …………………………………………… (207)
  6.1.5　计算机网络的体系结构 …………………………………………… (208)
  6.1.6　计算机网络的系统组成 …………………………………………… (210)
  6.1.7　数据通信基础知识 ………………………………………………… (212)
 6.2　Internet 基础 …………………………………………………………… (214)
  6.2.1　Internet 的发展 …………………………………………………… (214)
  6.2.2　Internet 的相关术语 ……………………………………………… (214)
  6.2.3　Internet 的基本功能 ……………………………………………… (216)
  6.2.4　Internet 的接入方式 ……………………………………………… (217)
 6.3　Internet Explorer 6.0 浏览器 …………………………………………… (218)
  6.3.1　Internet Explorer 6.0 的窗口组成 ………………………………… (218)
  6.3.2　浏览网页 …………………………………………………………… (219)
  6.3.3　网页的保存与打印 ………………………………………………… (220)
  6.3.4　收藏网页 …………………………………………………………… (221)
  6.3.5　搜索引擎 …………………………………………………………… (222)
 6.4　电子邮件服务 …………………………………………………………… (222)
  6.4.1　电子邮件概述 ……………………………………………………… (222)
  6.4.2　免费的电子信箱 …………………………………………………… (223)
  6.4.3　Outlook Express 的设置与使用 …………………………………… (224)
 6.5　文件的上传与下载 ……………………………………………………… (228)
  6.5.1　文件的上传 ………………………………………………………… (228)
  6.5.2　文件的下载 ………………………………………………………… (228)
 本章小结 ……………………………………………………………………… (229)

主要参考文献 ……………………………………………………………………… (231)

第 1 章　计算机基础知识

【学习目标】
了解计算机的发展简史
掌握微型计算机系统的组成
了解常用的计算机术语
掌握计算机病毒及防治措施

1.1　电子计算机的诞生与发展

当今社会是高速发展的信息社会，计算机如今已经广泛应用到各个领域之中，对整个社会和科学技术具有深远的影响。

计算机是一种按程序控制自动进行信息加工处理的通用工具。从这点来看，计算机与人的大脑有某些相似之处，因为人的大脑和五官也是信息采集、识别、转换、存储、处理的器官，所以，人们常把计算机称为电脑。它的产生是人类社会发展的必然产物，是社会发展和科技进步的重要标志。计算机作为一种先进的计算工具，是人类认识世界、改造世界的必然结果。如今计算机的发展和应用水平是衡量一个国家科学技术发展水平和经济实力的重要标志。因此，学习计算机基础知识对于每个学生和当今社会各类层次人员都是十分必要的。

1.1.1　电子计算机的诞生

计算机是人类在漫长的生产实践中创造出来的一种劳动工具，它与其他的劳动工具如棍棒、刀具等都是一样的，只不过它是用来计算的工具。

在远古，人类的祖先没有计算工具，只有用石子、绳结来计数。随着社会的发展，计算的问题越来越多，石子、绳结已不能适应社会的需要，人们发明了算盘。世界上最早的计算工具就是算盘，出现在我国的春秋时代。到了元代，算盘传遍世界各地，开始普遍使用。但是，随着人类社会的进步，劳动工具日趋完善，剩余价值也随之增多，早期计算工具如筹算法、珠算、计算尺等已不能满足需要。

随着工业革命的兴起，计算工具也开始采用机械化技术。1642 年，法国哲学家和数学家帕斯卡（Blaise Pascal）利用齿轮传动原理发明了世界上第一台十进制加减法机械式计算机。1671 年，著名的德国数学家莱布尼兹（G. W. Leibnitz）成功制造了第一台能够进行十进制加、减、乘、除四则运算的机械式计算机。1822 年，英国科学家巴贝奇（Charles Babbage）完成了第一台差分机，这种机器非常适合于编制航海和天文方面的数学用表。1832 年，巴贝奇开始进行分析机的研究。分析机如图 1 – 1 所示，在分析机的设计中，巴贝奇采用了三个具有现代意义的装置。

(1) 存储装置

采用齿轮式装置的寄存器保存数据，既能存储运算数据，又能存储运算结果。尽管由于当时技术上和工艺上的局限性，这种机器未能完成制造，但它的设计思想，可以说为现代计算机的制造奠定了基础。

(2) 运算装置

从寄存器取出数据进行加、减、乘、除运算，并且乘法是以累次加法来实现，还能根据运算结果的状态来改变计算的进程，用现代术语来说，就是条件转移。

图 1-1 分析机

(3) 控制装置

使用指令自动控制操作顺序、选择所需处理的数据以及输出结果。巴贝奇的分析机是可编程计算机的设计蓝图，实际上，今天所使用的每一台计算机都遵循着巴贝奇的基本设计方案。但是，巴贝奇先进的设计思想超越了当时的客观现实，由于当时的机械加工技术还达不到所要求的精度，使得这部以齿轮为元件、以蒸汽为动力的分析机一直到巴贝奇去世也没有完成。

有了如计算器、计算机器、差分机与分析机等计算工具后，确实提高了计算速度和效率。但随着近代科学技术的发展，上述计算工具已不能满足当时计算的要求，例如：天气预报，把有关天气的数据利用当时计算工具进行处理不能及时预报天气情况，因此，计算速度慢使得天气预报变成天气记录。又如：对于计算一些比较复杂的数据，利用当时的计算工具往往出错，由于计算精度差造成了不必要的损失。尤其在20世纪40年代中期，由于导弹、火箭、原子弹等现代科学的发展，出现了大量极其复杂的数学问题，原有的计算工具根本无法满足要求，于是迫切需要计算速度快、精度高的计算工具，电子学和自动控制技术的迅速发展，也为研制新的计算工具提供了物质技术条件。

在第二次世界大战期间，美国宾夕法尼亚大学与阿伯丁试炮场协作，为陆军计算火力表，可是小小的一张火力表，用当时的计算机来算，200人花2~3个月才能完成，结果还不一定可靠。为了解决计算速度难题，宾夕法尼亚大学的发明家莫希利接受了研制电子计算机的任务。经过努力，在前人的设计构想和实践基础上，于1946年2月15日制成了世界公认的第一台电子计算机 ENIAC（The Electronic Numerical Integrator And Calculator：电子数值积分计算机）。该机使用了17 468个真空电子管，耗电174千瓦，重达30吨，占地面积170平方米，每秒钟可进行5 000次加法运算，如图1-2所示。

虽然它还比不上今天最普通的一台微型计算机，但在当时它已是运算速度最快的机器，并且其运算的精确度和准确度也是史无前例的。以圆周率（π）的计算为例，中国的古代科学家祖冲之利用算筹，耗费15年心血，才把圆周率计算到小数点后7位数。一千多年后，英国人谢克斯以毕生精力计算圆周率，才计算到小数点后707位。而使用 ENIAC 进行计算，仅用了40秒就达到了这个记录，还发现谢克斯的计算中，第528位是错误的。它的成功，为提高计算机速度开辟了广阔的天地，也为现代计算机的发展奠定了基础，开辟了现代计算机的新纪元。

我国科学家从1953年开始研究计算机，到1958年成功研制出了我国第一台电子计算

图 1-2 世界上第一台计算机 ENIAC

机。在 1982 年我国又研制出了运算速度每秒 1 亿次的银河 I 型、II 型等小型系列机,与世界上先进的计算机科学技术逐渐接轨。

1.1.2 计算机的发展阶段

ENIAC 从诞生到现在,半个多世纪的应用过程中,计算机技术得到了飞速的发展。计算机对人类的影响比历史上任何发明创造都大。目前,计算机已经广泛应用在工业、农业、国防、科技、文化、教育以及个人家庭生活等方面,计算机已经成为现代人类生活必不可少的技能工具,计算机技术已经成为人类社会信息化的重要技术基础。

随着电子元器件从真空电子管、晶体管、中小规模集成电路发展到大规模、超大规模集成电路,计算机发生了 4 次更新换代。每一次更新换代都使计算机的体积和耗电量大大减少,功能大大增强,应用领域进一步拓宽。特别是 1971 年出现微型计算机以来,体积小、价格低、功能强的特点,使得计算机应用迅速普及,进入了办公室和家庭,在办公自动化和多媒体应用领域发挥了很大的作用。

1. 发展过程的 4 个阶段

根据计算机所采用的物理器件不同,整个发展过程分为 4 个阶段。

第一代:电子管计算机(1946~1957 年)

以电子管为基本电子器件;结构上以 CPU 为中心,使用机器语言和汇编语言;主要应用于国防和科学计算;运算速度每秒几千次至几万次;特点是速度慢、存储量小。

第二代:晶体管计算机(1958~1964 年)

以晶体管为主要器件;结构上以存储器为中心,使用高级语言,软件上出现了操作系统和算法语言;运算速度每秒几万次至几十万次;应用范围扩大到数据处理和工业控制。

第三代:中、小规模集成电路计算机(1965~1971 年)

普遍采用集成电路;结构上仍以存储器为中心,增加了多种外部设备;软件得到一定发展,计算机处理图像、文字和资料功能加强;操作系统成熟;体积缩小;运算速度每秒几十万次至几百万次。

第四代:大规模、超大规模集成电路计算机(1971~)

以大规模集成电路为主要器件；出现网络；运算速度每秒几百万次至上亿次；在此阶段计算机应用更加广泛，出现了微型计算机。

2. 编程语言发展的 4 个阶段

在计算机硬件发展的同时，软件始终伴随着硬件的步伐迅猛发展，就计算机的编程语言而言，其发展也经历了 4 个阶段：

第一代：机器语言。每条指令用二进制编码，效率很低、难读、难懂、难修改。

第二代：汇编语言。用符号编程，和具体机器指令有关，执行效率高。

第三代：高级语言。如 FORTRAN、COBOL、BASIC、PASCAL 等都属于高级语言。

第四代：面向对象程序设计语言。如 Visual Basic、Visual C/C++、Delphi、Power Builder 等。

3. 我国计算机的发展

我国从 1956 年开始进行电子计算机科研和教学工作。目前，我国大型计算机的研究发展一直走在世界的前列，微型计算机由于制造工艺落后，发展比较滞后。据最新国家公布的数据显示，我国微机 CPU 技术，已经达到"Pentium-Ⅲ"水平。

1983 年 12 月，我国研制成功每秒运行 1 亿次的"银河"巨型计算机；

1992 年 11 月，我国研制成功每秒运行 10 亿次的"银河Ⅱ"巨型计算机；

1997 年，我国研制成功每秒运行 130 亿次的"银河Ⅲ"巨型计算机。

北京神州龙芯公司 2001 年研制成功"龙芯一号"处理器，2002 年正式量产上市，得到了社会各界的广泛关注和大力支持。2005 年 4 月，由中国科学研究院计算技术研究所研制成功的"龙芯二号"处理器，采用 0.18 微米的工艺，最高频率为 500 兆赫兹，功耗为 3.5 瓦，远远低于国外同类芯片，是 2002 年发布的"龙芯一号"实测性能的 10～15 倍。此外，根据测试，"龙芯二号"的样机能够运行完整的 64 位中文 Linux 操作系统，全功能的 Mozilla 浏览器、多媒体播放器和 Open Office 办公套件，具备了桌面 PC 的基本功能。"龙芯二号"是我国自主研制的可用于台式计算机和笔记本电脑的通用处理器。

方舟系列芯片目前是国内性能最高的 CPU 产品，而且是已经批量生产和销售的 CPU 产品。2001 年方舟发布国内第一款实用产品"方舟 1 号"以来，一直走在国内 CPU 设计行业的前沿。2002 年 12 月，方舟发布 400 兆赫兹、0.18 微米、功耗只有 0.36 瓦的"方舟 2 号"。截至目前，"方舟 3 号"已经完成设计，采用 0.18 微米工艺，32 位处理器，频率将达到 500 兆赫兹以上。

2008 年 7 月，中国首款百万亿次超级计算机曙光 5000A 宣布正式推出，如图 1-3 所示。它标志着中国百万亿次超级计算机的自主研发迈上了新的台阶，并推动中国再次跻身国际高性能计算机领域的前列。超级计算中心的曙光 5000A，采用了近 7 000 颗低功耗 AMD 真四核皓龙处理器"巴塞罗那"，将拥有超过 200 万亿次的超强计算能力，继 2004 年曙光 4000A 创造的峰值 11 万亿次国内高性能计算记录之后，再创辉煌。

1.1.3 未来计算机的发展方向

随着计算机应用的广泛深入，同时对计算机技术本身提出了更高的要求。当前，计算机的发展表现为 5 种趋向。

1. 巨型化

天文、军事、仿真等领域需要进行大量的计算，要求计算机有更高的运算速度、更大的存储量，这就需要研制功能更强的巨型计算机。研制超级计算机的技术水平体现了一个国家的综合国力，因此，发展高速度、大容量、功能强大的超级计算机，是各国在高技术领域竞争的热点。超级计算机可用于处理庞大而复杂的问题，例如：航天工程、石油勘探、人类遗传基因等现代科学技术和国防尖端技术方面。

图1-3 超级计算机曙光5000A

2008年全球超级计算机世界500强中，排在首位的是IBM的名为"Roadrunner"的计算机系统，它的运算速度达到了1.026petaflop/s（千万亿次/秒），是第一台超过1千万亿次/秒的超级计算机系统。除美国之外唯一一台进入10强的是来自中国的曙光5000A。这标志着我国成为世界上第二个可以研发生产超百万亿次超级计算机的国家。

2. 微型化

专用微型机已经大量应用于仪器、仪表和家用电器中。通用微型机已经大量进入办公室和家庭，但人们需要体积更小、更轻便、易于携带的微型机，以便出门在外或在旅途中均可使用计算机。发展体积小、功能强、价格低、可靠性高、适用范围广的微型计算机是计算机发展的一项重要内容。

3. 网络化

将地理位置分散的计算机通过专用的电缆或通信线路互相连接，就组成了计算机网络。网络可以使分散的各种资源得到共享，使计算机的实际效率得到提高。计算机联网不再可有可无，而是计算机应用中一个很重要的部分。人们常说的因特网（Internet，即国际互联网）就是一个通过通信线路连接、覆盖全球的网络。通过因特网，人们足不出户就可获取大量的信息，与世界各地的亲友快捷通信，进行网上贸易等。

4. 智能化

目前的计算机已能够部分地代替人的脑力劳动，因此，也常称为"电脑"。但是，人们希望计算机具有更多的类似人的智能，例如：能听懂人类的语言，能识别图形，会自行学习等，这就需要进一步进行研究。

5. 新型计算机

近年来，通过进一步的深入研究，发现由于电子电路的局限性，理论上电子计算机的发展也有一定的局限性，因此，人们正在研制不使用集成电路的计算机，例如：生物计算机、光子计算机、超导计算机等。

随着微处理器速度的继续提升，个人电脑将具有原来的高性能服务器所具有的处理能力；高性能计算机采用分布式共享存储结构，将拥有1GHz以上的时钟频率；每个芯片有4个八路并行的以及更为复杂的GISC接点；计算机将采用更先进的数据存储技术（如光学、永久性半导体、磁性存储等），这样外部设备将走向高性能、网络化和集成化并且更易于携带；输入输出技术将更加智能化、人性化，随着手写输入、语音识别、生物测定、

光学识别等技术的不断发展和完善，人与计算机的交流将更加便捷，这些都是新型计算机的特点。

1.2 计算机的特点与分类

1.2.1 计算机的特点

计算机是一种可以自动控制、具有记忆功能的现代化计算工具和信息处理工具。它主要有以下几个方面的特点。

1. 运算速度快

计算机的运算速度（也称处理速度）用 MIPS（Million Instructions Per Second，百万条指令/秒）来衡量。现代的个人计算机速度在几百至几千 MIPS 以上，巨型计算机的速度更快。计算机如此高的运算速度是其他任何计算工具无法比拟的，它使得过去需要几年甚至几十年才能完成的复杂运算任务，现在只需几天、几小时、甚至更短的时间就可完成。

2. 计算精度高

一般来说，现在的计算机有几十位有效数字，但理论上还可以更高。因为数在计算机内部是用二进制数编码的，数的精度主要由这个数的二进制码的位数决定，可以通过增加数的二进制位数来提高精度，位数越多精度就越高。

3. 记忆力强

计算机的存储器类似于人的大脑，可以"记忆"（存储）大量的数据和信息而不丢失，在计算的同时，还可以把中间结果存储起来，供以后使用。

4. 具有逻辑判断能力

计算机在程序的执行过程中，会根据上一步的执行结果，运用逻辑判断方法自动确定下一步的执行命令。正是因为计算机具有这种逻辑判断能力，使得计算机不仅能解决数值计算问题，而且能解决一些非数值计算问题。比如：天气预报、信息检索、图像识别等。

5. 可靠性高、通用性强

由于采用了大规模和超大规模集成电路，现在的计算机具有非常高的可靠性。现代计算机不仅可以用于数值计算，还可以用于数据处理、工业控制、辅助设计、辅助制造和办公自动化等领域，具有很强的通用性。

1.2.2 计算机的分类

计算机的分类方法很多。按照功能和用途划分，可将计算机分为通用计算机（General Purpose Computer）和专用计算机（Special Purpose Computer）两大类。专用计算机是为某种特殊用途而设计的，在这种特殊的用途下，它显得高效、经济；通用计算机则可有多种用途，只要配置适当的软件和硬件接口，便可胜任各种工作。

按工作原理划分，可将计算机分为数字计算机（Digital Computer）、模拟计算机（Analog Computer）和混合计算机（Hybrid Computer）三大类。"数字"和"模拟"是指计算机内部所采用的运算量的形式，模拟计算机用连续的电压或电流模拟物理量进行运算，混合计算机将数字计算机和模拟计算机的优点结合起来,混合运用上述两种运算量。

按其规模大小划分,可将计算机分为巨型机、大型机、小型机、微型机。巨型机和大型机一般规模很大,运算速度特别快,主要应用在大规模的数据处理和复杂的科学计算中。小型机一般规模相对较小,多用于中等规模的数据处理中。人们通常用的计算机大多是微型计算机(简称微机),以后课程中介绍的也都是微型计算机。

1. 巨型机

它是当代运算速度最高、存储容量最大、通道速率最快、处理能力最强、工艺技术性能最先进的通用超级计算机。巨型机主要应用于复杂的科学和工程计算,如战略武器(如核武器和反导弹武器)的设计、空间技术、石油勘探、长期天气预报以及社会模拟等领域。世界上只有少数几个国家能生产巨型机。目前,预算速度最快的计算机是美国军方名为 Roadrunner 的超级计算机,运算速度高达每秒 1.026quadrillion(百万的四次方)。中国的曙光 5000A 超级计算机在最新的世界排名中名列第十。

2. 大型机

它是计算机技术的先导,是现代社会中具有战略性意义的重要工具,其特点表现为通用性强、具有很强的综合处理能力、性能覆盖面广等。通用机广泛地应用于科学和工程计算、信息的加工处理、企事业单位的事务处理等方面。

在信息化社会里,随着信息资源的剧增,带来了信息通信、控制和管理等一系列问题,而这正是大型机的特长。未来将赋予大型机更多的使命,它将覆盖"企业"所有的应用领域,如大型事务处理、企业内部的信息管理与安全保护、大型科学与工程计算等。

大型机研制周期长,设计技术与制造技术非常复杂,耗资巨大,需要相当数量的设计师协同工作。大型机在体系结构、软件、外设等方面又有极强的继承性,因此,国外只有少数公司能够从事大型机的研制、生产和销售工作。美国的 IBM、DEC,日本的富士通、日立等都是大型机的主要生产厂商。

3. 小型机

与上两种机型相比较,小型机规模小、结构简单、价格便宜、通用性强。这类机器由于可靠性高,对运行环境要求低,易于操作且便于维护。用户使用机器不必经过长期的专门训练。因此,小型机对广大用户具有吸引力,适合工业、商业和事务处理应用。现在生产小型机的厂商主要有 IBM、HP、浪潮、曙光等。IBM 的典型机器有 RS/6000、AS/400 等,AS/400 主要应用在银行和制造业,RS/6000 比较常见,用于科学计算和事务处理等。

小型机应用范围广泛,主要应用在工业自动控制、大型分析仪器、测量仪器、医疗设备中的数据采集、分析计算等,也可作为大型、巨型计算机系统的辅助机,并广泛运用于企业管理以及大学和研究所的科学计算等。

4. 微型机

1971 年,美国的 Intel 公司成功地在一个芯片上实现了中央处理器的功能,制成了世界上第一片 4 位微处理器 MPU(Micro Processing Unit),也称 Intel4004,并由它组成了第一台微型计算机 MCS-4,由此揭开了微型计算机大普及的序幕。

微型计算机是当今最为普及的机型。它体积小、功耗低、成本低、灵活性大,其性能价格比明显地高于其他类计算机,因而得到了广泛应用和迅速普及。从太空中的航天器到家庭生活,从工厂的自动控制到办公自动化以及商业、服务业、农业等,遍及社会各个领域。微型机的出现使得计算机真正面向人人,真正成为大众化的信息处理工具。微型机的普及程度代表了一个国家的计算机应用水平。

微型机如果按系统规模划分,分为单片机、单板机、个人计算机、便携式计算机等几种类型。

(1) 单片型机(又称"单片机")

单片机就是在一片集成电路上制作了完整的计算机系统,包括中央处理器、小容量的存储器(只读存储器和主存储器)、定时器和一些输入输出线。它的体积小、质量轻、价格便宜,为学习、应用和开发提供了便利条件。这种单片机的使用领域已十分广泛,如智能仪表、实时工控、通讯设备、导航系统、家用电器等。各种产品一旦用上了单片机,就能起到使产品升级换代的功效,常在产品名称前冠以形容词——"智能型",如智能型洗衣机等。

(2) 单板机

将计算机的各个部分都组装在一块印刷电路板上,包括微处理器、存储器、输入输出接口,还有简单的七段发光二极管显示器、小键盘、插座等。功能比单片机强,适于进行生产过程的控制。可以直接在试验板上操作,适用于教学。

(3) 个人计算机

供单个用户操作的计算机系统通常称为个人计算机,如图 1-4 所示。微型计算机系统一般包括微型计算机、软件、电源及外部设备等部分。微机常用的外部设备为键盘、显示器、磁盘机、打印机等。这种微机既可作为通用机,用于科学计算和数据处理,也可作为专用机,用于实时控制和管理等。

图 1-4　个人计算机

图 1-5　笔记本电脑

(4) 便携式计算机

又称手提电脑或笔记本电脑,是一种小型、可携带的个人计算机,通常重 1~3 千克,如图 1-5 所示。当前的发展趋势是体积越来越小,重量越来越轻,而功能却越发强大。为了缩小体积,笔记本电脑通常拥有液晶显示器(也称液晶屏 LCD)。除了键盘以外,有些还装有触控板(touchpad)或触控点(pointing stick)作为定位设备(Pointing device)。

(5) PDA

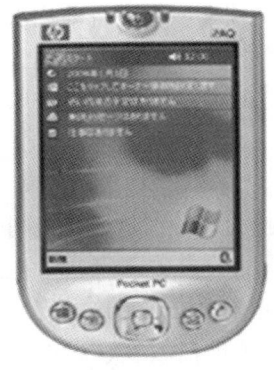

图 1-6 PDA

PDA 是 Personal Digital Assistant 的缩写，字面意思是"个人数字助理"，如图 1-6 所示。这种手持设备集中了计算、电话、传真、网络等多种功能。它不仅可用来管理个人信息（如通讯录、计划等），更重要的是可以用来上网浏览、收发 E-mail、发传真，甚至还可以当作手机来用。尤为重要的是，这些功能都可以通过无线方式实现。当然，并不是任何 PDA 都具备以上所有功能，即使具备，也可能由于缺乏相应的服务而不能实现。但可以预见，PDA 发展的趋势和潮流就是计算、通信、网络、存储、娱乐、电子商务等多功能的融合。PDA 一般都不配备键盘，而用手写输入或语音输入。PDA 所使用操作系统主要有 Palm OS，Windows CE 和 EPOC。

1.3 计算机的应用

由于电子计算机有运算速度快、计算精度高、记忆能力强、可靠性高和通用性强等一系列特点，使得电子计算机几乎进入了现代社会的一切领域，它服务于工业、农业、国防、交通、商业、文教、卫生等领域。电子计算机的主要用途如下。

1. 数值计算

数值计算主要是指计算机用于完成、解决科学研究和工程技术中的数学计算问题。某些十分庞大而复杂的科学计算，其他计算工具有时简直是无法解决的，比如：导弹、卫星运行轨迹计算和大型水坝应力计算，只有借助于计算机，才能准确、及时地完成工作。

2. 数据及事务处理

所谓数据及事务处理，是指非科技方面的数据管理和计算处理。其主要特点是，要处理的原始数据量大，而算术运算较简单，并有大量的逻辑运算和判断，结果常要求以表格或图形等形式存储或输出。如银行账务管理、股票交易管理、图书资料的检索等，面对大量的信息，如果不用计算机处理，而采用人工方法往往是难以胜任的。事实上，计算机在非数值方面的应用，已经远远超过了在数值计算方面的应用。

3. 自动控制与人工智能

由于计算机运算速度快，而且又具有逻辑判断能力，所以，可广泛应用于自动控制。如对生产和实验设备及其过程进行控制，可以大大提高自动化水平，减轻劳动强度，节省生产和实验周期，提高劳动效率，提高产品质量和产量，特别是在现代国防及航空航天等领域，可以说计算机起着决定性作用。现代的通讯工业，没有计算机是不可想象的，现在的计算机可以模拟人类的智能，在一些危险的行业代替人类操作作业，可以模拟人类进行医疗诊断、数据推理等。

4. 辅助设计、辅助制造和辅助教育

计算机辅助设计 CAD（Computer Aided Design）和计算机辅助制造 CAM（Computer Aided Manufacturing），是人们利用计算机来协助进行最优化设计和制造、进行生产设备的管理、控制和操作的手段。目前，在电子、机械、造船、航空、建筑、化工、电器等方面都有计算机的应用，使用计算机可以提高设计质量、缩短设计和生产周期、提高自动化水平。计算机辅助教学 CAI（Computer Aided Instruction），是利用计算机的功能程序把教学内容变成教学软件，让学生在计算机上自主学习，使教学内容更加多样化、形象化，以取得更好的教学、学习效果。

5. 通讯与网络

随着电子通讯业的迅速发展，计算机在通讯领域的作用也越来越大，特别是计算机网络的迅速发展。目前，遍布全球的因特网（Internet）已经把地球上的大多数国家联系在一起，利用计算机辅助教学软件和利用计算机网络在家里学习，代替去学校课堂这种传统的教学方式，已经在许多国家变成现实，在我国许多大学已经开设了虚拟教室、虚拟课堂、网络远程教育等。

另外，计算机在电子政务、电子商务等应用领域也得到了快速的发展。网上办公、网上购物已不再是陌生的话题，这些应用都极大地方便了人们的工作和生活，一种崭新的生活、工作模式已经兴起。

1.4 计算机的系统组成

1.4.1 计算机系统概述

科学家冯·诺依曼提出了"冯·诺依曼计算机"模型，确立了现代计算机的基本结构，即"存储程序结构"，也称为"冯·诺依曼体系结构"。半个多世纪以来，计算机发生了翻天覆地的变化，但在结构上基本上还是沿袭了"冯·诺依曼体系结构"。这种结构的计算机硬件系统由运算器、控制器、存储器、输入设备、输出设备五大基本构件组成，如图 1-7 所示。

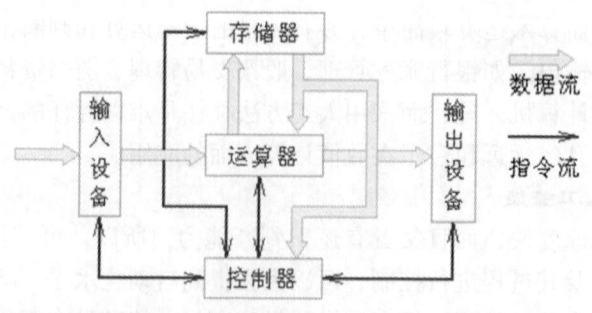

图 1-7 硬件结构

计算机硬件的基本功能是接受计算机程序的控制来实现数据输入、运算、数据输出等一系列根本性的操作。计算机的五大功能部件相互配合，共同实现它的基本功能。

一台完整的计算机系统包括硬件系统和软件系统。硬件系统是组成计算机的所有实体的集合，由电子器件、机械装置等物理部件组成。软件系统是指在硬件设备上运行的各种程序和文档资料。硬件是计算机工作的物质基础，是软件运行的场所，软件是计算机的灵魂，它们相互配合，缺一不可。

计算机系统是硬件和软件相结合的统一体，二者之间的关系如图 1-8 所示。

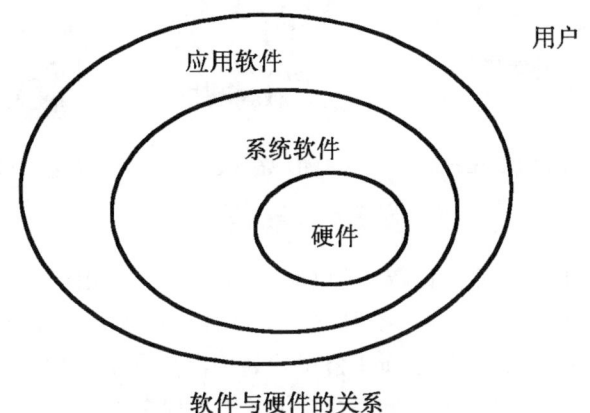

图 1-8 软、硬件关系

1.4.2 计算机的硬件系统

计算机的硬件系统，是指构成计算机的所有物理设备的总和，是各类软件的运行环境，是应用软件运行的物质基础。多媒体计算机的硬件系统，除了需要较高配置的通用计算机主机硬件以外，还需要音频、视频处理设备、光盘驱动器、各种媒体输入/输出设备等。

1. 主机

从计算机组成原理上来看，计算机硬件系统包括五大主要组成部分：运算器、控制器、存储器、输入设备和输出设备，其中，运算器、控制器、内部存储器称为计算机的主机。但是，在日常生活中，常常将主机箱内的所有部件总称为计算机的主机。多媒体计算机主机可以是大、中型机，也可以是微型机，然而目前更普遍的是多媒体个人计算机，即 MPC（Multimedia Personal Computer）。

（1）中央处理器

运算器和控制器合在一起称为中央处理单元，简称 CPU（Central Processing Unit）。CPU 是计算机的核心，主要完成科学计算和数据处理功能，相当于人的大脑，如图 1-9 所示。

运算器也称为算术/逻辑单元 ALU（Arithmetic/Logic Unit），是执行算术运算和逻辑运算的功能部件。

控制器是计算机的指挥中心，它的主要功能是按照人们预先确定的操作步骤，控制计算机各部件协调一致地自动工作。

目前，全球生产 CPU 的厂商主要有：Intel 公司、AMD 公司和 VIA 公司。Intel 公司领导着 CPU 的世界潮流，从 286、386、486、Pentium、Pentium II、Pentium III 到现在主流的 Pentium 4，它始终推动着微处理器的更新换代，Intel 公司的 CPU 不仅性能出色，而且在稳定性、功耗方面都十分理想，在 CPU 市场大约占据了 80% 的份额。

Intel Pentium 4 CPU 3GHz　　　　AMD K6-III　　　　龙芯二号处理器

图 1-9　三种 CPU

AMD 公司是唯一能与 Intel 公司竞争的 CPU 生产厂家，AMD 公司的产品现在已经形成了以 AthlonXP 及 Duron 为核心的一系列产品。AMD 公司认为，由于在 CPU 核心架构方面的优势，同主频的 AMD 处理器比 Intel 公司的处理器具有更好的整体性能。但 AMD 处理器的发热量往往比较大，选用的时候在系统散热方面应多加注意，在兼容性方面可能也需要多打些补丁。AMD 公司产品的特点是性能较高而且价格便宜。

（2）主板

主板，又叫主机板（mainboard）、系统板（systemboard）或母板（motherboard）。它安装在机箱内，是微机最基本的也是最重要的部件之一。主板一般为矩形电路板，如图 1-10 所示，上面安装了组成计算机的主要电路系统，一般有 BIOS 芯片、I/O 控制芯片、键盘和面板控制开关接口、指示灯插接件、扩充插槽、主板及插卡的直流电源供电接插件等元件。主板采用了开放式结构，主板上大都有 6~8 个扩展插槽，供 PC 机外围设备的控制卡（适配器）插接。通过更换这些插卡，可以对微机的相应子系统进行局部升级，使厂家和用户在配置机型方面有更大的灵活性。可以说，主板的类型和档次决定着整个微机系统的类型和档次，主板的性能影响着整个微机系统的性能。主板中目前认可度比较高的品牌有华硕（ASUS）、微星（MSI）、技嘉（GIGABYTE）等。

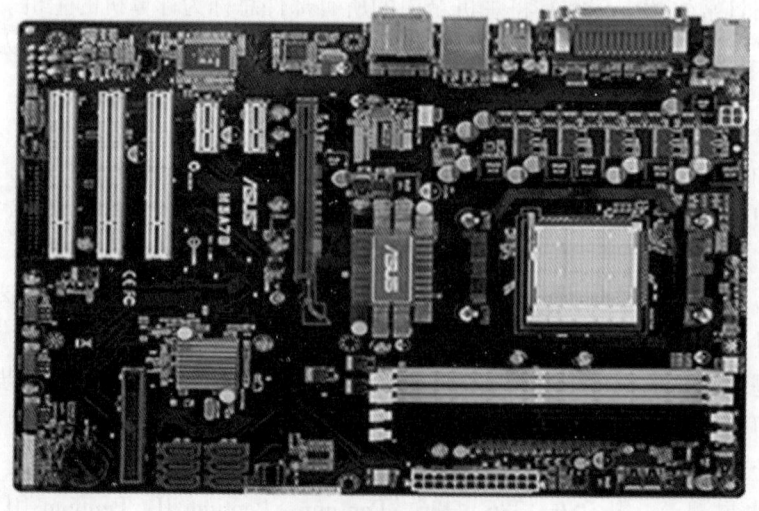

图 1-10　主机板

(3) 存储器

存储器是计算机用来存储信息的重要功能部件。包括内部存储器和外部存储器。内部存储器由许多电子存储单元组成，每个存储单元可以存放若干二进制代码，该代码可以是数据或程序代码。

位（bit）：存放一位二进制数即 0 或 1 的电子电路，简写为 b。

字节（Byte）：8 个二进制位组成一个字节，用来存放一个字符，简写为 B。

存储器容量大小是以字节数（Byte）多少来度量的，经常使用的有 4 种度量单位：KB、MB、GB 和 TB，其相互关系分别为：

$1KB = 2^{10}B = 1\ 024B$

$1MB = 2^{10} \times 2^{10}B = 1\ 024KB$

$1GB = 2^{10} \times 2^{10} \times 2^{10}B = 1\ 024MB$

$1TB = 2^{10} \times 2^{10} \times 2^{10} \times 2^{10}B = 1\ 024GB$

内部存储器种类很多，这里主要介绍随机存取存储器 RAM（Random Access Memory）。随机存取存储器俗称内存，是计算机系统必不可少的基本部件，如图 1-11 所示。CPU 需要的数据信息要从内存读出来，CPU 运行的结果也要暂时存储到内存中，CPU 与各种外部设备打交道，也要通过内存才能进行，内存在电脑中担任的任务就是"记忆"。它的主要优点就是交换速度快，主要缺点是不适合长久保留信息，当电源关闭时，RAM 中的信息将全部丢失。现在常规个人计算机的内存容量大小为：64M、128M、256M、512M、1G、2G。ROM（Read Only Memory）是只读存储器，对信息只能读取，不能写入。

图 1-11　内存条外观

内存的主要生产厂商在美国、日本、韩国和中国台湾，主要品牌有 Kingston（金士顿）、K-MAX、Fujitsu（富士通）、Hitachi（日立）、Toshiba（东芝）、S∧msung（三星）、Goldstar（金星）、Hyundai（韩国现代）等。

外部存储器通常由电、磁材料做成。主要包括：磁盘和光盘，磁盘包括软盘和硬盘。软盘最大的优点是携带方便，缺点是存取速度慢，容量太小（一般只有 1.44M）。软盘的两面都能存储信息，分别称为 0 面和 1 面，每个面被划分成若干个磁道，磁道的编号从 0 开始，最外面是 0 道，最里面是 79 磁道，每个磁道又分为若干个扇区，一般为 18 个扇区，每个扇区存储 512 个字节。扇区是软盘存放信息的最小编址单位，如图 1-12 所示。

硬盘是介于内存和软盘之间的产品，速度比较快，存储容量大，操作系统和大量的后

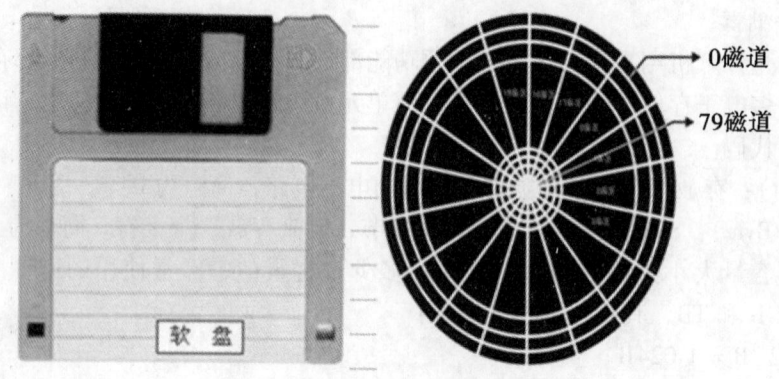

图1-12 软盘、盘片外观结构

备数据都保存在硬盘上，是使用最多的存储器。硬盘要求的密封性能很高，而且绝对不能让灰尘进入，更不能随便打开。因为硬盘的结构十分精密，硬盘的盘片和磁头之间只有很小的间隙，肉眼是无法看清楚的。硬盘在工作的时候盘片会高速转动，如果有灰尘进入，灰尘的颗粒就像一颗巨大的"陨石"落在盘片上，砸毁了磁粉涂层，磁头也会被这些"陨石"损坏。因此硬盘一般使用金属外壳和胶圈，把盘片和磁头密封在里面。

目前市场上常见的硬盘品牌有：希捷（Seagate）、IBM、迈拓（Maxtor）、三星（Samsung）、日立（Hitachi）、西部数据（WD），容量为：40G、60G、80G、120G、160G、200G等。硬盘内部的主要组成部分有：记录数据的刚性磁片、电机、磁头（每个盘面一个）及定位系统、电子线路等，如图1-13所示。

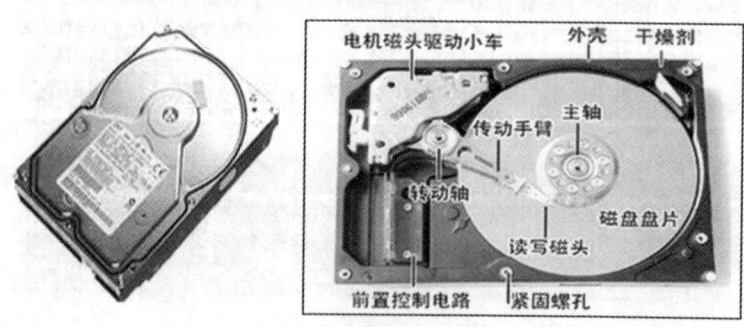

图1-13 硬盘的外观及内部结构

光盘和光驱是新一代存储设备，是激光技术在计算机中的应用。光盘具有存储信息量大、携带方便、可以长久保存等优点，应用范围相当广泛，也是多媒体计算机必不可少的存储介质，如图1-14所示。光盘分只读光盘（CD-ROM）和可读写光盘（CD-RW），分别和相应的光驱配套使用，如图1-15所示。只读光盘一次完成数据写入，以后只能读取，不能修改；可读写光盘也称为可擦写光盘，可以对光盘的内容进行一次或多次擦、写使用。

普通光盘的容量为650~700M，保存时间为几十年甚至百年。

衡量光盘驱动器数据传输速度的指标叫做光驱的倍速，光驱刚问世时，速度只有单倍速，单倍速的速度是150KB/Sec，所以，光驱的速度就以此为基准，4倍速是600KB/Sec，

第 1 章　计算机基础知识

图 1-14　光盘

图 1-15　光驱

32 倍速就是 4.8MB/Sec，52 倍速就是 7.8MB/Sec。

光驱的品牌较多，目前，市场的主流光驱基本都是 52X 的 CD-ROM 光驱和 CD-RW 光驱，比较知名的光驱品牌有 Acer、Aopen、Sony、Philips、美达、阿帕奇、大白鲨、NEC 等数十种。

2. 外部设备

（1）输入设备

输入设备的功能是将用户输入的原始数据和程序，转变为计算机能够识别的数字信息，并存放到内存中。常用的输入设备有键盘、鼠标、扫描仪、数字笔、手写板等，如图 1-16 所示。

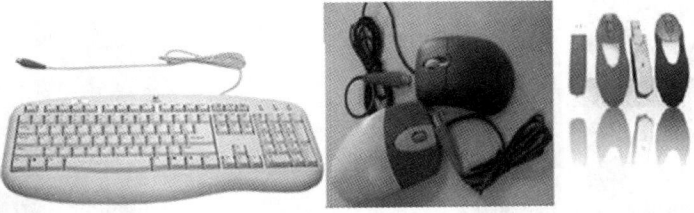
图 1-16　键盘和鼠标

键盘（Keyboard）是常用的输入设备，它是由一组开关矩阵组成，包括数字键、字母键、符号键、功能键及控制键等，每一个按键在计算机中都有它的唯一代码。当按下某个键时，键盘接口将该键的二进制代码送入计算机主机中，并将按键字符显示在显示器上。当快速大量输入字符、主机来不及处理时，先将这些字符的代码送往内存的键盘缓冲区，然后再从该缓冲区中取出进行分析处理。键盘接口电路多采用单片微处理器，由它控制整个键盘的工作，如上电时对键盘的自检、键盘扫描、按键代码的产生、发送及与主机的通讯等。

鼠标按其工作原理的不同可以分为机械鼠标和光电鼠标。机械鼠标主要由滚球、辊柱和光栅信号传感器组成。当拖动鼠标时，带动滚球转动，滚球又带动辊柱转动，装在辊柱端部的光栅信号传感器产生的光电脉冲信号反映出鼠标器在垂直和水平方向的位移变化，再通过电脑程序的处理和转换来控制屏幕上光标箭头的移动。光电鼠标是通过检测鼠标器的位移，将位移信号转换为电脉冲信号，再通过程序的处理和转换来控制屏幕上的光标箭头的移动。光电鼠标用光电传感器代替了滚球，这类传感器需要特制的、带有条纹或点状图案的垫板配合使用。

图形（图像）扫描仪是利用光电扫描将图形（图像）转换成像素数据输入到计算机中的输入设备。扫描仪应用比较多，如人事档案中的照片输入、公安系统案件资料管理、数字化图书馆的建设等，都使用了各种类型的图形（图像）扫描仪。

（2）输出设备

输出设备是将存放在计算机内存中的信息（包括程序和数据）转换为人们能够接受的形式的设备。常用的输出设备有显示器、打印机、数码复印机、绘图仪等。

显示器是最主要的输出设备。显示器的种类很多，按所采用的显示器件分类，可分为阴极射线管显示器（Cathode Ray Tube，简称 CRT，如图 1-17 所示）、液晶显示器（Liquid Crystal Display，简称 LCD，如图 1-18 所示）、等离子显示器等。显示器的规格大小有 14 英寸、15 英寸、17 英寸、19 英寸、21 英寸等。分辨率是显示器的一项技术指标，一般用"横向点数×纵向点数"表示，分辨率越高，显示效果越清晰，占用的存储空间越大。常用的有：640×480、800×600、1 024×768、1 280×1 024、1 600×1 280 等。

液晶显示器和等离子显示器是平板式的，它们的特点是体积小，功耗少，是很有发展前途的新型显示器件，随着生产成本和售价的降低，已经被人们所广泛采购。

图 1-17 CRT 显示器

图 1-18 LCD 显示器

打印机是微机系统中常用的设备之一。利用打印机可以打印出各种资料、文书、图形、图像等。根据打印机的工作原理，可以分为击打式打印机和非击打式打印机，常见的打印机主要有 3 种：点阵打印机、喷墨打印机和激光打印机。

点阵打印机又称为针式打印机，是击打式打印机，利用打印头内的点阵撞针，撞击打印色带，在打印纸上产生打印效果。喷墨打印机是非击打式打印机，它的打印头由几百个细小的喷墨口组成，当打印头横向移动时，喷墨口可以按一定的方式喷射出墨水，喷到打印纸上，形成字符、图形等。激光打印机是一种高速度、高精度、低噪声的非击打式打印机。它是激光扫描技术与电子照相技术相结合的产物。激光打印机具有最高的打印质量和最快的打印速度，可以输出漂亮的文稿，也可以输出直接用于印刷制版的透明胶片。

以上介绍了计算机硬件的五大主要组成部分和常用的外部设备。将计算机硬件的五大功能部件用总线连接起来，就构成了一台完整的计算机硬件系统。

1.4.3 计算机的软件系统

计算机软件系统按功能分为系统软件和应用软件。系统软件是多媒体计算机系统的核心，它管理计算机的所有硬件资源和软件的使用，人们只能够使用它，而不能改变或者修改。应用软件是为了满足人们某方面需要而开发的软件，应用软件是多种多样的。

多媒体软件系统除了具有一般软件系统的特点外，还反映了多媒体技术的特点，如数据压缩、媒体硬件接口的驱动、新型交互方式等，它是由各种应用领域的专家或开发人员利用多媒体编程语言或多媒体创作工具编制的。最终的多媒体产品，是直接面向用户的。

1. 系统软件

（1）操作系统

操作系统可以管理计算机系统的全部硬件资源、软件资源及数据资源，使计算机系统所有资源最大限度地发挥作用，为用户提供方便的、有效的、友善的服务界面。所有的其他软件（包括某些系统软件与所有的应用软件）都是建立在操作系统基础上并得到它的支持和服务的。常用的操作系统有：Windows、Linux、Unix、OS/2 等。

（2）程序设计语言和语言处理程序

程序设计语言是用户用来编写程序的语言，它是人与计算机之间交换信息的工具。程序设计语言是软件系统重要的组成部分，一般可分为机器语言、汇编语言和高级语言 3 类。它为人们编写各类应用软件提供了极大的方便。

高级程序设计语言包括面向过程的和面向对象的两大类。面向过程的代表语言有：Basic 语言、C 语言、Pascal 语言等，面向对象的代表语言有 Java、Visual basic、Visual C（C++）、Delphi、PowerBuilder 等。

（3）数据库管理系统

随着计算机应用的发展，数据管理日益重要，数据库管理系统迅速发展，该系统主要解决数据处理中的非数值计算问题。目前，主要用于档案管理、财务管理、图书资料管理及仓库管理等方面的数据处理，常见的数据库管理软件有 Access、Foxpro、Visual Foxpro、MS-SQLServer、Oracle 等。

2. 应用软件

应用软件是指用户利用计算机及其提供的系统软件，为解决某一专门的应用问题而编制的计算机程序。应用软件是在操作系统平台上设计开发的，面向应用领域的软件系统。应用软件是多种多样的，例如：科学计算、工程设计、文字处理、辅助教学、游戏等方面的程序。在后面介绍的 Word2003、Excel2003、各种工具软件等都属于应用软件。

1.4.4 计算机的性能指标

对于不同用途的计算机，性能指标要求有所不同。例如：用作以科学计算为主的计算机，对主机的运算速度要求很高；用作以大型数据库处理为主的计算机，则对主机的内存容量、存取速度和外存储器的读写速度要求较高；用作网络传输的计算机，则要求有高速的 I/O 总线和相应的 I/O 接口等。因此，评价一台计算机的性能高低，主要通过下列 5 项指标衡量。

1. 字长

字长是指 CPU 能同时处理的二进制数据的基本位数（bit）。它决定了计算机的寄存器、加法器、存储单元和数据总线等的位数，直接影响着硬件的造价。

字长又标志着计算机的精度和运行速度,为了适应不同需要并协调精度与造价的关系,计算机中设计了变字长计算,如半字长、全字长和双字长等。指令和数据都放在主存储器中,指令长度受到字长的限制,字长直接影响着指令系统功能的强弱。

2. 主频（时钟频率）

主频是 CPU 在单位时间内发出的脉冲数,单位通常是 MHz（兆赫兹）、GHZ（吉赫兹）。主频越高,CPU 速度就越快。

而 CPU 速度是指计算机每秒钟能执行的指令数。一般情况下以 MIPS,即每秒百万条指令作为计量单位。表 1-1 列出了计算机 CPU、字长及主频的关系。

表 1-1 计算机 CPU、字长及主频

CPU	字长（位）	主频（MHZ）
8086	准 16	5
80286	16	7~15
80386	32	20~33
80486	32	25~100
Pentium（586）	64	66~166
Pentium MMX	64	166~233
PⅡ（赛扬）	64	233~600
PⅢ	64	600~800

3. 存储容量

存储容量指主存储器的容量即内存容量,是内存储器能够存储信息的总字节数,内存主要功能是存放程序和数据。微机的存储容量越大,性能越强。

4. 软、硬件配置

软件配置主要选择适合本机工作需要、兼容性好、功能完善的操作系统。
硬件配置主要表现在 3 个方面：计算机的兼容性、可扩展性、外设优良。

5. 可靠性

可靠性一般可用平均无故障运行时间来衡量。它是指在相当长的运行时间内,机器工作时间除以运行时间内的故障次数。

1.5 计算机中信息的表示方法

1.5.1 进位记数制

计算机的基本功能是对数进行加工和处理,数在计算机中是以器件的物理状态来表示的。一个具有两种不同稳定状态而且能相互转换的器件,就可以用来表示一位二进制数。因此,二进制的表示最简单而且可靠。另外二进制的运算规则也最简单,所以,在计算机内存储与运算数据均使用二进制数。

1. 进位记数制

所谓进位记数制是指按进位的原则进行计数。进位计数制有 2 个基本特点。

（1）逢 N 进一

N 是指进位计数制表示进位所需要的符号数目，称为基数。例如：十进制数是由 0、1、2、3、4、5、6、7、8、9 十个数字符号组成，基数为 10，逢十进一；二进制数由 0、1 两个数字符号组成，基数为 2，逢二进一。

（2）采用位权表示法

处在不同位置上的数字所代表的值不同，一个数字在某个固定位置上所代表的值是确定的，这个固定位上的值称为位权。位权与基数的关系是各进位制中位权的值恰好是基数的若干次幂，因此，任何一种数制表示的数都可以写成按位权展开的多项式之和。

例如：

在十进制数中，3 058.72 可表示为：

$3\,058.72 = 3 \times 10^3 + 0 \times 10^2 + 5 \times 10^1 + 8 \times 10^0 + 7 \times 10^{-1} + 2 \times 10^{-2}$

即十进制的权为 10 的某次幂。

在二进制数中，10 111.01 可表示为：

$10\,111.01 = 1 \times 2^4 + 0 \times 2^3 + 1 \times 2^2 + 1 \times 2^1 + 1 \times 2^0 + 0 \times 2^{-1} + 1 \times 2^{-2}$

即二进制的权为 2 的某次幂。

2. 常用的数制

由于二进制数数位难记、容易错，因此常常采用八进制、十进制、十六进制来表示。

通常用在数字后面加上字母 B 表示二进制，O 表示八进制，字母 D 或不加任何字母来表示十进制数，字母 H 表示十六进制。

（1）二进制（B）

二进制包括 0、1 两个数。运算时由低位向高位进位的规则是逢二进一，由低位向高位借位的规则是借一当二。

（2）八进制（O）

八进制包括 0、1、2、3、4、5、6、7 八个数。运算时由低位向高位进位的规则是逢八进一，由低位向高位借位的规则是借一当八。

（3）十进制（D）

包括 0、1、2、3、4、5、6、7、8、9 十个数。运算时由低位向高位进位的规则是逢十进一，由低位向高位借位的规则是借一当十。

（4）十六进制（H）

十六进制包括 0、1、2、3、4、5、6、7、8、9、A、B、C、D、E、F 十六个数。其中，A～F 相当于十进制的 10、11、12、13、14、15。运算时由低位向高位进位的规则是逢十六进一，由低位向高位借位的规则是借一当十六。

3. 二进制的各种运算

二进制的运算包括算术运算和逻辑运算两种。

（1）算术运算

①加法运算

$0+0=0$; $0+1=1$; $1+0=1$; $1+1=10$

例如：1 101 + 1 011

被加数		1	1	0	1
加数 +）		1	0	1	1
	1	1	0	0	0

② 减法运算

$0-0=0$; $0-1=1$（借位）; $1-0=1$; $1-1=0$

例如：1 101 - 1 011

被减数	1	1	0	1
减数 -）	1	0	1	1
	0	0	1	0

③ 乘法运算

$0×0=0$; $0×1=0$; $1×0=0$; $1×1=1$

例如：

```
              1   1   1   1
          ×   1   0   1
              1   1   1   1
          0   0   0   0
      1   1   1   1
      1   1   0   0   0   1   1
```

④ 除法运算

$0÷0=0$; $0÷1=0$; $1÷0=$ 无意义; $1÷1=1$

（2）逻辑运算

① 逻辑或运算

逻辑加法运算也称作"加法"运算，一般用"＋"或"∨"符号表示。

$0+0=0$, $0+1=1$, $1+0=1$, $1+1=1$; $0 \vee 0=0$, $0 \vee 1=1$, $1 \vee 0=1$, $1 \vee 1=1$

从上式可见，在给定的逻辑变量中，A 或 B 只要有一个为 1 时，其逻辑加的结果为 1；两者都为 1 时，则逻辑加的结果为 1。

② 逻辑与运算

逻辑乘法运算也称作"乘法"运算，一般用"×"或"∧"符号表示。

$0×0=0$, $0×1=0$, $1×0=0$, $1×1=1$; $0 \wedge 0=0$, $0 \wedge 1=0$, $1 \wedge 0=0$, $1 \wedge 1=1$

从上式可见，在给定的逻辑变量中，只有当参与运算的逻辑变量都同时取值为 1 时，其逻辑乘积才等于 1。

③ 逻辑非运算

逻辑非运算也称"否"运算。

0 的非运算为 1； 1 的非运算为 0。

1.5.2 不同进位记数制间的转换

1. 十进制转换二进制

人们在日常使用数制中习惯采用十进制数,而计算机内部又常常采用二进制,因此,常常要进行十进制与二进制之间的互相转换。

将十进制数转换为二进制数分两种情况。

(1) 整数转换

十进制整数转换成二进制数,可以使用"除2取余法",具体方法如下。

把要转换的十进制数的整数反复被2除(即辗转相除),并记下每次所得的余数,直到商等于0为止,最后将所得的余数从最后一次余数读起(按箭头方向),就是十进制整数所对应的二进制整数。

例如:将(25)D转换为二进制。

$25 \div 2 = 12 \cdots\cdots 1$
$12 \div 2 = 6 \cdots\cdots 0$
$6 \div 2 = 3 \cdots\cdots 0$
$3 \div 2 = 1 \cdots\cdots 1$
$1 \div 2 = 0 \cdots\cdots 1$

因此,(25)D =(1 1 0 0 1)B

(2) 小数转换

如果是十进制小数转换成二进制数可使用"乘2取整法",具体方法如下。

把要转换的小数部分,每次乘以2,直到小数部分为零为止,将所得的整数部分从第一次整数读起(按箭头方向),就是这个十进制小数所对应的二进制小数。

例如:求(0.625)D的等值二进制数。

```
      0.  6   2   5
    ×             2
    ─────────────────    取整数部分 1
      1.  2   5   0
    ×             2
    ─────────────────    取整数部分 0
      0.  5   0   0
    ×             2
    ─────────────────    取整数部分 1
      1.  0   0   0
```

因此,(0.625)D =(0.101)B

注意:如果一个十进制小数在乘以2若干次后,小数部分仍不为零,那么根据精度要求进行取舍。例如:求125.375等值的二进制数。一个十进制整数能准确转换为二进制数,而一个十进制小数则不一定能准确转换为二进制数。

2. 十进制转换任意进制

十进制转换任意进制的原则。

(1) 将十进制整数除以该进制数,然后倒序取余数的方法。

(2) 将十进制小数乘以该进制数,然后正序取整数的方法。

3. 二进制转换十进制

二进制转换十进制的原则简单概括为"按权相加",即各位二进制数码乘以与其对应的权值之和即为与该二进制数相对应的十进制数。

例如:求(1100101.101)B 的等值十进制。

$(1100101.101)B = 1\times2^6 + 1\times2^5 + 0\times2^4 + 0\times2^3 + 1\times2^2 + 0\times2^1 + 1\times2^0 + 1\times2^{-1} + 0\times2^{-2} + 1\times2^{-3}$

= 64 + 32 + 0 + 0 + 4 + 0 + 1 + 0.5 + 0.125 = (101.625)D

因此,(1100101.101)B = (101.625)D

4. 二进制转换八进制

等值的二进制数比十进制数的位数长得多,读起来不方便。为使位数压缩得短些,同时,在与二进制数进行转换时能很直观,书写时常采用八进制数或十六进制数。

二进制转换八进制的原则:以小数点为界向左右每三位一组,最后一组若不足三位,则整数在左侧添0,小数在右侧添0,补足三位,然后把每组三位二进制数写成相应一位八进制数。

例如:将(111100001.101110110)B 转换为八进制数。

111 100 001. 101 110 110
 7   4   1   5   6   6

因此,(111100001.101110110)B = (741.566)Q

5. 八进制转换二进制

八进制转换二进制的原则:把每一位八进制转换相应的 3 位二进制。

例如:将(741.566)Q 转换成为二进制数。

(741.566)Q = (111 100 001.101 110 110)B

6. 二进制转换十六进制

二进制数转换为十六进制数的原则:以小数点为界向左右每四位一组,最后一组若不足四位,则整数在左侧添0,小数在右侧添0,补足四位,然后把每组四位二进制数写成一位十六进制数。

例如:将(1011010.10111)B 转换为十六进制数。

0101 1010. 1011 1000
 5   A   B   8

因此,(1011010.10111)B = (5A.B8)H

7. 十六进制转换二进制

十六进制数简短,便于书写和读数,又容易转换成二进制数,与计算机本身的结构相适应,所以,在微机中应用很普遍。它可以用来表示机器指令和常数,也可以用来表示各种字符和字母。

十六进制数转换为二进制数原则:把每一位十六进制数转换相应的 4 位二进制数。

例如:将(5A.B8)H 转换成为二进制数。

5   A.   B   8
0101 1010 1011 1000

因此,(5A.B8)H =(01011010.10111000)B =(1011010.10111)B

表1-2 十、二、八、十六进制对照表

十进制	二进制	八进制	十六进制
0	0	0	0
1	1	1	1
2	10	2	2
3	11	3	3
4	100	4	4
5	101	5	5
6	110	6	6
7	111	7	7
8	1000	10	8
9	1001	11	9
10	1010	12	A
11	1011	13	B
12	1100	14	C
13	1101	15	D
14	1110	16	E
15	1111	17	F
16	10000	100	10

1.5.3 字符与汉字的编码

计算机中的数是用二进制来表示的,数的符号也是用二进制表示的,把一个数连同其符号在机器中的表示加以数值化,这样的数称为机器数。一般用最高位来表示符号,正数用0表示,负数用1表示。

1. BCD 码

由于计算机中只能识别二进制数码信息,因此,一切字母、数字、符号等信息都要用二进制特定编码来表示。而人们习惯用十进制数来向计算机进行输入,并且希望从计算机的输出设备上看到的数也是十进制数。但是计算机却不能识别这样的十进制数,它需要用二进制编码来表示,即将每一位十进制数转换成相应的四位二进制数,这就是BCD码。

例如:十进制数是491.62 的 BCD 码为(010010010001.01100010)BCD

2. ASCII 码

计算机处理的信息除了数字之外还需要处理字母、符号等,例如:键盘输入及打印机、CRT输出的信息等大部分是字符。因此,计算机中的字符也必须采用二进制编码的形式。编码方式有多种,微型机中普遍采用的是 ASCII(American Standard Code for Information Interchange)码。这种编码方案中,用八位二进制数来存放一个字符,其中:最高位即第七位可以用于奇偶校验位,其余七位可以用来表示128 个不同的字符,其中:包括数码(0~9),以及大小写英文字母等可打印的字符,如表1-3 ASCII 码对照表所示。

表1-3 ASCII 码对照表

ASCII 值	控制字符	ASCII 值	控制字符	ASCII 值	控制字符	ASCII 值	控制字符
0	NUT	32	(space)	64	@	96	`
1	SOH	33	!	65	A	97	a
2	STX	34	"	66	B	98	b
3	ETX	35	#	67	C	99	c
4	EOT	36	$	68	D	100	d
5	ENQ	37	%	69	E	101	e
6	ACK	38	&	70	F	102	f
7	BEL	39	,	71	G	103	g
8	BS	40	(	72	H	104	h
9	HT	41	)	73	I	105	i
10	LF	42	*	74	J	106	j
11	VT	43	+	75	K	107	k
12	FF	44	,	76	L	108	l
13	CR	45	-	77	M	109	m
14	SO	46	.	78	N	110	n
15	SI	47	/	79	O	111	o
16	DLE	48	0	80	P	112	p
17	DCI	49	1	81	Q	113	q
18	DC2	50	2	82	R	114	r
19	DC3	51	3	83	X	115	s
20	DC4	52	4	84	T	116	t
21	NAK	53	5	85	U	117	u
22	SYN	54	6	86	V	118	v
23	TB	55	7	87	W	119	w
24	CAN	56	8	88	X	120	x
25	EM	57	9	89	Y	121	y
26	SUB	58	:	90	Z	122	z
27	ESC	59	;	91	[	123	{
28	FS	60	<	92	/	124	l
29	GS	61	=	93	]	125	}
30	RS	62	>	94	^	126	~
31	US	63	?	95	—	127	DEL

例如：大写字母"A"的 ASCII 码对应的十进制数是 65，大写 B 的 ASCII 码的十进制数是 66，其余大写字母的 ASCII 码可以依此类推。小写字母"a"的 ASCII 码对应的十进

制数是 97，依此推出其余的小写字母的 ASCII 码值。0 的 ASCII 码值对应的十进制数是 48，1 的 ASCII 码字母对应的十进制数是 49，依此类推出数字 2~9 的 ASCII 码。

计算机对字符处理实际上是对字符的内部码进行处理。

例如：比较字符 A 和 E 的大小，实际上是对 A 和 E 的内部码 65 和 69 进行比较。字符输入时，按一下键，该键所对应的 ASCII 码即存入计算机。把一篇文章中的所有字符录入到计算机，计算机里存放的实际上是一大串 ASCII 码。

在计算机中存储和处理图形同样要用二进制数字编码的形式。要表示一幅图片或屏幕图形，最直接的方式是"点阵表示"。在这种方式中，图形由排列成若干行、若干列的像元（pixels）组成，每行 640 个点，480 行，则该图形的分辨率为 640×480。这与一般电视机的分辨率差不多。像元实际上就是图形中的一个个光点，一个光点可以是黑白的，也可以是彩色的，一个 640×480 的像元阵列需要 640×480/8 = 38 400 字节的存储空间。

3. 原码、补码和反码

在计算机中对带符号数的表示方法有原码、补码和反码 3 种形式。

（1）原码

原码表示法规定符号位用数码 0 表示正号，用数码 1 表示负号，数值部分按一般二进制形式表示。

例如：N1 = +1000100，   N2 = -1000100

则 [N1]$_原$ = 01000100 [N2]$_原$ = 11000100

（2）反码

反码表示法规定正数的反码和原码相同，负数的反码是对该数的原码除符号位外各位求反。

例如：[N1]$_反$ = 01000100   [N2]$_反$ = 10111011

（3）补码

正数的补码与原码相同，负数补码则先对该数的原码除符号位外各位取反，然后末位加 1。

例如：[N1]$_补$ = 01000100   [N2]$_补$ = 10111100

再如：求 25 的原码、反码、补码

由于 25 的二进制数为 11001，因此 25 的原码、反码、补码均为 00011001。

求 -26 的原码、反码、补码

由于 26 的二进制数为 11010，因此 -26 的原码 10011010，反码 11100101，补码为 11100110。

4. 汉字编码

计算机要处理汉字信息，就必须首先解决汉字的表示问题。同英文字符一样，汉字的表示也只能采用二进制编码形式，英文字符数目少，但是，汉字数目多，即使常用汉字也有五六千，汉字编码和英文字符编码有很大的区别，英文字符用一个字节表示一个字符，汉字采用两个字节来表示一个汉字，由此导出西文字符半角和全角的区别，西文半角标点符号占用一个字节，而西文全角标点符号同汉字一样占两个字节位置。目前，使用比较普遍的汉字编码，是我国制定的 GB2312—80 标准，该标准共包含一级、二级汉字 6 763 个，

计算机应用基础

其他符号 682 个，每个符号都是用 14 位（两个 7 位）二进制数进行编码，通常叫做国标码。

如："啊"的国标码为 1110000，1100001。新的国标汉字库已包括 2 万多个汉字和字符。汉字输入码必须具有易学、易记、易用的特点，且编码与汉字的对应性要好。因而，汉字输入码的产生往往都结合了汉字某一方面的特点，如读音、字型等。由于产生编码时兼顾的汉字特点可以不同，所以编码方案也有多种，通常将其分为 4 类。

流水码：根据汉字的排列顺序形成汉字编码，如区位码、国标码、电报码等。
音码：根据汉字的"音"形成汉字编码，如全拼码、双拼码、简拼码等。
形码：根据汉字的"形"形成汉字编码，如王码、郑码、大众码等。
音形码：根据汉字的"音"和"形"形成汉字编码，如表形码、钱码、智能 ABC 等。

目前，我国推出的汉字输入码编码方案已有数百种，受到用户欢迎的也有几十种，用户可以根据自己的喜好，选择使用某一种汉字输入码。

1.6 计算机病毒防治与信息安全

1.6.1 计算机病毒

1. 计算机病毒的概念

计算机病毒就是通过某种途径，潜伏在计算机存储介质里，当达到某种条件时，就被激活的、具有对计算机资源进行破坏作用的一组程序或指令。它是人为故意地编制出来、可在计算机上运行、给计算机造成损害的程序。

计算机病毒的出现是在 20 世纪 70 年代，那时由于计算机还未普及，所以，病毒造成的破坏和对社会公众造成的影响还不是十分大。1986 年巴基斯坦"智囊"病毒的广泛传播，则把病毒对 PC 机的威胁，实实在在地摆在了人们的面前。1987 年"黑色星期五"病毒大规模肆虐于全世界各国的 IBM PC 及其兼容机中，造成了相当大的恐慌。

随着 Internet 的风靡，给病毒的传播又增加了新的途径，网络已经成为病毒的第一传播途径。Internet 的广泛普及和发展，使病毒可能成为灾难，病毒的传播更加迅速，反病毒的任务更加艰巨。人为编写和传播计算机病毒属于违法行为，将受到法律的制裁。

2. 计算机病毒的特点

计算机病毒主要具有以下特点。

（1）可执行性

计算机病毒是一段可执行程序，它和其他正常程序一样能被执行。

（2）传染性

传染性是指计算机病毒可以从一台计算机传染到另外的计算机上，传染性是计算机病毒的基本特征，是判别一个程序是否为计算机病毒的最重要条件。

（3）自我复制性

计算机病毒，一旦发作条件满足，可以在短时间内，大量自我复制，占用系统资源，使正常软件没有可以利用的资源,无法正常运行。

(4) 潜伏性

计算机病毒是设计精巧的计算机程序,进入系统之后一般不会马上表现出来,常常潜伏数天至数月。

(5) 可触发性

当某个事件或数值的出现,即满足一定的条件时,病毒就开始实施感染或对电脑系统进行攻击,这种特性称为可触发性。

(6) 破坏性

计算机病毒往往要对计算机系统产生一定的破坏性作用,破坏性的强弱,取决于病毒设计者的目的。

(7) 针对性

计算机病毒是针对特定的计算机或特定的操作系统的,计算机病毒的针对性指病毒作用的硬件和软件环境。

(8) 隐蔽性

病毒一般是具有很高编程技巧、短小精悍的程序,通常附着在正常程序中或磁盘较隐蔽的地方,也有个别的以隐含文件形式出现。

3. 计算机病毒的分类

计算机病毒的分类方法很多。按其产生的后果可分为良性病毒和恶性病毒。良性病毒一般不破坏数据和程序,也不至于导致系统瘫痪,相对恶性病毒来说,危害性比较小。而恶性病毒则不同,它能够破坏数据、删除文件,甚至摧毁系统,危害性极大。

按病毒攻击的对象可以分为以下几种。

(1) 引导型病毒:隐藏在系统盘引导区中的病毒。

(2) 文件型病毒:附属在可执行文件内的病毒。

(3) 混合型病毒:集引导型和文件型病毒特性于一体的病毒。

(4) 宏病毒:利用 Word 和 Excel 宏作为载体的病毒。

(5) 邮件病毒:通过互联网电子邮件传染,并自动发送邮件的病毒。

(6) 黑客程序:通过通讯程序监控用户的计算机,随时进行窃取和破坏用户数据的病毒。

4. 计算机感染病毒后的特征

(1) 屏幕显示异常

屏幕上的字符出现脱落、屏幕上显示异常提示信息、屏幕上出现异常图形、屏幕突然变暗、显示信息消失、屏幕上出现雪花滚动或静止的雪花亮点等。

(2) 计算机系统异常

系统出现异常死机、系统的运行速度减慢、系统引导过程变慢、系统的蜂鸣器出现异常声响或者奏音乐、系统找不到硬盘或硬盘不能引导系统、丢失文件或数据、文件的长度改变或位置发生变化、可用系统空间异常减少、磁盘容量异常减少、无法存入文件、程序运行出现异常现象或不合理结果等。

（3）打印机异常

打印机的打印速度降低、调用汉字驱动程序后不打印汉字等。

5. 病毒的传播途径

计算机病毒的传播主要是通过拷贝文件、传送文件、运行程序等方式进行。而其传播途径有以下几种。

（1）软盘传播

软盘携带方便，早期时候在网络还不普及时，为了计算机之间互相传递文件，经常使用软盘，这样，通过软盘，就将一台机器的病毒传播到另一台机器。

（2）硬盘传播

由于带病毒的硬盘在本地或移到其他地方使用、维修等，将病毒传染并再扩散。

（3）光盘传播

光盘的存储容量大，大多数软件都刻录在光盘上，由于普通用户购买正版软件的较少，一些非法商人就将软件放在光盘上，在制作过程中将带毒文件刻录在上面。

（4）Internet 网络传播

在电脑日益普及的今天，从 Internet 上下载染有病毒的文件是常有的事。人们通过计算机网络，互相传递文件、信件，这样使病毒的传播速度加快了。因为资源共享，人们经常在网上下载免费、共享软件，病毒也难免会夹在其中。网络已经成为病毒传播的主要方式。

1.6.2 计算机病毒的防治

针对目前日益增多的计算机病毒和恶意代码，根据所掌握的这些病毒的特点和病毒未来的发展趋势，国家计算机病毒应急处理中心与计算机病毒防治检验中心制定了以下的病毒防治策略。

1. 病毒防治

（1）建立病毒防治的规章制度，严格管理。

（2）建立病毒防治和应急体系。

（3）进行计算机安全教育，提高安全防范意识。

（4）对系统进行风险评估。

（5）选择经过公安部认证的病毒防治产品。

（6）正确配置，使用病毒防治产品。

（7）正确配置系统，减少病毒侵害事件。

（8）定期检查敏感文件。

（9）适时进行安全评估，调整各种病毒防治策略。

（10）建立病毒事故分析制度。

（11）确保恢复，减少损失。

2. 杀病毒软件简介

杀病毒软件可以检查和消除计算机中的病毒。目前，流行的杀病毒软件较多，应用各有特点，使用较多的有：瑞星（Rising）、卡巴斯基、金山毒霸、诺顿（Norton Antivirus）、

Anti-Virus、PC-Cillin 等。

（1）瑞星（Rising）

瑞星首创"行为判断查杀未知病毒"技术，不仅可以查杀 DOS、邮件、脚本以及宏病毒等未知病毒，还可自动查杀 Windows 未知病毒，并将预防病毒能力拓展到防范 Windows 新病毒。瑞星杀毒软件支持多种压缩格式，如 ZIP、GZIP、ARJ、CAB、RAR、ZOO、ARC 等，使得病毒无处藏身，并且支持多重压缩以及对 ZIP、RAR、ARJ、ARC、LZH 等多种压缩包内文件的杀毒。瑞星 2009，基于"云安全"策略和"智能主动防御"技术开发的新一代互联网安全产品，将杀毒软件与防火墙无缝集成、整体联动，极大降低了电脑的资源占用，集"拦截、防御、查杀、保护"四重防护功能于一身。

（2）卡巴斯基（Kaspersky）

卡巴斯基杀毒软件来源于俄罗斯，是世界上优秀、顶级的网络杀毒软件，查杀病毒性能远高于同类产品。

卡巴斯基具有超强的中心管理和杀毒能力，能真正实现带毒杀毒。具备常驻于 System Tray 的自动监视功能，可以自动监视从磁盘、网络上、E-mail 文档中开启文件的安全性，它提供了所有类型的抗病毒防护、抗病毒扫描仪、监控器、行为阻段和完全检验。它支持几乎是所有的普通操作系统、E-mail 通路和防火墙。它控制所有可能的病毒进入端口，它强大的功能和局部灵活性以及网络管理工具为自动信息搜索、中央安装和病毒防护控制提供最大的便利和最少的时间来建构抗病毒分离墙。

1.6.3 信息安全

1. 木马的概念

"特洛伊木马"（Trojan horse）简称"木马"，这个名称来源于古希腊神话《木马屠城记》。古希腊有大军围攻特洛伊城，久久无法攻下。于是有人献计制造一只高二丈的大木马，假装作战马神，让士兵藏匿于巨大的木马中，大部队假装撤退而将木马摈弃于特洛伊城下。城中得知解围的消息后，遂将"木马"作为奇异的战利品拖入城内，全城饮酒狂欢。到午夜时分，全城军民尽入梦乡，藏匿于木马中的将士打开密门，顺绳而下，开启城门及四处纵火，城外伏兵涌入，部队里应外合，最终占领特洛伊城。后世称这只大木马为"特洛伊木马"。如今黑客程序借用其名，有"一经潜入，后患无穷"之意。

完整的木马程序一般由两部分程序组成：一个是服务端程序，一个是控制端程序。"中了木马"就是指安装了木马的服务端程序，若你的电脑被安装了服务端程序，则拥有控制端程序的电脑就可以通过网络控制你的电脑、为所欲为，这时你电脑上的各种文件、程序，以及在你电脑上使用的账号、密码就无安全可言了。

木马程序不能算是一种病毒，但越来越多的新版的杀毒软件，也可以查、杀木马，所以也有不少人称木马程序为黑客病毒。

计算机感染木马后主要症状如下：响应命令速度下降、未对计算机进行操作，但硬盘指示灯却闪烁不停、软驱和光驱无故读盘、计算机被莫名其妙关闭或重新启动等。

2. 木马防治

人们一般只谈"毒"色变，因为病毒一般会带来直接的破坏，比如：删除数据、格式化硬盘等。对木马却重视不够，其实它们比病毒的危害更大，有些像"慢性"的毒药，当你发现自己的账号或密码丢失时，已经为时已晚。实际上可以通过防火墙来防范木马，通过杀毒软件来清除木马。下面介绍两个查杀木马和防范木马的软件。

（1）木马杀星（Trojan Remover）

Trojan Remover 是一个专门用来清除特洛伊木马和自动修复系统文件的工具，能够检查系统登录文件、扫描 Win.ini、System.ini 和系统登录文件，且扫描完成后会在目录下产生 Log 信息文件，并帮你自动清除特洛伊木马和修复系统文件，当怀疑系统中了木马时，单击工具栏上的"Scanning for Active Trojan"按钮，即可以立刻开始扫描系统中是否有正在活动的木马。

（2）木马克星（Iparmor）

木马克星可以侦测和删除已知和未知的特洛依木马。该软件拥有大量的病毒库，并可以每日升级。一旦启动电脑，该软件就扫描内存，寻找类似特洛依木马的内存片，支持重启之后清除。还可以查看所有活动的进程，扫描活动端口，设置启动列表等。木马克星是一款适合网络用户的安全软件，既有面对新手的扫描内存和扫描硬盘功能，也有面对网络高手的众多调试查看系统功能。

3. 防火墙简介

防火墙是采用综合的网络技术，在内部网络和外部网络之间设置的一道屏障，用以分隔内部网络与外部网络系统，防止不可预测的、潜在破坏性的侵入。它是不同网络之间信息的唯一出入口，如同在两个网络之间设置了一道关卡，能根据网络的安全政策控制出入网络的信息流，防止非法信息流入被保护的网络内，且本身具有较强的抗攻击能力。它是提供信息安全服务，实现网络和信息安全的基础设施。

在逻辑上，防火墙是一个分离器，一个限制器，也是一个分析器，它有效地监控了内部网络和外部网络之间的任何活动，保证了内部网络的安全。目前使用较多的防火墙有天网防火墙、瑞星防火墙和诺顿防火墙，它们各有特点，应用方法大同小异，下面简单介绍天网防火墙的特点。

天网防火墙（SkyNet-FireWall）是一款给个人电脑使用的网络安全程序。它根据系统管理者设定的安全规则（Security Rules）把守网络，提供强大的访问控制、信息过滤等功能，它具有以下特点。

（1）严密的实时监控性能，对所有来自外部机器的访问请求进行过滤，发现非授权的访问请求后立即拒绝，随时保护用户系统的信息安全。

（2）灵活的安全规则，天网防火墙设置了一系列安全规则，允许特定主机的相应服务，拒绝其他主机的访问要求，用户还可以根据自己的实际情况，添加、删除、修改安全规则，保护本机安全。

（3）详细的访问纪录，天网防火墙可显示所有被拦截的访问纪录，包括访问的时间、来源、类型、代码等都详细地记录下来，你可以清楚地看到是否有入侵者想连接到你的电脑，从而制定更有效的防护规则，帮你抵挡网络入侵和攻击，防止信息泄露，并可与天网安全实验室的网站相配合，根据可疑的攻击信息，找到攻击者。

第 1 章　计算机基础知识

本章小结

本章介绍了计算机的产生和发展过程、计算机的特点与应用、计算机系统的组成、信息的表示方式以及计算机病毒的知识。通过对本章的学习，应该了解计算机的发展史、计算机的组成结构等常识，初步认识计算机，熟悉计算机的工作过程及原理，在了解计算机信息安全的基础上，加强安全意识，减少损失。

第 2 章 中文操作系统 Windows XP

【学习目标】

了解 Windows XP 特点与安装

掌握 Windows XP 的基本操作

重点掌握使用"我的电脑"或"资源管理器"进行文件和文件夹管理

掌握磁盘的管理与维护的方法

掌握 Windows XP 控制面板操作

了解 Windows XP 的应用程序和多媒体功能的使用

预备知识

计算机能够完成各种各样的工作,主要离不开操作系统的支持。操作系统是计算机中最基本的系统软件,它能对计算机系统中的软件和硬件资源进行有效的管理和控制,为用户提供一个使用计算机的工作环境,它不仅是硬件和软件系统之间的接口,也是用户与计算机之间交流的界面。微软公司所开发的 Windows 系列产品,以其生动、形象的图形用户界面和简便、快捷的操作方法为优势,成为目前应用最广泛的操作系统。

2.1 Windows XP 概述

2.1.1 Windows XP 的简介

Windows XP 操作系统(或视窗 XP 操作系统),是由美国微软公司开发的一款视窗操作系统。它继承了以往 Windows 9X/Windows NT/Windows 2000 等系列版本的特点和优点,既具有良好的交互性和应用程序的兼容性,又大大提高了操作系统的稳定性和安全性,并增添了许多对多媒体和网络的支持功能,无论是家用、办公或小型办公网络,Windows XP 都能满足用户的需求。Windows XP 是微软公司把所有用户要求合成一个操作系统的尝试,其中,字母 XP 是英文单词的 eXPerience 的缩写,代表体验的意思。Windows XP 于 2001 年 8 月 24 日正式发布,微软最初发行了两个版本:专业版(Windows XP Professional)和家庭版(Windows XP Home Edition),前者面向专业用户,后者面向家庭用户。后来又由专业版衍生出了媒体中心版(Windows XP Media Center Edition)和平板电脑版(Windows XP Tablet PC Edition)等,每个版本都各具特色,本书中如果不做特殊说明,均指的是专业版(Windows XP Professional)。

2.1.2 Windows XP 的特点

Windows XP 操作系统是 Windows 2000 的升级版本,它集 Windows 9X 系列和 Windows NT 系列的核心技术与易用性于一身,并在原有的基础上对一些功能进行了改进,同时又

第 2 章 中文操作系统 Windows XP

增加了许多新的功能。具体来说，有以下特点。

1. 用户界面方面

Windows XP 用户界面的设计焕然一新，拥有一个叫做月神"Luna"的豪华亮丽的图形界面，Windows XP 的视窗标志也改为较清晰亮丽的四色视窗标志，给人感觉更为华丽、新颖，有立体感；简化的登录界面，如果用户没有设置登录密码，直接单击账户前的图标就可以登录到系统；增加了"分组相似任务栏按钮"，使任何打开的窗口自动分类，避免了任务栏上按钮显示的区域因变小而不容易查看的缺陷；隐藏不活动的图标功能，可以将暂时不用的小图标隐藏起来，这样不会使通知区域显得混乱；"开始"菜单显示区域增大，有利于用户进行识别和选择。

2. 网络功能方面

Windows XP 中内置了 Internet 连接防火墙、Windows Messenger 和 MSN Explorer，提供了与朋友、同事以及世界其他地方进行通信的多种方式，并对家庭网络提供了前所未有的支持；防火墙技术，能够使未经授权的人无法随意访问用户的电脑或网络，从而限制或阻止来自 Internet 的各种破坏和攻击的侵害；Black Hole Router 探测功能能够让操作系统自动探测到恶意的路由攻击然后进行数据包的过滤。

3. 用户管理方面

Windows XP 提供了方便的多用户管理功能，允许多用户登录，不同的用户能够使用同一台电脑在利用公共系统资源的同时，配置富有个性的工作空间；快速转换用户功能，可以使用户在转换用户账户的时候，无需注销当前登录的用户账户或重新启动电脑。

4. 多媒体性能方面

Windows XP 增添了许多的对多媒体的支持功能，还提供了对扫描仪和照相机的支持，以便用户从中获取资料进行使用和编辑；能够将图片、音乐、视频连同各种文档做成 CD 或 VCD；提供了"Windows Movie Maker"程序，用于录制和编辑视频影片等。同时，Windows XP 还扩充了"Windows Media Player"的功能，不仅可以播放声音文件，还可以播放视频文件。

5. 系统安全方面

Windows XP 提供了许多新的和更有效的计算机管理维护功能和技术。"系统还原"功能可以不必重新安装系统，就能将计算机还原到以前的状态，而不会丢失个人数据文件、最近保存的文档、电子邮件等；"错误报告"功能则为给用户提供优质的跟踪服务提供了可能。

2.1.3 Windows XP 的运行环境与安装方法

1. Windows XP 的运行环境

一台计算机上要想安装 Windows XP 操作系统，其自身的硬件系统的基本配置必须满足要求。只有硬件达到相应的配置要求，才能充分发挥出系统的优越性能。中文版 Windows XP 系统要求的硬件环境如表 2-1 所示。

表 2-1 Windows XP 硬件基本配置

硬件名称	基本配置要求
CPU 主频	Intel MMX 233MHz（建议 Intel PIII 500MHz；最好 Intel PIII 1GHz 或 P4）
内存	128MB（建议 256MB 或以上）
硬盘	1.5GB 以上剩余空间（建议 4GB；最好 20G 以上）
显卡	4MB 显存以上的 PCI 或 AGP 显卡
声卡	最新的 PCI 声卡
CD-ROM	8X 以上 CD-ROM

2. Windows XP 的安装

Windows XP 的安装通常分为升级安装、全新安装、双系统共存安装三种方式。升级安装是将原有 Windows 98/Me/2000 等其他版本的操作系统覆盖，升级到 Windows XP 版本；全新安装是在未安装操作系统的情况下进行的安装，或者将机器上原有的操作系统格式化后所进行的安装；双系统共存安装是计算机上已经安装了一个操作系统，在保留现有系统的基础上安装 Windows XP。无论是哪种安装，大部分由计算机自动完成，用户只需按提示进行选择等简单操作即可。

（1）安装前准备

①如果是升级安装，用户需要在安装 Windows XP 系统之前，将"桌面"、"我的文档"和"收藏夹"这三个存储用户个人工作环境、个性化设置、工作文档等信息的文件夹中的文件及网页地址等信息备份到其他的驱动器中。

②如果是由多用户系统 Windows 2000 升级到 Windows XP，需要为每个用户的相关信息进行备份。

③开机后按键盘上的【Del】键或者是【F2】键进入 BIOS 设置界面（不同的计算机进入 BIOS 的方法不同），设置为由光驱启动，然后将安装光盘放入光驱，重新启动计算机。

（2）安装过程

①重新启动计算机后，计算机会自动进入到安装程序的欢迎界面，如图 2-1 所示，按下【Enter】键进入下一步安装进程。

②按【F8】键同意 Windows 的用户许可协议后，进入对分区进行选择的操作，按【Enter】键继续。

③进行格式化分区操作。在 Windows XP 中有两种文件系统供选择：FAT32、NTFS。从兼容性上来说，FAT32 稍好于 NTFS，而从安全性上来说，NTFS 要比 FAT32 好很多，选择一个合适的选项，如图 2-2 所示，按【Enter】键进行格式化。

④安装程序检测硬盘，复制所需文件到硬盘上，准备安装，如图 2-3 所示。

⑤计算机重新启动，进入安装窗口，如图 2-4 所示。

⑥随着安装进程，依次进行区域和语言选项设置、输入个人信息、输入序列号、设置系统管理员密码、设置日期和时间、设置网络连接、选择【典型设置】和【自定义设置】、设置工作组或域、Windows XP 调整显示分辨率，完成安装。此安装过程每一步操作

第 2 章 中文操作系统 Windows XP

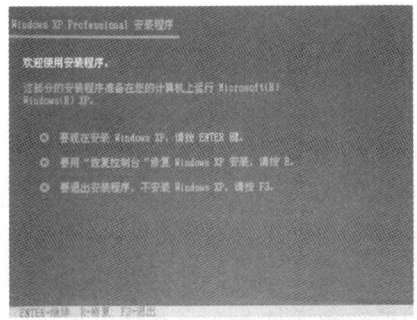

图 2-1 欢迎界面

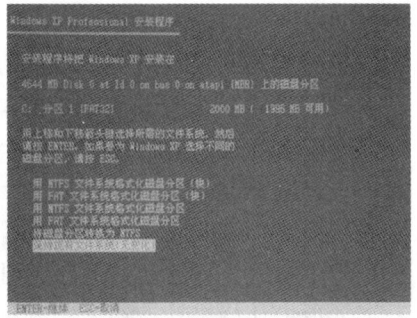

图 2-2 格式化分区

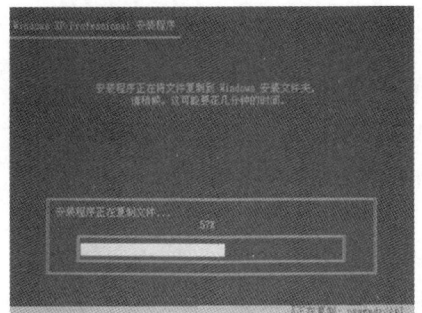

图 2-3 复制文件

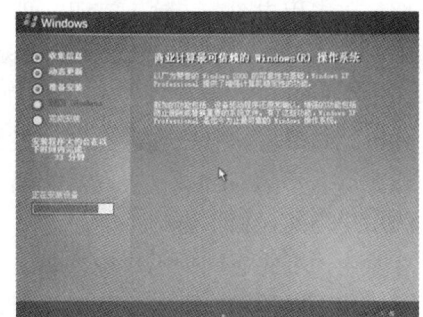

图 2-4 安装程序窗口

均由系统安装程序自动提示需要选择或输入的内容,并给出具体的说明,用户只需根据需要进行每一步的选择和操作,然后单击【下一步】即可。

2.2 Windows XP 的基本操作

2.2.1 Windows XP 系统的启动和关闭

1. Windows XP 系统的启动

当 Windows XP 安装成功后,正常开机,系统便会自动启动 Windows XP 系统。如果计算机上同时安装有多个操作系统,则会显示一个多操作系统的选择菜单,提示用户选择其中一个操作系统进行启动,用户可使用键盘上的【↑】【↓】方向键来选择对应的操作系统,并按回车键启动。

Windows XP 系统的启动需要有一个过程,启动后首先出现的是 Windows XP 的欢迎画面和启动画面。如果用户在计算机上建立了多个用户账号,那么启动画面上会显示多个用户的用户名和图标,选择一个用户图标单击,输入密码(若没设密码可直接进入),便进入 Windows XP 的桌面。

2. Windows XP 系统的关闭

Windows XP 系统是一个复杂的系统,如果用户要关闭或重新启动计算机,一定要正常关闭 Windows XP 系统,否则可能会破坏一些没有保存的文件和一些正在运行的程序,而导致系统不能正常使用。

关闭 Windows XP 系统的方法是：选择【开始】→【关闭计算机】命令，弹出"关闭计算机"对话框，如图 2-5 所示。

①单击【关闭】按钮，系统会自动关闭当前打开的所有应用程序和窗口，显示关机画面，退出 Windows XP 系统并关闭计算机。如果存在未保存的文档或正在运行的应用程序时，系统会给出提示，用户做出处理后再退出 Windows XP 系统并关闭计算机。

②单击【重新启动】按钮，可退出当前 Windows XP 系统并重新启动计算机。

③单击【待机】按钮，所有程序继续保持运行，但系统将关闭显示，计算机转入低功耗状态，当用户需要再次使用计算机时，移动鼠标或按键盘上的按键即可回到启动画面，单击用户图标，输入密码，即可恢复到原来的状态。

3. Windows XP 系统的注销与切换用户

Windows XP 是一个支持多用户的操作系统，为了便于不同的用户快速登录来使用计算机，系统启动时在登录界面上将显示多个用户的用户名和图标，只需单击用户名前的图标，输入密码，就可以实现系统登录了。每个用户可以对系统进行个性化设置，并且不同的用户之间互相不影响。

为了方便不同的用户快速登录计算机，Windows XP 提供了注销功能，使用注销功能，可以使不同的用户不必重新启动计算机就可以实现多用户快速登录，这样做不但方便快捷，而且有利于减少对硬件的损耗。

注销 Windows XP 系统的方法是：选择【开始】→【注销】命令，会弹出"注销"对话框，如图 2-6 所示。

图 2-5 "关闭计算机"对话框

图 2-6 "注销"对话框

①单击【切换用户】按钮，可以使系统在不关闭当前用户操作的情况下切换到另外一个用户的操作界面中。

②单击【注销】按钮，则可以保存当前设置并关闭当前登录用户。

2.2.2 鼠标与键盘的操作

1. 鼠标的操作

在 Windows XP 系统中鼠标是最常用的输入设备，它使用简单，能迅速地对光标进行定位，Windows XP 中的大部分操作是通过鼠标来完成的。因此学会操作鼠标是掌握 Windows XP 操作的前提。

第 2 章　中文操作系统 Windows XP

(1) 鼠标操作主要有以下几种

①移动：将鼠标移动到某个对象上，移动时不按任何按键。

②单击：先将鼠标停留在某个对象上，然后按下鼠标左键并立即松开。通常用来选择屏幕上的对象或打开菜单。

③双击：先将鼠标停留在某个对象上，然后快速连续地单击鼠标左键两次。通常情况下双击表示执行或打开选中的某个目标对象。

④右击：先将鼠标停留在某个对象上，将按下鼠标右键并立即松开。通常用于打开一个快捷菜单。

⑤拖动（拖拽）：先将鼠标停留在某个对象上，然后按住鼠标左键（或右键）不放并移动，将对象移动到一个新的位置后再放开鼠标左键（或右键）。通常用于移动对象或窗口等。

(2) 鼠标指针的形状及含义

当正常启动了 Windows XP 之后，屏幕上就会出现一个鼠标的指针。屏幕上的鼠标指针会随着鼠标的移动而改变位置，并且在不同的位置或不同的工作状态鼠标指针的形状也会有所不同。常见的有以下几种：见表 2-2 所示。

表 2-2　鼠标指针形状含义

指针形状	含义	指针形状	含义
	正常选择		水平调整
	帮助选择		垂直调整
	后台运行		沿对角线调整
	忙		移动
	精确定位		链接选择
	选定文本		不可用

2. 键盘的操作

键盘是计算机中重要的输入设备，虽然在 Windows XP 系统中鼠标的功能得到了加强，大部分操作可以用鼠标来完成，但是，因为鼠标不能用于输入字符，所以在输入程序代码、文字资料、数据或操作命令等某些方面，使用键盘更加灵活、方便。

在 Windows XP 系统中，许多由鼠标实现的操作，都能由键盘来完成。大部分功能需要由两个或三个键组合在一起来实现，称为"快捷键"。快捷键可以方便地执行一些命令，从而减少了从菜单中选择相应命令的麻烦，提高了工作效率。如：在文字处理软件中打印文档，若使用鼠标操作，应选择菜单栏上的【文件】→【打印】命令，若使用键盘操作，直接按下快捷键【Ctrl】+【P】即可。但是，需要注意的是，快捷键的功能由软件定义，不同环境下，快捷键的含义不同。

2.2.3 Windows XP 的桌面

正常启动 Windows XP 系统后，呈现在用户面前的整个屏幕，称为桌面，它是 Windows XP 的基本操作平台，是运行各类程序、对系统进行各种管理的屏幕区域，如图 2-7 所示。就像人们日常生活中的桌面一样，用户可以将常用的程序、文档、文件夹等放置在桌面上，以方便使用，并可随时进行修改。Windows XP 的桌面主要由桌面图标和任务栏组成。

图 2-7 Windows XP 的桌面

1. 桌面图标

在桌面上有一些带有文字说明的小型图片，称为"图标"。一个桌面上可以有多个图标，每一个图标代表一个操作对象，既可以是一个应用程序、一个文件或一个文件夹，也可以是一个硬件设备。图标包含图形和说明文字两部分，双击图标就可以打开相应的内容。

（1）桌面上图标的类型

桌面上的图标主要有 3 种类型。

①系统图标：在安装系统时自动生成的图标。

②应用程序图标：一些应用程序在安装时会自动添加或经确认后添加图标。

③快捷图标：用户为了方便使用，自己在桌面上建立的快捷方式图标。

（2）常用的图标

不同的电脑桌面上的图标是不完全相同的，但是默认的系统图标是一样的。常用的系统图标有以下几个。

①"我的电脑"：对计算机中所有的硬件和软件资源进行管理和维护。

②"我的文档"：是 Windows XP 系统专门为登陆系统的用户开设的文件夹，英文名

称为"My Documents",用来作为文档、图片和其他文件的默认存储位置。每个登录的用户都拥有各自唯一的"我的文档"文件夹。

③"网上邻居":可以查看和共享网络上的硬件资源和其他计算机中的文件夹和文件访问的有关信息。用来定位计算机连接到整个网络上的共享资源。

④"回收站":用来暂存被删除的信息,并对这些信息进行管理的维护。当还没有清空"回收站"时,可以从中还原删除的文件或文件夹。

⑤"Internet Explorer":访问因特网的一种浏览器。用来浏览互联网上信息的工具。

2. 桌面图标的操作

(1) 移动图标

桌面上图标的位置并不是固定的,用户可以按照自己的意愿去移动它们的位置。

方法:将鼠标放到要移动的图标上,拖拽鼠标,即可将图标移动到桌面上的相应位置。

(2) 排列图标

随意摆放的图标可能会使桌面显得很零乱,通过排列图标的操作就可以改变这种状况。

方法:在桌面的空白处右击鼠标,在弹出的快捷菜单中选择【排列图标】命令,选择二级菜单中的"名称"、"大小"、"类型"或"修改时间"选项,即可将图标按选择的选项进行重新排列,如图2-8所示。

①选择"自动排列"选项,桌面上的图标将会自动排列成列,当移动某个图标时只能将各图标进行位置的互换,而不能移动图标到桌面上其他位置。

②选择"对齐到网格"选项,桌面上的图标会自动地成行或成列地排列,当移动图标时,也不能随意移动到桌面上的其他位置。

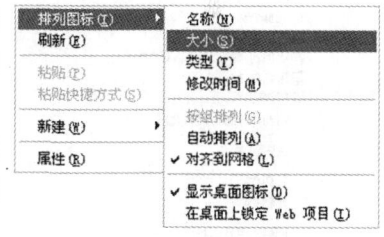

图2-8 排列图标菜单

③选择"显示桌面图标"选项,若去掉选项前的对勾,可隐藏桌面上所有的图标,再次选择,则可以重新显示桌面上的图标。

(3) 创建桌面快捷方式图标

桌面上有一类特殊的图标,左下角有一个弧形箭头,这种图标称为"快捷方式图标"。快捷方式图标使用起来非常方便,只需双击鼠标即可执行。因此,一些经常使用的程序或文件通常都在桌面上创建一个快捷方式图标,以方便使用。其实,快捷方式图标并不代表对象的本身,而是指向对象的一个指针,因此,打开快捷方式图标便打开了相应的对象,而删除快捷方式图标却不会删除对应的对象。不仅应用程序可以创建快捷方式图标,任何一个对象,如:文件、文件夹、硬件设备等都可以创建快捷方式图标。创建桌面快捷方式图标的方法常用的有两种。

方法一:

①在桌面空白处右击鼠标,在弹出的快捷菜单中选择【新建】→【快捷方式】命令,如图2-9所示,出现创建快捷方式对话框。

②在创建快捷方式对话框的文本框中,输入或按浏览按钮选择需要创建快捷方式图标

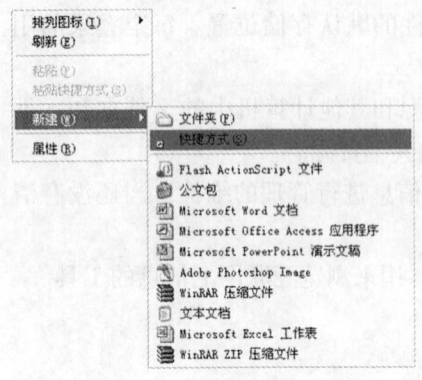

图2-9 创建桌面快捷方式菜单

的程序或文件的位置,单击【下一步】按钮。

③在弹出的"选择程序标题"对话框的文本框中,输入快捷方式图标的名称,单击【完成】按钮,即可在桌面上创建一个新的快捷方式图标。

方法二:

在要创建快捷方式图标的程序或文件上右击鼠标,在弹出的快捷菜单中选择【发送到】→【桌面快捷方式】命令,即可在桌面上创建一个快捷方式图标。

(4) 删除图标

桌面上的图标太多,会让用户感到混乱不清,降低了工作的效率。因此,对一些没有用的或不太常用的图标应该及时进行删除,以保持桌面整洁。删除桌面图标的方法,常用的有3种。

方法一:

①在需要删除的图标上右击鼠标,在弹出的快捷菜单上选择【删除】命令,如图2-10所示。

②在弹出的"确认文件删除"对话框上,单击【是】按钮,即可将图标删除,如图2-11所示。

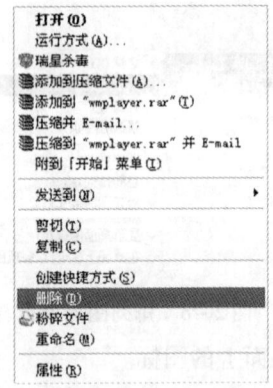

图2-10 "删除"菜单

图2-11 确认删除对话框

方法二:

选中要删除的图标,直接按键盘上的【Delete】键,在弹出的"确认文件删除"对话框上,单击【是】按钮即可。

方法三:直接拖拽要删除的图标到"回收站"图标上即可。

(5) 桌面图标的设置

安装 Windows XP 系统后,第一次运行系统,桌面上只有右下角有一个"回收站"的图标,虽然看起来很简洁,但是,使用起来却不太方便,大部分用户还是比较习惯于原来的 Windows 的桌面。Windows XP 系统中也提供了恢复原来系统的默认图标的方法。

方法:

①在桌面空白处右击鼠标,在弹出的快捷菜单中选择【属性】命令,出现"显示属性"对话框。

②选择"桌面"选项卡,单击【自定义桌面】按钮,出现"桌面项目"对话框,如图2－12所示。

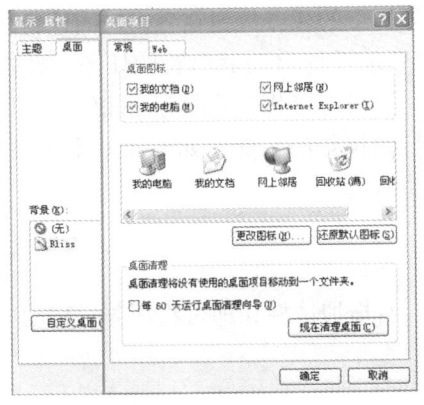

图2－12　"桌面项目"对话框

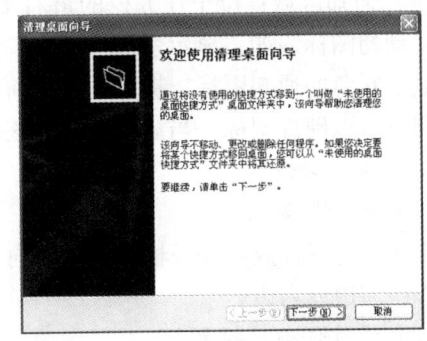

图2－13　"清理桌面向导"对话框

③在"桌面图标"选项组中选中"我的电脑"、"网上邻居"等图标,单击【确定】按钮返回到"显示属性"对话框中,再单击【确定】按钮,关闭"显示属性"对话框,即可看到恢复的系统默认的图标。

(6) 运行桌面清理向导

桌面清理向导可以对桌面上一些长时间不用的桌面快捷方式图标进行整理,把它们收集到桌面上的一个名为"未使用的桌面快捷方式"文件夹中,以节省桌面上的空间。

方法:

①在桌面空白处右击鼠标,在弹出的快捷菜单中选择【排列图标】→【运行桌面清理向导】命令,出现"清理桌面向导"对话框,如图2－13所示,单击【下一步】按钮。

②选择需要清理的快捷方式,单击【下一步】按钮继续。

③单击【完成】按钮,则所选的桌面快捷方式图标在桌面上消失,被收集到桌面上新创建的一个名为"未使用的桌面快捷方式"文件夹中。

3. 任务栏

任务栏通常出现在桌面的最下方,是一个横跨整个屏幕的长条,从左至右依次由"开始"菜单按钮、"快速启动"工具栏、任务列表区和通知区域等几部分组成,如图2－14所示。

图2－14　任务栏

(1) "开始"菜单按钮:位于任务栏的最左边,它是运行 Windows XP 应用程序的入口,是 Windows XP 的总开关。用户要执行的所有命令,从调用程序到关闭系统,几乎都可以从"开始"菜单中进行选择。

（2）"快速启动"工具栏：与"开始"菜单按钮相邻，通常用来放置用户频繁使用的程序图标，单击这些图标就可以启动相应的程序，使用起来非常方便。

（3）任务列表区：每当运行了一个应用程序或打开一个窗口时，系统都会在任务栏上显示一个相应标题的任务按钮。通过任务栏，用户可以方便的了解当前运行了哪些应用程序，当用户打开多个窗口时，可以通过单击任务栏上的任务按钮在各窗口间进行切换。

（4）通知区域：位于任务栏的最右边，用于显示系统启动后执行的任务，并能够隐藏不活动的图标，如：显示系统时钟、音量控制、网络连接状态等图标，此外，该区域还具有显示紧急的通知图标，提醒用户目前可以进行的操作的功能，如外插U盘等硬件时，会立即显示该硬件图标，当拔下硬件后该图标自动消失。

4. 任务栏的设置

（1）移动任务栏

方法：将鼠标放在任务栏的空白处向上、左、右拖拽鼠标，即可将任务栏移动到屏幕的上方、左边或右边。

（2）修改任务栏的大小

方法：将鼠标放在任务栏的边缘上，当鼠标变成双向箭头时，拖拽鼠标，可以修改任务栏的宽度；将鼠标放在任务栏各组成部分分界的虚线处，当鼠标变成双向箭头时，拖拽鼠标，可调整各组成部分所占空间的大小。

（3）修改任务栏的属性

方法：选择【开始】→【控制面板】命令，打开"控制面板"窗口，选择其中的"任务栏和「开始」菜单"图标双击，或者在任务栏的空白处右击鼠标，在弹出的快捷菜单中选择【属性】命令，出现"任务栏和「开始」菜单属性"对话框，选择"任务栏"选项卡，如图2-15所示。

在"任务栏外观"选项组中，有5个复选框。

①选中"锁定任务栏"选项，则任务栏不能被随意移动或改变大小。

②选中"自动隐藏任务栏"选项，则当不对任务栏进行操作时，任务栏将自动消失，当把鼠标放在任务栏位置上时，任务栏会自动出现。

③选中"将任务栏保持在其他窗口的前端"选项，则无论桌面上打开多少个窗口，任务栏总是显示在最前面，而不会被其他窗口挡住。

④选中"分组相似任务栏按钮"选项，可以把相同的程序或相似的文件归类分组而使用同一个按钮，这样不会因为用户打开多个窗口，而使任务按钮变得很小而不容易分辨。

⑤选中"显示快速启动"选项，将在任务栏上显示快速启动工具栏，否则将不显示。

在"通知区域"选项组中，有2个复选框和一个按钮。

①选中"显示时钟"选项，将在通知区域显示时钟，否则不显示。

②选中"隐藏不活动的图标"选项，可以将最近没有点击过的图标隐藏起来以保持通知区域的简洁明了。

③单击【自定义】按钮，在打开的"自定义通知"对话框中，用户可以对通知区域的图标进行隐藏或显示的设置。

第 2 章　中文操作系统 Windows XP

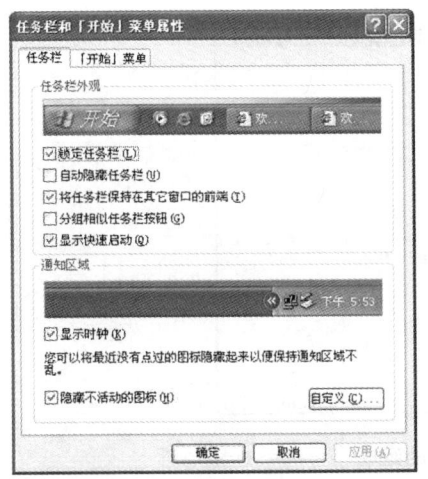

图 2-15　任务栏和「开始」菜单
　　　　属性对话框

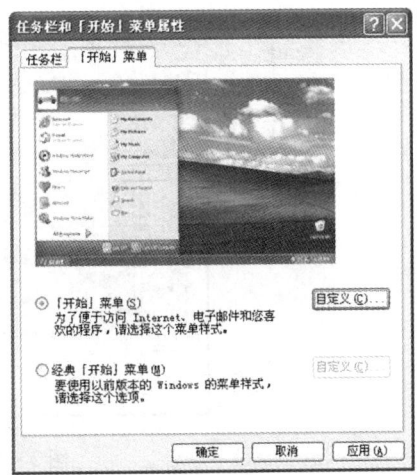

图 2-16　「开始」菜单
　　　　设置对话框

(4)"开始"菜单的设置

在任务栏的空白处右击鼠标，或者右击【开始】按钮，在弹出的快捷菜单中选择【属性】命令，弹出任务栏和「开始」菜单属性对话框，选择「开始」菜单选项卡，可以对"开始"菜单进行设置，如图 2-16 所示。

① 选择「开始」菜单选项，以 Windows XP 系统默认的大区域显示模式显示"开始"菜单，用户很方便地访问 Internet、电子邮件和经常使用的程序。单击后面的【自定义】按钮，弹出"自定义「开始」菜单"窗口，选择常规选项卡，可以设置显示图标的大小、开始菜单上程序的数目、是否显示 Internet 和电子邮件等；选择"高级"选项卡，还可以设置"开始"菜单的显示方式及菜单中的项目的显示设置等。

② 选择经典「开始」菜单选项，以老版本 Windows 的单列显示模式显示"开始"菜单，单击后面的【自定义】按钮，弹出"自定义经典「开始」菜单"窗口，可进行添加、删除"开始"菜单项目及显示方式的设置。

2.2.4　窗口

Windows XP 系统是图形界面的操作系统，大部分的操作都是在不同的窗口中进行的，窗口操作是其最基本的操作，通过窗口，用户可以实现查看对象、浏览文件或一些其他的操作。

1. 窗口的组成

Windows XP 的窗口由标题栏、菜单栏、工具栏、地址栏、窗口边框和窗口角、状态栏、滚动条和工作区几部分构成，如图 2-17 所示。

(1) 标题栏

窗口顶部的蓝色长条区域称为标题栏，标题栏主要用于显示窗口的名称。标题栏的最左边是控制菜单图标，单击该图标可弹出控制菜单，用于控制窗口。控制菜单旁边显示窗

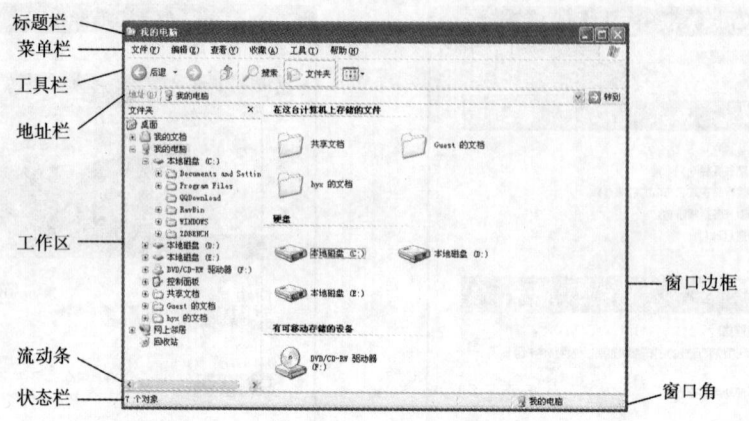

图 2-17 窗口的组成

口的名称，标题栏的最右边是 3 个控制按钮，从左至右分别是【最小化】、【最大化】和【关闭】按钮。

（2）菜单栏

菜单栏位于标题栏的下方，由多个菜单项组成，每个菜单项都是由一系列相关的命令组成，用户可以通过这些命令来执行各种操作。随着窗口的不同，菜单的内容也会有所不同。

（3）工具栏

工具栏位于菜单栏的下面，由一系列小图标图案的按钮构成，每个按钮都对应着一个命令，单击按钮就可以完成相应的操作。工具栏中的命令，在菜单中也可以找到，设置工具栏的目的是为了方便用户的操作。工具栏一般是可选的，可以显示也可以关闭。

（4）地址栏

地址栏位于工具栏的下面，由一个地址文本框和一个【转到】按钮构成。地址栏中显示当前窗口中显示的内容所在的地址路径。用户也可以通过在地址文本框中输入地址路径，然后单击【转到】按钮，来显示指定地址的文件夹的内容。地址栏一般是可选的，可以显示也可以关闭。

（5）窗口边框和窗口角

窗口的四边及四角。用鼠标拖动它们，可改变窗口的大小。

（6）状态栏

位于窗口的底部，用于显示窗口的当前状态及用户的一些操作信息等。状态栏一般是可选的，可以显示也可以关闭。

（7）滚动条

当窗口的大小无法显示所有内容时，滚动条会自动出现，通过滚动条可查看窗口的其他部分的内容。垂直滚动条用来使窗口内容上下滚动，水平滚动条用来使窗口内容左右滚动。

（8）工作区

窗口内部的最大区域，用于显示窗口的内容，用户也可以在工作区进行文本输入或执

行具体任务等操作。

2. 窗口的基本操作

（1）窗口的移动

方法：将鼠标指针放在窗口的标题栏上，拖拽鼠标，即可将窗口移动到桌面上的任意位置。

（2）改变窗口大小

方法：将鼠标指针放到窗口边框或窗口角上，当鼠标指针变成双向箭头形状时，拖拽鼠标，即可改变窗口的大小。

（3）最大化、最小化、还原和关闭窗口

①最大化窗口

方法一：用鼠标单击【最大化】按钮。

方法二：将鼠标放在标题栏的空白处上，双击。

方法三：将鼠标放在窗口控制图标上单击，在弹出的窗口控制菜单中选择【最大化】命令。

以上几种方法均可使窗口布满整个屏幕，即窗口最大化。当窗口最大化后，【最大化】按钮会自动变成【还原】按钮。

②还原窗口

方法一：用鼠标单击【还原】按钮。

方法二：将鼠标放在窗口控制图标上单击，在弹出的窗口控制菜单中选择【还原】命令。

以上两种方法均可使窗口恢复到原来的大小。当窗口还原后，还原按钮会重新变成【最大化】按钮。

③最小化窗口

方法一：用鼠标单击【最小化】按钮。

方法二：将鼠标放在窗口控制图标上单击，在弹出的窗口控制菜单中选择【最小化】命令。

以上两种方法均可使窗口变成任务栏上的一个按钮，即最小化。

④关闭窗口

方法一：用鼠标单击【关闭】按钮。

方法二：将鼠标放在窗口控制图标上双击或单击窗口控制图标，在弹出的窗口控制菜单中选择【关闭】命令。

方法三：选择【文件】→【关闭】命令。

方法四：按键盘上的【Alt】+【F4】键。

以上几种方法均可关闭窗口。

（4）窗口的排列

方法：在任务栏的空白处右击鼠标，在弹出的快捷菜单中选择【层叠的窗口】、【横向平铺窗口】、【纵向平铺窗口】命令就可将窗口按要求重新排列。做了窗口排列操作后，在任务栏的空白处再次右击鼠标，在弹出的快捷菜单中选择【撤消层叠/平铺】命令，即可将窗口恢复到排列前的状态。

（5）窗口的切换

Windows XP 系统中可以同时打开多个窗口，当前正在操作的窗口称为"活动窗口"。活动窗口的标题栏是浅蓝色突出显示的，而其他窗口的标题栏为深蓝色显示的。在某一时刻，活动窗口只能有一个。

方法一：当要切换的窗口没有被完全覆盖住时，将鼠标移动至窗口的任意处单击。

方法二：将鼠标移至任务栏上对应的任务按钮上单击。

方法三：按键盘上的【Alt】+【Tab】键或【Alt】+【Esc】键。

（6）滚动窗口

方法一：将鼠标在滚动条两端的【向上】或【向下】箭头按钮上单击，可向上或向下单行滚动；若按住鼠标左键不放，则可连续滚动。

方法二：将鼠标在滚动块上面或下面的空白处单击，可向上或向下滚动一页；若按住鼠标左键不放，则可连续滚动。

方法三：将鼠标移动到滚动块上拖动，则窗口中的内容可相应滚动。

方法四：向前或向后推动鼠标中间的滚轮，也可完成内容的滚动。

2.2.5 对话框

对话框是系统与用户进行对话、信息交互的一种特殊的窗口。当执行命令的菜单项中带有"…"符号时，执行此命令后会显示一个对话框。用户通过对话框进行信息输入、信息查看、设置选项等操作，而系统则通过对话框获取用户信息并改变系统设置选择选项等操作。

对话框虽然是一种特殊的窗口，但是却与窗口存在很大差别，它没有菜单栏、工具栏，没有最大化、最小化按钮，也不能随意改变大小，不能最小化到任务栏等，它只是命令执行过程中人机对话的一个界面，如图 2-18 所示。

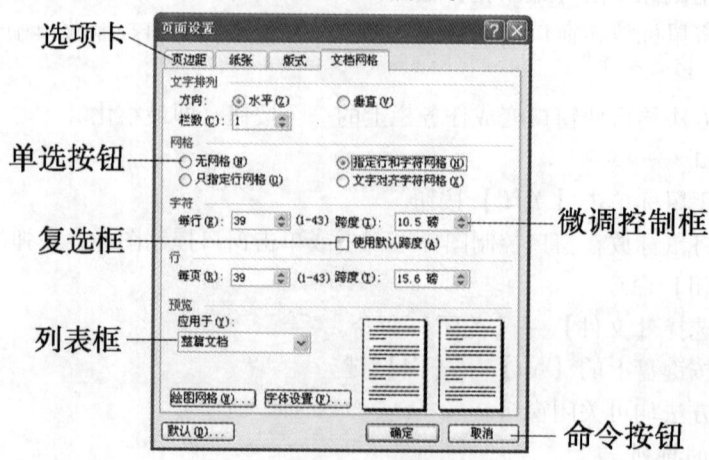

图 2-18 对话框

在 Windows XP 系统中，有多种样式的对话框，不同的对话框的组成差别可能很大，

第 2 章　中文操作系统 Windows XP

但一般对话框通常包括以下几部分。

(1) 命令按钮

每个命令按钮都对应着某项功能，单击相应的按钮就可以执行相应的操作。常见的命令按钮有【确定】、【关闭】、【取消】、【应用】等。

(2) 单选按钮

在包含多个选项的选项组中，各选项之间一般相互排斥，不能同时选择，只能选择其中的一个选项。单选按钮用圆圈形状表示，当单击某一单选按钮时，该选项的圆圈里会出现一个实心圆点，表示该项被选中；当再选择其他单选按钮时，原来单选按钮圆圈里的实心圆点会自动去掉，表示该选项被取消。

(3) 复选框

在包含多个选项的选项组中，各选项相互独立，用户可以同时选择一个或多个选项，也可以一个都不选。复选框按钮用方框形状表示，当单击某一复选按钮时，该选项的方框中会出现一个"√"表示该项被选中，如果在该按钮上再次单击，方框里的"√"会自动去掉，表示该选项被取消。

(4) 文本框

用户进行文本输入的区域。文本框是一个长方形的空白方框，在文本框中单击，会出现闪动的光标，用户可直接输入和编辑需要传递给系统的文本信息。

(5) 列表框

用户不必自己输入文本，系统会针对某一主题，将所有可能输入的信息全部列出，供用户选择。用户只需单击列表框旁边的箭头按钮，列表框就会展开并显示所有选项，直接用鼠标单击选择其中的选项即可。

(6) 选项卡

当对话框的内容多而复杂时，系统将内容进行分类，并以卡片的形式重叠在一起存放，称为选项卡。每个选项卡都在卡片的最上边设置一个标有自己名字的标签，单击某个标签，即可显示该选项卡的内容。

(7) 微调控制框

系统为用户提供的一种方便进行数字输入的方式。微调控制框的右边有向上和向下的两个箭头，单击箭头可以增大或减小编辑框中的数字。微调控制框也支持直接进行数字的输入。

2.2.6　菜单

菜单是 Windows XP 系统中的各种应用程序命令的集合，是系统接收用户指令的主要途径，是 Windows XP 最常用的操作方法。

1. 打开菜单

在 Windows XP 中常用的菜单形式有："开始"菜单、窗口下拉菜单、快捷菜单和窗口控制菜单。

(1) "开始"菜单

"开始"菜单是 Windows XP 系统的总按钮，通常包括："所有程序"、"我的文档"、

· 47 ·

"我最近的文档"、"我的电脑"、"网上邻居"、"控制面板"、"设定程序访问和默认值"、"搜索"和"运行"等选项，根据用户的需要还可显示"Internet"和"电子邮件"，如图2-19所示。单击任务栏上的【开始】按钮，或者按键盘上的【Win】徽标键或同时按下【Ctrl】+【Esc】键，都会出现【开始】菜单。

（2）窗口下拉菜单

窗口下拉菜单是隐藏在菜单栏里的，单击菜单栏中的某个选项，就会出现下拉菜单，如图2-20所示。菜单通常是利用单击鼠标来进行选择的，但也可以利用键盘。在菜单中每一选项的右边括号内有一个大写英文字母，叫"热键"，利用【Alt】键和该字母配合同样可以进行选择菜单。

（3）快捷菜单

快捷菜单是Windows XP系统提供给用户快速进行操作的方式之一。只要右击鼠标就会出现快捷菜单。在不同的位置右击鼠标所出现的快捷菜单不同。

（4）窗口控制菜单

单击窗口控制图标就会出现窗口控制菜单，如图2-21所示。

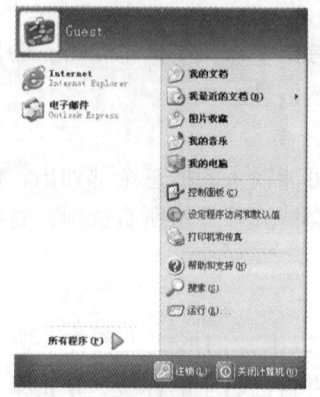
图2-19 "开始"菜单

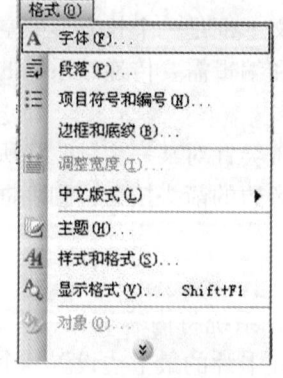
图2-20 窗口下拉菜单

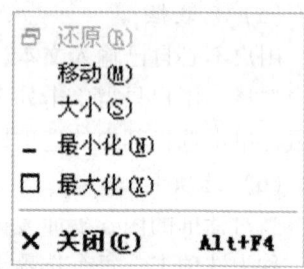
图2-21 窗口控制菜单

2. 取消菜单

用鼠标在菜单以外的任何一个地方单击，菜单就会自动关闭。另外，按键盘上的【Esc】键也可取消菜单。

3. 菜单显示的约定

Windows XP系统中的菜单具有统一的符号约定。

（1）高亮度显示的菜单项：表示当前菜单项被选中，单击鼠标左键或按【Enter】键即可执行相应的命令。

（2）灰色显示的菜单项：表示当前状态下该菜单项无法使用。

（3）后面带"…"的菜单项：表示执行该选项的命令后会打开一个对话框。

（4）后面带"▶"的菜单项：表示该菜单是级联菜单，当鼠标指向该项时，沿着黑色三角形的指向方向，会弹出子菜单。

（5）分组线：菜单项间的分隔线，通常按功能分组。

第 2 章 中文操作系统 Windows XP

(6) 前面有"●"的菜单项：表示已选项，在同一分组菜单中，只有一个菜单项前"●"，表示该项起作用。

(7) 前面有"√"的菜单项：选择标记，表示该命令当前正在使用。

(8) "⌄"：出现该符号，表示菜单太长，部分内容隐藏不显示，将鼠标放在该符号上停留时间一会，菜单便可全部显示。

2.2.7 剪贴板

剪贴板是 Windows XP 操作系统中，用于临时存放交换数据的存储区间。

1. 剪贴板的功能

剪贴板是 Windows XP 在内存中开辟的一块缓冲区域。它不但可以存储文本，还可以存储文件、文件夹、图像等其他信息。它利用剪切或复制操作将要交换的数据信息存放在剪贴板上，再通过粘贴命令把存放在剪贴板上的数据信息传送到其他应用程序中。剪贴板上一次只能暂存一份数据，并且该暂存的数据可以被反复利用多次。但是，当有另一份新的数据要存放在剪贴板上时，原来的数据就会被新的数据所覆盖，如果该数据不被其他数据覆盖，则它将一直独占剪贴板，直至退出 Windows XP 系统。

2. 剪贴板的使用

(1) 将数据对象复制到剪贴板上

将数据对象存放到剪贴板上，根据要存放的数据对象的不同，操作也有所不同。

①文本、图片、文件或文件夹

方法：首先在应用程序中找到或打开要存放到剪贴板上的数据对象并将其选中，然后选择应用程序中的【复制】或【剪切】命令即可。

②当前窗口图像

方法：选择要存放到剪贴板上的窗口，然后按键盘上【Print Screen】键即可。

③整个屏幕图像

方法：按键盘上的【Alt】+【Print Screen】键即可。

(2) 查看剪贴板上的信息

查看剪贴板上的信息，可以利用剪贴板查看程序。

方法一：选择【开始】→【运行】命令，在弹出的运行对话框的文本框中，输入"clipbrd"，单击【确定】即可打开剪贴板查看程序。

方法二：在"我的电脑"或"资源管理器"中，找到 c:\windows\system32 文件夹，打开该文件夹找到名为"clipbrd.exe"的文件，双击即可。

(3) 从剪贴板上粘贴信息

方法：打开要粘贴信息的应用程序，选择【粘贴】命令即可。

2.2.8 中文输入

1. 中文输入法概述

在计算机中进行中文输入的方法主要有非键盘输入和键盘输入两大类。非键盘输入主要是利用计算机的自动识别技术来实现汉字输入的方式，常用的方法有：联机手写输入、语音输入和光电扫描输入等。虽然，利用非键盘输入的方式输入起来比较方便，但是，一般都需要安装特殊的设备，并且受系统识别能力的限制很大，因此，实际使用的用户并不是很多；键盘输入是用户通过敲击键盘来达到输入目的的输入方式，这种方式使用起来比较简单，方法多样，适合于各种人群，因此，键盘输入是目前用户使用最普遍的一种方式。中文版 Windows XP 可支持多种汉字输入方法，并内置了一些输入法，如智能 ABC 输入法、微软拼音输入法、全拼输入法、郑码等，同时，用户也可以安装自己喜欢的中文输入法，如五笔字型输入法等。

2. 输入法的设置

（1）输入法的安装

下面以极品五笔输入法的安装为例，介绍外挂输入法的安装。

①双击极品五笔输入法安装程序的图标 JPWB.exe（大部分安装程序的可执行文件为 Setup.exe），启动安装程序，进入安装向导界面，如图 2-22 所示。

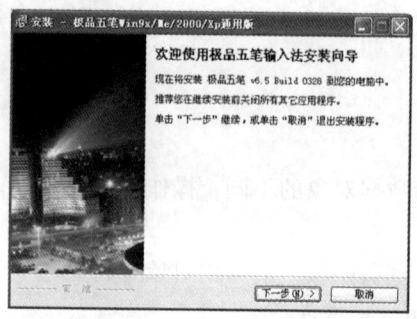
图 2-22 极品五笔输入法安装界面

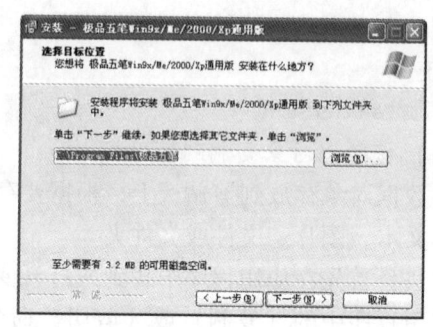
图 2-23 目标位置选择界面

②单击【下一步】按钮，进入许可协议界面，安装程序提示是否同意安装协议。

③选择"我同意此协议"选项，单击【下一步】按钮，进入"目标位置选择"界面，出现程序的默认安装位置，可以在文本框中输入或单击【浏览】按钮修改安装位置，如图 2-23 所示。

④单击【下一步】按钮，进入"准备安装"界面，如图所示，单击【安装】按钮，开始安装，如图 2-24 所示。

⑤安装进程结束后，进入最后完成界面，此时用户可以根据自己的需要选择提供的工具栏，单击【完成】按钮，就可以直接使用输入法了。

（2）输入法的选择

单击"任务栏"通知区域的语言指示器按钮，将弹出汉字输入法的选择菜单，如图 2-25 所示。用鼠标单击相应的菜单项，即可启动相应的输入法。

第 2 章 中文操作系统 Windows XP

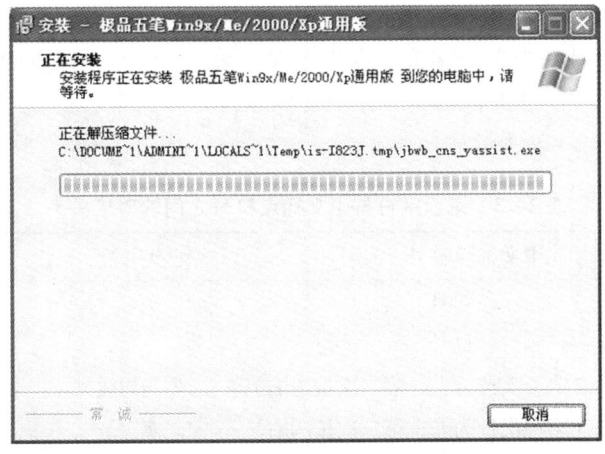

图 2-24 输入法安装进度界面

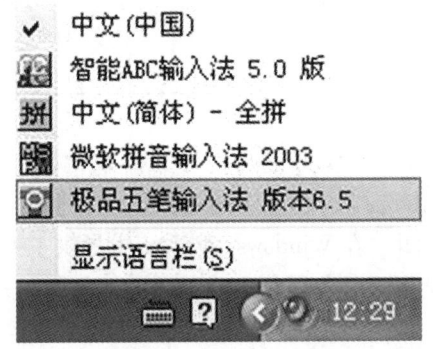

图 2-25 输入法菜单

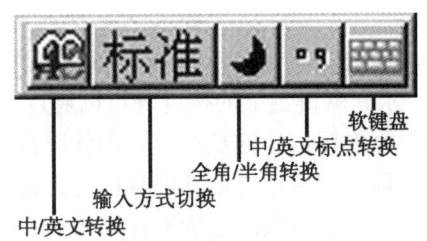

图 2-26 输入法状态栏

无论选择了哪一种中文输入法，屏幕上都会出现一个"输入法状态栏"，如图 2-26 所示。该状态栏共包括 5 个按钮，通过单击这些按钮可以进行相应的设置。

①中/英文转换按钮：单击该按钮，可以在中文和英文输入方式之间进行切换。当按钮为输入法标志图案时，为中文输入状态。在该按钮上单击，当按钮显示变红色"A"的图案时，为英文输入状态。

②输入方式切换按钮：显示当前正在使用的输入法的名称。在 Windows XP 内置的一些输入法中，还含有自身携带的其他输入方式，如智能 ABC 输入法中就包括"标准"和"双打"两种方式，单击该按钮可在此两种输入方式之间进行切换。

③全角/半角转换按钮：单击该按钮可进行全角和半角方式的切换。当按钮为黑色月牙形图案时，为半角输入状态；当按钮为黑色圆形图案时，为全角输入状态。在半角状态下，输入的英文字母、数字、标点符号，均占 1 个字符的宽度，即半个汉字的位置；在全角状态下，所有输入的英文字母、数字、标点符号，均占 2 个字符的宽度，即一个汉字的位置。全角/半角的转换还可用键盘上的【Shift】+【Space】键进行切换。

④中/英文标点转换按钮：单击该按钮可以在中文标点符号和英文符号之间进行切换。当按钮为空心的逗号和句号图案时，为中文标点符号的输入状态；当按钮为实心的逗号和

句号图案时,为英文标点符号的输入状态。中文的标点符号均为全角字符,占一个汉字宽,而英文的标点符号均为半角字符,占半个汉字宽。中/英文标点的转换还可以用键盘上的【Ctrl + .(句号)】键进行切换。在中文标点符号方式下,键盘字符与中文标点符号之间的对应关系如表2-3所示。

表2-3 键盘字符与中文标点符号之间的对应关系

键盘字符	中文标点符号	键盘字符	中文标点符号
.	。句号	( )	( ) 小括号
,	,逗号	\	、顿号
'	''单引号（第一次按为左,第二次按为右）	_（下划线）	——破折号
"	""双引号（第一次按为左,第二次按为右）	@	·间隔号
;	；分号	!	!感叹号
:	：冒号	$	¥人民币符号
< >	《》书名号	^	……省略号
?	？问号	&	——连接号

⑤软键盘按钮:单击该按钮将在屏幕上显示一个模拟键盘,称为"软键盘",如图2-27所示。软键盘上的按键既可以通过鼠标单击选择,也可以通过按下键盘上的对应键来使用。再次单击软键盘按钮,则软键盘自动关闭。在Windows XP系统中提供了13种软键盘的布局,用鼠标右击软键盘按钮,就会出现软键盘布局菜单,如图2-28所示,单击其中的选项,就可以改变软键盘的布局。

图2-27 软键盘　　　　　图2-28 软键盘布局菜单

(3) 输入法的切换

输入法的切换有2种方法。

①利用鼠标进行切换,方法与选择输入法相同,即单击任务栏通知区域的语言指示器按钮选择。

②利用键盘进行切换。按组合键【Ctrl】+【Shift】键可实现各输入法之间的依次切换;按组合键【Ctrl】+【Space】键可以实现汉字输入法与英文输入法之间的切换。

3. 全拼输入法

全拼输入法是以国家文字改革委员会颁布的《汉语拼音方案》为基础进行编码的一种汉字输入法,它采用键盘上除"V"键以外的25个英文字母键对应于汉语拼音中的字

第 2 章 中文操作系统 Windows XP

母,利用声母和韵母组合构成基本音节,来进行汉字输入。

在全拼输入法状态下输入汉字时,要依次输入汉字拼音的全部声母和韵母,然后在提示菜单中选择所需的汉字即可。如:输入"王"字,依次输入字母"wang"后,选择提示菜单中"王"字前面的数字代码"3"即可。

利用全拼输入法进行汉字输入时,应注意以下几点。

① 提示菜单中会自动出现多个相应读音的汉字,选择汉字前的数字代码,即可以输入相应的汉字,如果要选择的汉字是第一个汉字,按空格键即可。

② 如果提示菜单中没有要选择的对象时,可以用【+】键或【-】键向后或向前翻页,进行查找。

③ 若输入过程中出现错误,可使用【Backspace】键进行删除,重新输入正确的拼音字母即可。

④ 输入拼音时一律用小写字母。

⑤ 当遇到韵母是"ü"时,用"V"代替。如"女"字,输入"nv"即可。

⑥ 全拼输入还支持词语的输入,方法与汉字的输入相似,将词语的所有音节一个字母不少地进行输入,然后在提示菜单中选择所需的词语即可。如:输入"语言"一词,依次输入字母"yuyan"后,选择提示菜单中"语言"一词前的数字"1"即可。

4. 智能 ABC 输入法

智能 ABC 输入法是由北京大学的朱守涛教授发明的,是一种适合多种汉字输入形式的输入法,具有提供动态词库、用户自定义词组、词频调整等智能特色。智能 ABC 输入法有全拼、简拼、混拼、音形、笔形、双打等 6 种输入方式,常用的有全拼、简拼、混拼 3 种输入方式。

(1) 全拼输入方式

全拼输入方式与全拼输入法基本相同,需要按照拼音规则依次输入整个音节中的全部字母,但是,有几点不同需要注意。

① 拼音全部输入结束后,要按空格键、回车键或标点符号键表示输入结束,才会显示提示菜单。

② 若输入过程中出现错误,既可以使用【Backspace】键进行删除,输入正确的拼音字母,也可以使用光标移动键进行定位,然后进行插入、删除等操作。

③ 在汉语拼音方案中,有一种汉字的拼音被称为"零声母",即这个汉字的拼音中只有韵母没有声母。这种零声母的汉字若出现在词语中时,很容易与前一个字的拼音组合而产生歧义。如:输入"名额"一词,如果直接输入"minge",就会出现"民歌"。因此,当词语中出现有零声母汉字的时候,应使用【'】作为隔音符号来分隔零声母的字与其他字的声母或韵母,如:"名额"一词,应输入"ming'e",然后按空格结束。

(2) 简拼输入方式

采用全拼的方式进行输入,编码较多,输入起来比较麻烦,简拼输入的方式则可以使输入大大简化。方法是取各个音节的第一个字母进行输入。如:"计算机"一词,只需输入"jsj",按空格结束即可。

· 53 ·

(3) 混拼输入方式

混拼输入的方式将全拼输入方式和简拼输入方式两种情况进行了综合。方法是将具有两个音节以上的词语，有的音节全拼，有的音节简拼。如："学习"一词，可输入"xxi"或"xuex"，按空格结束即可。

(4) 定义新词

定义新词是用来定义那些非标准的汉语拼音词语或特殊符号的。

方法：

①在输入法状态栏上，右击鼠标，在弹出的快捷菜单中选择"定义新词"选项，如图 2-29 所示。

②在定义新词对话框中，输入要定义的新词及外码后，单击【添加】按钮即可。如图 2-30 所示。

图 2-29 定义新词

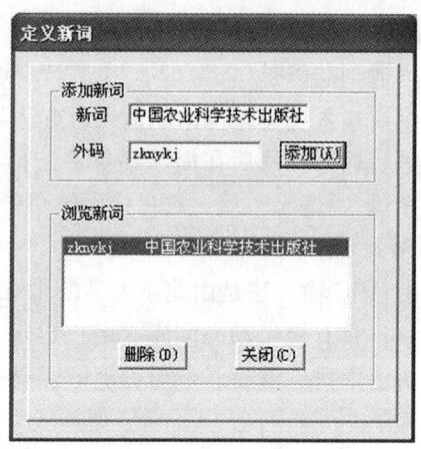
图 2-30 定义新词对话框

"新词"文本框中输入的新词的最大长度为 15 个字，既可以是汉字、词语或短语，也可以由汉字和其他的字符组成；"外码"文本框中输入的外码字符数最大长度为 9 个，可以是汉语拼音、外来语原文、或者是用户喜欢的任意标记，但不能是汉字。新词的最大词条容量为 400 条。

新定义的词语的输入方法：以字母"u"开头，然后加定义的外码，按空格键结束。如：定义了"中国农业科学技术出版社"一词，外码为"zknykj"，那么，只要键入"uzknykj"，再按空格键就可以直接输入"中国农业科学技术出版社"一词。

(5) 输入英文

在使用智能 ABC 输入法进行汉字输入的过程中，如果需要输入英文，可以不必切换到英文方式，直接在智能 ABC 输入法状态下进行输入。

方法：先键入【V】键，然后输入需要输入的英文，按空格键结束即可。如：输入英文"windows XP"，不必切换输入法，只需键入"vwindows XP"，按空格键即可。

(6) 中文数量词简化输入

智能 ABC 输入法中还提供了阿拉伯数字和中文大小写数字的转换能力，可对一些常

第 2 章 中文操作系统 Windows XP

用量词进行简化输入。

方法:用前导字符"i"或"I"+数字即可。其中,"i"为输入小写中文数字的前导字符,"I"为输入大写中文数字的前导字符。如:输入"i5",则键入"五";输入"I5",则键入"伍"。

5. 五笔字型输入法

五笔字型输入法是由王永民教授于 1983 年发明的。它按照汉字的字型(笔画、字根)进行编码,无论多么复杂的汉字和多长的词语,最多只需按 4 下键即可输入,且重码率低,非常适合盲打,已成为当今最为普及、最受欢迎的汉字输入方法之一。

(1) 汉字的 3 个层次

五笔字型将一个完整的汉字,划分为 3 个层次,即笔画、字根和单字。

① 笔画

在书写汉字时,一次写成的连续不间断线条,称为一个笔画,它是汉字的最小结构单位。五笔字型中,将汉字的基本笔画总共归纳为五种,即:横、竖、撇、捺、折,"五笔字型"的"五笔"就是由此而来的。为了编码方便,分别用数字 1、2、3、4、5 作为五种笔画代号,见表 2-4。

表 2-4 汉字的 5 种基本笔画

笔画代号	笔画名称	笔画走向	笔画及其变形
1	横	左→右	一,亅
2	竖	上→下	丨,丨
3	撇	右上→左下	丿,丿
4	捺	左上→右下	丶,丶
5	折	一笔连续带转折	乙,乚,𠃋,𠃍,ㄴ

② 字根

由若干笔画组成相对不变的结构,称为字根。绝大多数字根是常见的偏旁部首,但也有不同。五笔字型中最基本的字根有 130 个左右,它们是构成汉字的"基本"单位。

③ 单字

将笔画或字根按一定的位置关系拼合起来就构成了单字。

(2) 汉字的 3 种字型

汉字是一种平面文字,同样的几个字根,摆放在不同位置,也即字型不同,就组成不同的汉字。根据构成汉字的各字根之间的位置关系,总体上可以将汉字分为 3 种字型,并规定了相应的代码,如表 2-5 所示。

表 2-5 汉字的 3 种字型

字型代码	字型	汉字举例
1	左右	技格树做
2	上下	思字意算
3	杂合	飞牛边国凶包

①左右型：各字根间从总体上能够明显地分成左右两部分或左中右3部分。

②上下型：各字根间从总体上能够明显地分成上下两部分或上中下3部分。

③杂合型：各字根间从总体上浑然一体，既不能明显地分成左右几部分，也不能明显地分成上下几部分，即除了左右型和上下型之外的汉字，一般包括单体型、内外型和包围型。

(3) 汉字的4种结构

所有汉字都是由基本字根构成，根据组成汉字时字根间的位置关系，将汉字分为4种结构：单、散、连、交。

①单结构：指字根本身就是一个单独的汉字，如：王、目、雨、文等。

②散结构：指构成汉字的基本字根不止一个，而且各字根之间保持一定距离，既不相连也不相交，如：情、理、树、显、型等。

③连结构：指由一个基本字根连带一个基本笔画，如：自、尺、产、千、不、下等；另外，带点结构的汉字，也认为是连结构。如：勺、术、太、主、义等。

④交结构：指构成汉字的多个基本字根交叉套叠在一起，如：里、农、必、申、果、电等。

(4) 字根键盘的分区划位

五笔字型中的基本字根有130多种，加上一些基本字根的变型，共有200个左右。要将这些字根分布到键盘中的各字母键上，就需要对键盘进行划分，称为字根键盘的分区划位。

①在五笔字型方案中，共用到了键盘上的除Z键以外的25个键，按照每个字根的起笔，将它们分配到5个区域内，每个区中各包含5个键，对应着5个位，每一个键按照区号和位号进行了编码（表2-6）。将130多个基本字根分布在25个键位中，每个键位上都要安排多个字根，这样就形成了五笔字型字根键盘。为了方便记忆字根在键盘上的分布情况，五笔字型输入法特意提供了助记词帮助记忆（图2-31）。

表2-6 字根键盘分区划位

1区（横起类区）	G (11)	F (12)	D (13)	S (14)	A (15)
2区（竖起类区）	H (21)	J (22)	K (23)	L (24)	M (25)
3区（撇起类区）	T (31)	R (32)	E (33)	W (34)	Q (35)
4区（捺起类区）	Y (41)	U (42)	I (43)	O (44)	P (45)
5区（折起类区）	N (51)	B (52)	V (53)	C (54)	X (55)

②从字根键盘的分布上，可以总结出字根的分布和键位对应关系的一些特征。

第一，各个键位上都分配有多个基本字根，其中最有代表性的有一个字根称为键名字根，键名字根既是组成其他汉字频度很高的字根，又是很常用的汉字，通常是每个键所对应的"助记词"中的第一个字，如：【G】键的键名为"王"，【H】键的键名为"目"等。

第二，与键名字根形态相近或相似的字根分配在同一个键位上，如：【N】键上对应的键名字根为"已",与其形态相似如"巳、己、乙"等都分配在该键位上。

第三,区号与字根首笔画代号一致,位号与次笔画代号一致,如:字根"大",首笔是横,代号为1,次笔都是撇,代号为3,因此,字根"大"分配在13【D】键上。

第四,区号与首笔代号一致,位号与笔画数目一致,如:字根"点"的代号为4,那么"、"在41【Y】键上,"冫"在42【U】键上,"氵"在43【I】键上,"灬"在44【O】键上。

第五,字根形态相近或有渊源的,分配在同一个键位上,如:字根"耳"分配在51【B】键上,而"阝、卩"等都是"耳"变形,因此,也都分配在51【B】键上。

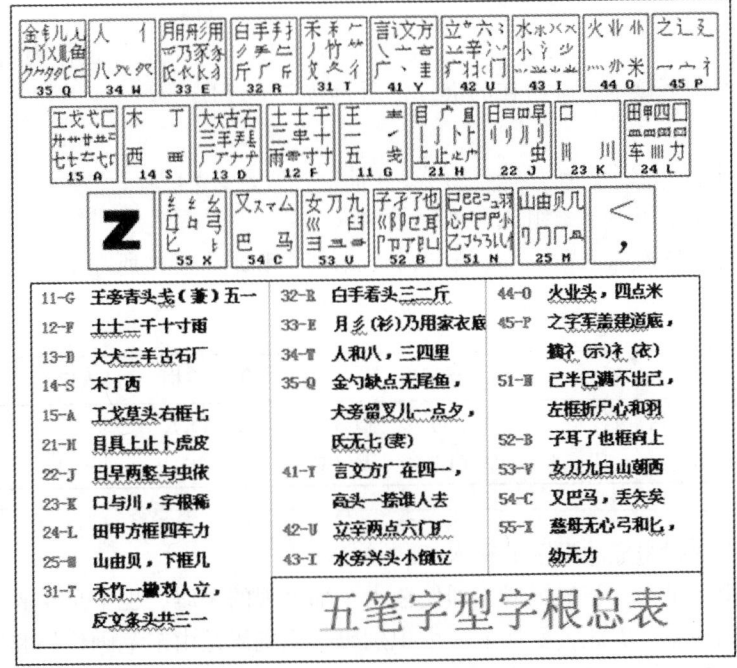

图 2-31 五笔字型字根表

(5) 单字的输入

一张"字根表",把汉字划分成了两大类。有些汉字是字根表出现的,被称为"键面字",其余的大部分汉字是字根表中没有出现的,需要由其他字根组合而成,这样的汉字被称为"键外字"。其中,键面字又分成了3种:键名汉字、成字字根和单笔画汉字。

① 键名汉字的输入

键名汉字是每个键上最有代表性、最常用的一个字根,通常对应着每个键"助记词"的第一个字。输入方法是:按4下键名汉字所在的键。

如:

"王":GGGG   "大":DDDD

② 成字字根的输入

每个键上除了一个键名字根外的其他汉字,称为成字字根。输入方法是:首先按一下该字根所在的键(称为"报户口"),然后再依次按它的第一个笔画、第二个笔画及最末笔画所在的键,即:键名代码+首笔代码+次笔代码+末笔代码。如果该字根不足3个笔画,即不足4码时,按空格键结束。

如:

成字字根	报户口	第一笔画	第二笔画	最末笔画	输入编码
文	文(Y)	、(Y)	一(G)	、(Y)	YYGY
厂	厂(D)	一(G)	丿(T)		DGT空格

③单笔画的输入

在国家标准中,"一、丨、丿、、、乙"等基本的单笔画也都是作为汉字来对待的。输入方法是:按两下该单笔画所在的键,然后再按2下【L】键。

如:

"一":GGLL "丨":HHLL "丿":TTLL "、":YYLL "乙":NNLL

④由4个或4个以上字根组成的汉字的输入

输入方法是:依次输入第一个、第二个、第三个和最末字根所在键。

如:

多字根汉字	拆分字根	第一字根	第二字根	第三字根	最末字根	输入编码
副	一、口、田、刂	一(G)	口(K)	田(L)	刂(J)	GKLJ
输	车、人、一、月、刂	车(L)	人(W)	一(G)	刂(J)	LWGJ

⑤不足4个字根组成的汉字的输入

一些汉字由不足4个字根组成,即使输入全部字根的编码,也不足4码,而且编码少就容易出现重码现象,因此,要加上一个识别码。识别码是由末笔画代码和字型代码结合而成的一个附加码,识别码的区号由汉字的末笔画代码决定,位号由汉字的字型代码决定,见表2-7所示。

表2-7 识别码一览表

末笔画	撇(3)	撇(3)	撇(3)	捺(4)	捺(4)	捺(4)
字 型	杂合型(3型)	上下型(2型)	左右型(1型)	左右型(1型)	上下型(2型)	杂合型(3型)
识别码	E(33)彡	R(32)〃	T(31)丿	Y(41)、	U(42)冫	I(43)氵
末笔画	横(1)	横(1)	横(1)	竖(2)	竖(2)	竖(2)
字 型	杂合型(3型)	上下型(2型)	左右型(1型)	左右型(1型)	上下型(2型)	杂合型(3型)
识别码	D(13)三	F(12)二	G(11)一	H(21)丨	J(22)刂	K(23)川
末笔画		折(5)	折(5)	折(5)		
字 型		杂合型(3型)	上下型(2型)	左右型(1型)		
识别码	C	V(53)巛	B(52)《	N(51)乙	M	,

第 2 章 中文操作系统 Windows XP

如：

"格"字，末笔代码为"1"，字型代码为"1"，因此，"格"字的识别码为1区1位【G】键。

"杂"字，末笔代码为"4"，字型代码为"2"，因此，"杂"字的识别码为4区2位【U】键。

"申"字，末笔代码为"2"，字型代码为"3"，因此，"申"字的识别码为2区3位【K】键。

因此，对于不足4个字根组成的汉字的输入方法是：依次输入各个字根所在的键，最后再加上一个识别码；如果还不足4码，按空格键结束。

如：

汉字	拆分字根	末笔画	字型	识别码	输入编码
相	木、目	一	左右型（1型）	G（一）	SHG 空格
意	立、日、心	、	上下型（2型）	U（丷）	UJNU
击	二、山	｜	杂合型（3型）	K（川）	FMK 空格

由上面的分析可以知道，汉字的末笔画和字型是确定识别码的关键，但是一些汉字的末笔或字型由于各种原因可能存在一些争议，为此，五笔字型中做出了如下规定。

● "我、成、找、戋"等汉字的末笔为撇，如："浅"、"饿"等字末笔为"丿"。

● 末字根为"力、刀、九、匕、七"时，末笔为折，如："分"、"仇"等字末笔为"乙"。

● 所有全包围或半包围字型汉字的末笔，取被包围部分的末笔，如："回"字末笔为"一"；"这"字末笔为"、"。

● 连结构或带点结构的汉字都认为是杂合型，如：自、术、太、勺等。

● 内外型汉字认为是杂合型的，如：风、同、因、园等。

● 半包围的或带"走之"结构的汉字都认为是杂合型的，如：包、起、近、远等。

● "可、床、厅、龙、尼、工、后、反、处、办、皮、飞、死、疗、压"等汉字认为是杂合型的。

● "左、右、看、者、布、色、友、冬、灰"等汉字认为是上下型的。

(6) 汉字的拆分原则

在对"键外字"进行汉字输入时最关键的就是要正确拆分各个字根，那么，到底要依据什么原则进行拆分呢？五笔字型中做了相应的规定。

① 按照书写顺序的原则

按照正常的书写顺序来进行字根的拆分，这是汉字拆分时主要应该遵守的原则，如："串"字，按照书写的顺序，应拆分成"口、口、｜"。

② 取大优先的原则

也叫做"优先取大"原则。指在拆分汉字时，如果在已有的一个字根的基础上再添加一笔或几笔，能成为一个新的字根，那么应该取笔画多的字根，即"取大"。如："县"

字，可以拆分成"冂、三、厶"，但如果在"冂"的基础上，再添加两笔，又形成一个新的字根"月"，因此，按照取大优先的原则应拆分成"月、一、厶"。

③兼顾直观的原则

有时为了照顾汉字字根的完整性和直观性，就要暂且牺牲一下"书写顺序"和"取大优先"的原则，形成个别例外的情况。如："园"字，按书写顺序的原则应拆分成"冂、二、儿、一"，但是这样就破坏了汉字的直观性，因此，应兼顾直观性，拆分成"囗、二、儿"。

④能散不连，能连不交的原则

在汉字拆分时，如果各拆分的字根之间能够构成散结构的，就不构成连结构，能够构成连结构的，就不构成交结构。如："午"字，既可以拆分成"丿、干"，又可以拆分成"𠂉、十"，第一种拆分方法，字根之间构成的是连结构，而第二种拆分方法，字根之间构成的是散结构，因此，按照能散不连的原则，应采用第二种拆分方法，即"午"字，应拆分成"𠂉、十"；再如："于"字，既可以拆分成"一、十"，又可以拆分成"二、丨"，第一种拆分方法，字根之间构成的是连结构，而第二种拆分方法，字根之间构成的是交结构，因此，按照能连不交的原则，应采用第一种拆分方法，即"于"字，应拆分成"一、十"。

综上所述，为了方便记忆，将五笔字型的输入方法总结成了几句口诀。

五笔字型均直观，依照笔顺把码编；

键名汉字打四下，基本字根请照搬；

一二三末取四码，顺序拆分大优先；

不足四码要注意，交叉识别补后边。

(7) 简码输入

为了减少击键次数，提高输入速度，五笔字型设计了简码输入方法。一些常用汉字只需按一个、两个或三个按键，再加空格键结束即可，这就是所谓的一级简码、二级简码和三级简码。

①一级简码

一级简码是为使用频率最高的汉字设计的，又称"高频字"。一级简码共25个常用汉字，每个键对应一个，如表2-8所示。输入方法是：按一下一级简码所在的键，再按空格键结束。

如：

"我"：Q+空格；"在"：D+空格；"地"：F+空格。

表2-8 一级简码一览表

Q我	W人	E有	R的	T和	Y主	U产	I不	O为	P这
A工	S要	D在	F地	G一	H上	J是	K中	L国	
X经	C以	V发	B了	N民	M同				

②二级简码

二级简码在常用汉字中占了大部分，输入时只需按两个键加空格结束即可。二级简码

第 2 章 中文操作系统 Windows XP

最多可有 625 个，如表 2-9 所示。输入方法是：按全码的前两个编码，再按空格键结束。

如：

"原"：全码："DRI 空格"，简码："DR" +空格。

"量"：全码："JGJF"，简码："JG" +空格。

表 2-9 二级简码一览表

第一码 \ 第二码		G F D S A 11 12 13 14 15	H J K L M 21 22 23 24 25	T R E W Q 31 32 33 34 35	Y U I O P 41 42 43 44 45	N B V C X 51 52 53 54 55
G F D S A	11 12 13 14 15	五于天末开 二寺城霜载 三夺大厅左 本村枯林械 七革基苛式	下理事画现 直进吉协南 丰百右历面 相查可楞机 牙划或功贡	玫珠表珍列 才垢圾夫无 帮原胡春克 格析极检构 攻匠菜共区	玉平不来 坛增示赤过 太磁砂灰达 术样档杰棕 芳燕东　芝	与屯妻到互 志地雪支 成顾肆友龙 杨李要权楷 世节切芭药
H J K L M	21 22 23 24 25	睛睦睚盯虎 量时晨果虹 呈叶顺呆呀 车轩因困轼 同财央朵曲	旧占卤贞 早昌蝇曙遇 中虽吕另员 四辊加男轴 由则　崭册	睡脾肯具餐 昨蝗明蛤晚 呼听吸卟史 力斩胃办罗 几贩骨内风	眩瞳步眯睛 景暗晃显晕 嘛啼吵嗫喧 罚较　辚边 凡赠峭赃迪	卢　眼皮此 电最归紧昆 叫啊哪吧哟 思团轨轻累 岂邮　凤嶷
T R E W Q	31 32 33 34 35	生行知条长 后持拓打找 且肝须采肛 全会估休代 钱针然钉氏	处得各务向 年提扣押抽 胖胆肿肋肌 个介保佃仙 外旬名甸负	笔物秀答称 手折扔失换 用遥朋脍胸 作伯仍从你 儿铁角欠多	入科秒秋管 扩拉朱搂近 及胶膛朦爱 信们偿伙 久匀乐炙锭	秘季委么第 所报扫反批 甩服妥肥脂 亿他分公化 包凶争色
Y U I O P	41 42 43 44 45	主计庆订度 闰半关亲并 汪法尖洒江 业灶类灯煤 定守害宁宽	让刘训为高 站间部曾商 小浊澡渐没 粘烛炽烟灿 寂审宫军宙	放诉衣认义 产瓣前闪交 少泊肖兴光 烽煌粗粉炮 客宾家空宛	方说就变这 六立冰普帝 注洋水淡学 米料炒炎迷 社实宵灾之	记离良充率 决闻妆冯北 沁池当汉涨 断籽柴烃糯 官字安　它
N B V C X	51 52 53 54 55	怀导居　民 卫际承阿陈 姨寻姑杂毁 骊对参骠戏 线结顷　红	收慢避惭届 耻阳职阵出 叟旭如舅妯 骡台劝观 引旨强细纲	必怕　愉懈 降孤阴队隐 九　奶婚 矣牟能难允 张绵级给约	心习悄屡忱 防联孙耿辽 妨嫌录灵巡 驻骈　驼 纺弱纱继综	忆敢恨怪尼 也子限取陛 刀好妇妈姆 马邓艰双 纪弛绿经比

③三级简码

三级简码输入时只需按 3 个键加空格即可。通常只由 3 个字根组成的汉字都被选定为三级简码。输入方法是：按全码的前 3 个编码，再按空格键结束。

如："华"：全码："WXFJ"，简码："WXF" +空格。

"想"：全码："SHNU"，简码："SHN" +空格。

（8）词语输入

为了提高输入速度，五笔字型还设计了词语的输入，并且把词语的输入与单字的输入相统一，不管多长的词语，一律取四码。而且单字和词语还可以混合输入，不用进行其他附加操作，大大提高了输入速度。

①二字词

输入方法：分别取每个字全码的前两个编码。

如："学校"：IPSQ；"操作"：RKWT；"任务"：WTTL。

②三字词

输入方法：分别取前两个字全码的第一个编码，第三个字全码的前两个编码。

如："计算机"：YTSM；"操作员"：RWKM；"数据库"：ORYL。

③多字词（四字或四字以上词）

输入方法：分别取第一、第二、第三和最后一个字全码的第一个编码。

如："科学技术"：TIRS；"毛泽东思想"：TIAS；"中华人民共和国"：KWWL。

（9）重码和容错码

①重码

在五笔字型中编码完全相同的字，称为"重码字"。当出现重码时，重码的几个字会同时出现在提示菜单中，如果所要选择的汉字出现在第一个位置上，接着输入下文，该字可自动出现在光标所在的位置上；如果要选择的字在其他位置上，则需要按提示菜单中汉字前的数字键进行选择。

如："雨"与"寸"是重码字，输入编码都是"FGHY"，若要输入"寸"字，需再按数字"2"。

②容错码

几个编码对应同一个汉字，这几个编码被称为容错码。容错码有两个含义：一是用户容易搞错的码，二是容许用户搞错的码。"容错码"主要有两种类型。

第一种是拆分容错：指因个别汉字的书写顺序不同，而容易弄错。

如：

长：丿七 乀　　　TAYI　　（正确码）

长：七丿 乀　　　ATYI　　（容错码）

长：丿一丨乀　　　TGHY　　（容错码）

长：一丨丿乀　　　GHTY　　（容错码）

第二种是字型容错：个别汉字的字型分类不易确定者。

如：

占：卜 口 二　HKF　　（正确码）

占：卜 口 三　HKD　　（容错码）

右：厂 口 二　DKF　　（正确码）

右：厂 口 三　DKD　　（容错码）

2.3　Windows XP 的文件管理

2.3.1　文件

Windows XP 系统是以文件为中心的操作系统，所有的任务和资源都是以文件的形式

第 2 章 中文操作系统 Windows XP

存在的,很多操作都是通过对文件的操作来完成的。因此,文件是操作系统用来存储和管理信息的基本单位。

1. 文件的概念

文件是按一定格式建立在存储器上的一组相关信息的集合。文件可以是用计算机语言编写的程序,也可以是包括文本、图像及数值数据等信息的文档,还可以是计算机内的各种多媒体信息等,它是计算机信息组织系统中最小的组织单位。

2. 文件名

文件是存储在磁盘上的,为了方便识别和组织管理,必须对每一个文件进行命名。在 Windows XP 系统中,文件的命名有一定的规则和要求。

(1)文件名的构成

文件名由主文件名和扩展名两部分组成,主文件名和扩展名之间用圆点"."进行分隔。一般情况下,主文件名表示文件名称,扩展名表示文件类型,因此,通常将主文件名称为文件名,将扩展名称为文件的后缀。文件名不区分大小写。

(2)主文件名

主文件名可以由 1~255 个字符组成,其中,可以包括汉字、字母、数字及一些特殊符号(包括空格)等,但不能包含 \、/、:、*、?、"、<、>、| 等,另外,文件名还不能使用计算机内已有的设备名,如 CON、AUX、COM1、NUL、LPT1、LPT2 等。

(3)扩展名

扩展名由 0~3 个字符组成,扩展名表示文件类型,操作系统就是根据文件的扩展名来判断文件类型的。因此,在对文件操作时,需要注意设置正确的文件扩展名,否则 Windows XP 系统将无法识别文件中的内容。Windows XP 系统支持多分隔符的文件名,从文件名中最后一个分隔的小圆点"."开始,后面的字符是扩展名,扩展名可以省略没有。表 2-10 中列出了常见的文件扩展名及对应的文件类型。

表 2-10 扩展名对应文件类型一览表

扩展名	文件类型	扩展名	文件类型
.EXE	可执行程序文件	.COM	命令文件
.SYS	系统文件	.HLP	帮助文件
.TXT	文本文件	.BAT	批处理文件
.DAT	数据文件	.PRG	数据库命令文件
.DOC	Word 文档文件	.XLS	Excel 文档文件
.PPT	PowerPoint 文档文件	.HTM	超文本文件
.WAV	声音文件	.SWF	Flash 动画发布文件
.RAR	压缩格式文件	.BMP	位图文件

在 Windows XP 中文件的类型是采用不同形式的图标来体现的,根据文件的类型不同,代表它的图标也不同,往往与打开该文件所需要的应用程序图标相匹配。

2.3.2 文件夹

文件夹又叫目录,是一种特殊的文件,文件夹内既可以包含文件还可以包含下一级文件夹。通常情况下,一个文件夹对应一块磁盘空间,这样可以使文件和文件夹分门别类地进行存储,相关的文件或文件夹存放在同一个文件夹中,会让用户有一种层次结构清晰的感觉,同时管理起来也非常方便。

文件夹的命名与文件相同,只是一般情况下,在给文件夹命名的时候省略扩展名,只保留主文件名的部分。在 Windows XP 系统中,文件夹都使用统一的黄色默认图标表示。文件夹有两种状态:打开状态和关闭状态。在关闭状态,只能看到文件夹的图标和名称。在关闭的文件夹图标上双击,即可打开文件夹,打开的文件夹可以看到文件夹内部的文件及文件夹。在同一个文件夹内,不允许有两个文件或子文件夹重名。

磁盘作为外存,可长期保留数据,其内部也可以包含文件和文件夹,因此,磁盘是一种特殊的文件夹。但是,它们的命名有些特殊。

磁盘的名称也称盘符,由字母和冒号组成。其中,软盘用 A: 或 B: 表示,硬盘的名称根据划分的逻辑分区的多少不一样,从 C: 开始,按照英文字母的顺序依次排列,光盘的盘符紧跟硬盘的盘符往下排列,如果还外加了 U 盘,则 U 盘的盘符排在光盘之后。如:计算机的硬盘共有三个逻辑分区,则它们的盘符分别为 C:、D: 和 E:,光盘的盘符则是 F:,U 盘的盘符为 G:。

2.3.3 文件管理工具

Windows XP 中各种信息和资源都是以文件和文件夹的形式储存起来的,因此管理文件和文件夹是 Windows XP 的主要功能。为此,Windows XP 提供了"资源管理器"和"我的电脑"等专门用于管理文件和文件夹的工具,利用它们用户可以进行查看文件夹的结构和文件的详细信息、启动应用程序、打开文件、查找文件、复制文件等操作,用户可以根据自己的喜好选择任意一种工具。

1. 我的电脑

"我的电脑"是 Windows XP 中用户管理文件和文件夹的主要工具之一,"我的电脑"中汇集了用户计算机上的所有资源,能够显示软盘、硬盘、光盘、共享文档及网络驱动器等的内容,利用它用户可以方便地查找或打开自己需要的文件或文件夹,进行建立、删除、移动、复制文件和文件夹等操作。双击桌面上的"我的电脑"的图标或选择【开始】→【我的电脑】命令即可打开"我的电脑"窗口,如图 2-32 所示。"我的电脑"窗口与一般的窗口一样,也由标题栏、菜单栏、工具栏、地址栏、工作区、状态栏等部分组成。

(1)工具栏由 后退 、 、 、 搜索 、 文件夹 和 按钮组成。

① 后退 为"后退"按钮,单击该按钮可以显示上一次的操作的内容。

② 为"前进"按钮,该按钮在单击"后退"按钮后有效,功能是回到"后退"前的操作。

③ 为"向上"按钮,单击该按钮可以显示上一级文件夹的内容。

第 2 章 中文操作系统 Windows XP

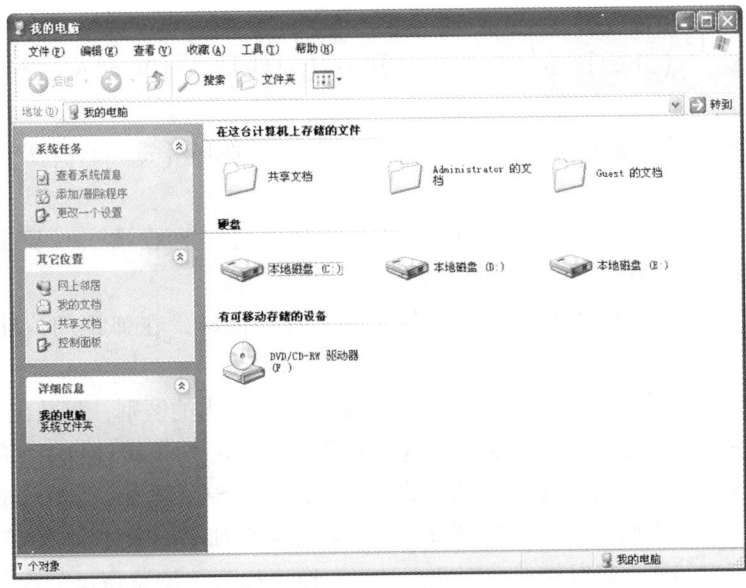

图 2-32 "我的电脑"窗口

④ 为"搜索"按钮,单击该按钮,可以在工作区窗口左侧显示"搜索"栏,可以进行文件的搜索。

⑤ 为"文件夹"按钮,单击该按钮工作区窗口会分成左右两部分,左侧显示文件夹结构,右侧显示文件夹内容,形式与"资源管理器"相同,再次单击该按钮,又恢复到原来"我的电脑"的窗口的状态。

⑥ 为"查看"按钮,单击该按钮可以改变工作区窗口内容的显示方式,共有缩略图、平铺、图标、列表、详细信息 5 种显示方式。

(2) 工具栏上的按钮不是固定不变的,可以通过选择【查看】→【工具栏】→【自定义】命令自己进行添加或删除。

(3) 工具栏和地址栏还可通过选择【查看】→【工具栏】→【标准按钮】/【地址栏】命令,显示或隐藏。

(4) 状态栏可通过选择【查看】→【状态栏】命令,显示或隐藏。

(5) 窗口工作区由右侧的内容区和左侧的常用任务链接区组成。

①内容区显示了地址栏上指定路径的文件夹的内容,如果用户要查看某个文件夹的内容或执行某个可执行文件,只需在该文件夹或可执行文件上双击即可。

②常用任务链接区是 Windows XP 中新增的功能,会根据用户当前所处的位置智能地显示相应的常用命令、其他位置和详细信息,方便用户完成常用的操作或跳转到想要的目标位置。

2. 资源管理器

"资源管理器"也是 Windows XP 中用户管理文件和文件夹的重要工具之一,它可以对计算机中的所有资源进行管理和操作。

· 65 ·

(1) 启动"资源管理器"

方法一：选择【开始】→【所有程序】→【附件】→【Windows 资源管理器】命令，如图 2-33 所示。

方法二：右击【开始】按钮，在弹出的快捷菜单中选择【资源管理器】，如图 2-34 所示。

方法三：右击桌面上的"我的电脑"、"我的文档"、"回收站"、"网上邻居"等图标，在弹出的快捷菜单中选择【资源管理器】。

方法四：在任何一个驱动器或文件夹图标上右击鼠标，在弹出的快捷菜单中选择【资源管理器】。

从功能上来说，"资源管理器"与"我的电脑"没有太大的区别，只是在显示形式上有所不同，而且它们之间还可以通过单击工具栏上的【文件夹】按钮进行相互的转换，如图 2-35 所示。"我的电脑"采用单窗口的形式显示，而"资源管理器"采用双窗口的形式显示，即在原来"我的电脑"的窗口的基础上，在左侧又增加了一个"文件夹"窗口，用于显示计算机中所有的文件目录结构，因此，又将左窗口称为"浏览窗口"或"目录窗口"，右窗口称为"内容窗口"。窗口左右两部分之间可以通过拖拽分界线来调整大小。

图 2-33 启动资源管理器菜单

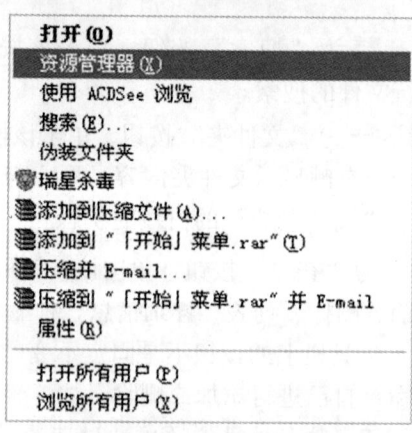

图 2-34 启动资源管理器右键菜单

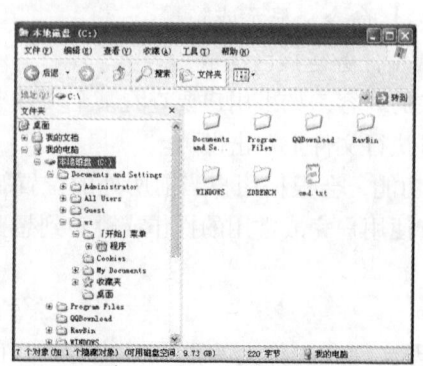

图 2-35 资源管理器窗口

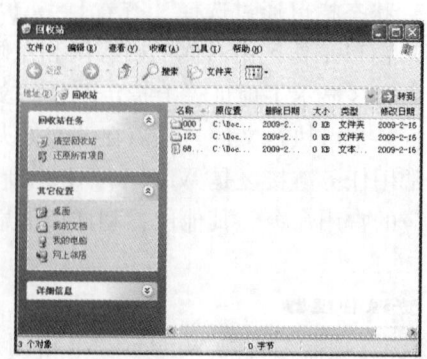

图 2-36 回收站窗口

第 2 章 中文操作系统 Windows XP

在"资源管理器"的目录窗口中,计算机中的所有资源都被显示出来。最顶端的是"桌面",接下来是放置在桌面上的资源,如:"我的电脑"、"我的文档"、"回收站"等。单击"我的电脑"文件夹,又会显示出各个磁盘、光盘、控制面板、打印机等资源。有的文件夹图标前有" + "号或" - "号,有" + "号表示该文件夹下还包括子文件夹,单击" + "号可以展开下级文件夹,同时" + "号变成" - "号;单击" - "号可以将展开的文件夹折叠起来,并且" - "号变成" + "号。在目录窗口中,要选定或打开某个文件夹,只需单击该文件夹图标即可。只要选择了一个文件夹,不管该文件夹是否已经展开,其内容都会在右侧内容窗口中显示。在内容窗口的操作与在"我的电脑"的操作相同。

3. 回收站

当正常安装了 Windows XP 系统,第一次运行后,桌面上只有一个图标,这个图标就是"回收站",它可以用来暂存和管理用户删除的文件或文件夹。只要双击桌面上的"回收站"的图标,便可以打开"回收站"的窗口,用户可以找到历次删除的文件或文件夹的信息,包括:名称、原始位置、删除日期、大小、类型等都在其中显示,如图 2-36 所示。用户可以根据自己的需要,管理这些文件或文件夹,既可选择将文件或文件夹从"回收站"中提取出来变"废"为"宝",恢复到原来的状态,还可以选择将文件或文件彻底地从硬盘上删除,释放储存资源。

(1) 恢复被删除的文件或文件夹

用户在对文件或文件夹进行管理的过程中,可能会由于误操作而删除一些文件或文件夹,其实这些文件或文件夹并没有从计算机的硬盘上彻底删除,而是移动到了"回收站"中,如果用户需要,还可以将它们从"回收站"中恢复回来。

方法:

①打开"回收站"窗口,选择要恢复的文件或文件夹。

②选择【文件】→【还原】命令或右击鼠标,在弹出的快捷菜单中选择【还原】命令,也可以在窗口左侧链接区的"回收站任务"中选择【还原此项目】命令,即可将被删除的文件或文件夹恢复到原来的位置。

如果要将"回收站"中的全部内容都进行恢复,则不必选择,直接选择窗口左侧链接区的"回收站任务"中"还原所有项目"即可。

(2) 彻底删除文件或文件夹

被删除的文件或文件夹存放在"回收站"中,并没有真正从硬盘上删除,所以还占用着硬盘空间,因此需要定期将"回收站"中的没有用的文件或文件夹彻底删除,以释放出硬盘空间。将文件或文件夹从"回收站"彻底删除后,就不能再被恢复了。

方法:

①打开"回收站"窗口,选择要彻底删除的文件或文件夹。

②选择【文件】→【删除】命令或右击鼠标,在弹出的快捷菜单中选择【删除】命令,也可以直接按键盘上的【Delete】键,都会出现"确认文件删除"对话框,单击【是】命令即可将文件或文件夹从磁盘上彻底删除。

如果要将"回收站"中的全部内容都进行彻底删除,则不必选择,选择【文件】→

【清空回收站】命令或右击鼠标，在弹出的快捷菜单中选择【清空回收站】命令，也可以在窗口左侧链接区的"回收站任务"中选择【清空回收站】命令，即可将"回收站"中的全部内容彻底删除。

（3）设置回收站的属性

方法：右击桌面上"回收站"的图标，或者在"资源管理器"中右击"回收站"文件夹，也可以在打开的"回收站"窗口的空白处右击鼠标，在弹出的快捷菜单中选择【属性】命令，将打开"回收站属性"对话框，如图2－37所示。用户可以根据具体需要对"回收站"的属性进行设置。

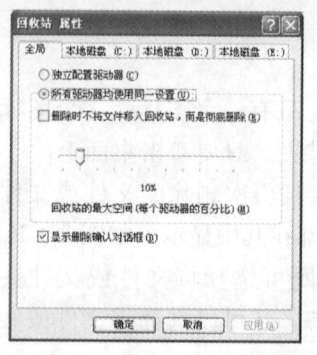

图2－37 "回收站"属性对话框

① "独立配置驱动器"选项：选择该选项，可在每个硬盘标签上进行单独的设置，每个硬盘可以不同。

② "所有驱动器均使用同一设置"选项：选择该选项，对各个硬盘进行统一的设置，拖拽鼠标可以设置"回收站"的最大存储空间。"回收站"的空间是有限的，如果"回收站"已满或要删除的内容超出了"回收站"的最大存储空间，则删除的文件无法放入"回收站"中，而被直接彻底删除。

③ "删除时不将文件移入回收站，而是彻底删除"选项：如果选择了该选项，则当用户在进行删除操作时，都会直接彻底删除，不能进行恢复，否则会将删除的内容先放入"回收站"中，以防止误删。

④ "显示删除确认对话框"选项：选择了该选项，则进行删除操作时，会显示"确认删除"对话框，以防止错误删除；如果不选择该项，则在进行删除操作时，不显示"确认删除"对话框。

2.3.4 文件管理

在Windows XP系统中对于文件和文件夹的管理，都是通过"我的电脑"或"资源管理器"完成的，因为二者在功能上相同，所以用户可以根据自己的喜好来选择文件管理工具进行操作。主要的操作有：文件或文件夹的创建、选择、复制、移动、删除、重命名、更改属性等。

1. 文件或文件夹创建

（1）文件夹的创建

方法：

①选择并打开要创建文件夹的目标位置。

②选择【文件】→【新建】→【文件夹】命令，或者在目标位置的空白处右击鼠标，在弹出的快捷菜单中选择【新建】→【文件夹】命令，在目标位置会出现一个名为"新建文件夹"的新文件夹。

③在"新建文件夹"文本框中输入自己拟定的新建文件夹的名称，按【Enter】键或在其他位置单击鼠标完成。

(2) 文件的创建

文件大多都是在应用程序中创建的,如果不想启动应用程序也可以直接创建文件。

方法:

①选择并打开要创建文件的目标位置。

图 2-38 创建文件菜单

②选择【文件】→【新建】命令,或者在目标位置的空白处右击鼠标,在弹出的快捷菜单中选择【新建】命令,会出现一个文件类型列表,这个列表中包含所有支持 OLE(对象链接嵌入)功能的应用程序的文件类型,如图 2-38 所示。列表中可以新建的文件类型的多少,同操作系统中安装的应用程序有关,安装的应用程序越多,可以新建的文件类型也就越多。

③从列表中选择一种类型,在目标位置会出现一个由系统自动命名的新文件。

④在新文件名称的文本框中输入自己拟定的文件名称,按【Enter】键或在其他位置单击鼠标完成。

⑤文件创建结束,双击该文件图标,即可启动相应的应用程序进行编辑操作。

2. 文件或文件夹的选择

Windows XP 系统中的操作是"先选定,再操作",即要先选择操作的对象,选定的对象呈反白显示(黑底白字),然后再进行操作。

(1) 选择单个文件或文件夹

方法:直接单击要选定的文件或文件夹即可。

(2) 选择多个连续的文件或文件夹

方法一:先单击选中要选择的第一个文件或文件夹,然后按住【Shift】键不放,单击最后一个文件或文件夹。

方法二:用鼠标从空白处开始拖拽,会出现一个虚线框,将要选择的文件或文件夹包含在里面,然后松开鼠标,则虚线框中的文件或文件夹即被选中。

(3) 选择多个不连续的文件或文件夹

方法:先单击要选择的第一个文件或文件夹,然后按住【Ctrl】键不放,分别单击其他文件或文件夹。

(4) 选择所有文件或文件夹

方法一:选择【编辑】→【全部选定】命令。

方法二:同时按下键盘上的【Ctrl】+【A】键。

(5) 反向选择

在选择操作时,如果除了少量的对象外,要选择绝大部分时,就可以采用"反向选择"。

方法:先选择不需要的文件或文件夹,然后选择【编辑】→【反向选择】命令。

(6) 取消选择

①取消多个选择对象中的一个或几个文件或文件夹

方法：按住【Ctrl】键，单击要取消选择的文件或文件夹。

②取消全部选择

方法：在任意空白处单击即可。

3. 文件或文件夹的复制

所谓复制，就是对选中的对象制作一个副本，然后保持原来的对象不变，而将副本保存到目标位置。复制的方法有多种，用户可根据自己的习惯任选其一进行操作。

方法一：

①选择要复制的文件或文件夹，选择【编辑】→【复制】命令或按键盘上的【Ctrl】+【C】键。

②打开目标位置，选择【编辑】→【粘贴】命令或按键盘上的【Ctrl】+【V】键。

方法二：

①选择要复制的文件或文件夹，将鼠标移动到选择区并右击鼠标，在弹出的快捷菜单中选择【复制】命令。

②打开目标位置，在空白处右击鼠标，在弹出的快捷菜单中选择【粘贴】命令。

方法三：选择要复制的文件或文件夹，将鼠标移动至选择区，然后用鼠标向目标位置拖拽。如果是在不同磁盘之间进行复制操作，直接拖拽即可；如果是在同一个磁盘上进行复制操作，则要按住键盘上的【Ctrl】键进行拖拽。

4. 文件或文件夹的移动

所谓移动，就是将选中的对象从原来的位置移动到目标位置。移动的方法与复制相似，也有多种方法，用户可根据自己的习惯任选其一进行操作。

方法一：

①选择要移动的文件或文件夹，选择【编辑】→【剪切】命令或按键盘上的【Ctrl】+【X】键。

②打开目标位置，选择【编辑】→【粘贴】命令或按键盘上的【Ctrl】+【V】键。

方法二：

①选择要移动的文件或文件夹，将鼠标移动到选择区并右击鼠标，在弹出的快捷菜单中选择【剪切】命令。

②打开目标位置，在空白处右击鼠标，在弹出的快捷菜单中选择【粘贴】命令。

方法三：选择要移动的文件或文件夹，将鼠标移动至选择区，然后用鼠标向目标位置拖拽。如果是在同一个磁盘之间进行移动操作，直接拖拽即可；如果是在不同的磁盘上进行移动操作，则要按住键盘上的【Shift】键拖拽。

5. 文件或文件夹的删除

删除文件或文件夹一般情况是将文件或文件夹放入"回收站"，放入"回收站"的文件或文件夹根据需要还可以恢复。常用的方法有以下几种。

方法一：选择要删除的文件或文件夹，选择【文件】→【删除】命令，然后在弹出的"确认文件（文件夹）删除"对话框中单击【是】按钮，如图 2-39 所示。

方法二：选择要删除的文件或文件夹，在选择区域右击鼠标，在弹出的快捷菜单中选择【删除】命令，在弹出的"确认文件（文件夹）删除"对话框中单击【是】按钮。

第 2 章 中文操作系统 Windows XP

图 2-39 "确认文件夹删除"对话框（放入回收站）

方法三：选择要删除的文件或文件夹，然后按键盘上的【Delete】键，在弹出的"确认文件（文件夹）删除"对话框中单击【是】按钮。

方法四：选择要删除的文件或文件夹，用鼠标直接拖拽到"回收站"图标上。

在上述操作中，如果在选择【删除】命令或按【Delete】键或在拖拽鼠标时，同时按住【Shift】键，则文件或文件夹将被直接删除，而不放到"回收站"中，这样被删除的文件或文件夹不能再被恢复。

6. 文件或文件夹的重命名

文件或文件夹的重命名就是重新给文件或文件夹取一个名字。常用的方法有以下几种。

方法一：选择要重新命名的文件或文件夹，选择【文件】→【重命名】命令。

方法二：在要重命名的文件或文件夹上右击鼠标，在弹出的快捷菜单中选择【重命名】命令。

方法三：单击要重命名的文件或文件夹，此时文件或文件夹处于被选中状态，稍做停顿后，再次单击该文件或文件夹。

方法四：单击要重命名的文件或文件夹，然后按键盘上的【F2】键。

执行上述操作后，文件或文件夹名称将被一个矩形框框起来，文字处于被选中状态，此时输入新的名称，然后按【Enter】键或在其他空白处单击即可实现对文件或文件夹的重命名。

7. 查看或更改文件或文件夹的属性

文件或文件夹的属性即文件或文件夹的性质，属性可以通过"属性"对话框进行查看或修改。在属性对话框中，包括：名称、打开方式、类型、存储位置、大小、创建和修改的时间以及访问控制属性等信息，如图 2-40 所示。

常见的访问控制属性有："只读"、"隐藏"和"存档"属性。

（1）"只读"属性，表示该文件或文件夹只允许读不允许更改和删除。

（2）"隐藏"属性，表示该文件或文件夹在常规显示中将被隐藏无法看到。

（3）"存档"属性，是有些程序用来确定哪些文件需要做备份的。

打开"属性"对话框的常用的方法有以下几种。

方法一：选择要查看或更改属性的文件或文件夹，选择【文件】→【属性】命令。

方法二：选择要查看或更改属性的文件或文件夹，在选择区域右击鼠标，在弹出的快捷菜单中选择【属性】命令。

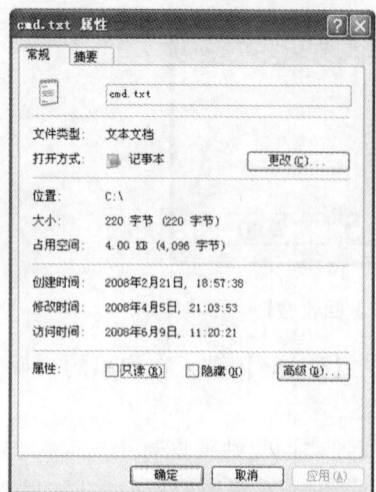

图 2-40 文件属性设置对话框

方法三：选择要查看或更改属性的文件或文件夹，按住键盘上的【Alt】键并双击选中的文件或文件夹。

方法四：选择要查看或更改属性的文件或文件夹，同时按下【Alt】+【Enter】键。

执行了上述操作，均可以打开【属性】对话框。

① 可通过单击复选框设置"只读"和"隐藏"两种属性。

② 单击【高级】按钮，在出现的对话框中，可以设置"存档"属性。设置结束，单击【确定】按钮即可。

③ 如果是对文件夹操作，还会出现选择"仅将更改应用于该文件夹"或"将更改应用于该文件夹、子文件夹和文件"选项，再次单击【确定】按钮即可更改属性。

8. 文件的执行

执行文件通常就是通过打开文件，启动相应的应用程序。执行文件的方法主要有以下几种。

方法一：双击指定的文件。

方法二：选中文件后，按【Enter】键。

方法三：选中文件后，选择【文件】→【打开】命令。

方法四：右击指定的文件，在弹出的快捷菜单中选择【打开】命令。

方法五：选择【开始】→【运行】命令，在"运行"对话框中的"打开"文本框中输入要执行的文件的路径和文件名，然后单击【确定】按钮。

如果要执行的文件是可执行文件，则会先启动相应的应用程序再执行文件；如果要执行的文件是非可执行文件，则系统会出现对话框让用户来选择相应的程序来打开文件。

9. 文件的打印

能够打印的文件必须是一个文档，进行文件打印通常要进行以下几个操作。

① 在打印之前，首先要检查打印机是否已经准备好，如：打印机是否处于联机状态、纸张是否放好等。

② 选择【文件】→【页面设置】命令对要打印的文件进行"页面设置"。通过"页面设置"可以设置纸张大小、上下左右边距等。

③ 选择【文件】→【打印】命令，在弹出的对话框中，选择好打印机的类型、打印的范围和份数等，单击【打印】或【确定】按钮即可将指定文件打印出来。

2.4 Windows XP 磁盘管理

2.4.1 磁盘属性

在 Windows XP 系统中，磁盘作为一种特殊的文件夹，也可以像查看或更改文件和文件夹属性操作一样通过打开磁盘"属性"对话框来查看或修改磁盘信息，以进行有针对性的管理，如图 2-41 所示。磁盘"属性"对话框由"常规"、"工具"、"硬件"、"共享"、"配额"几个选项卡构成。

（1）"常规"选项卡，可以显示磁盘的类型、采用的文件系统、磁盘容量、已用空间和可用空间等信息。在文本框中可以设置或更改磁盘卷标。单击"磁盘清理"按钮，还可以对该磁盘进行磁盘清理。

（2）"工具"选项卡，可以对磁盘进行维护性操作，如：查错、碎片整理和备份等操作。

（3）"硬件"选项卡，可以列出所有驱动器及其设备的厂商、位置、运行状态等信息。

（4）"共享"选项卡，可以设置磁盘的共享信息。

2.4.2 磁盘格式化

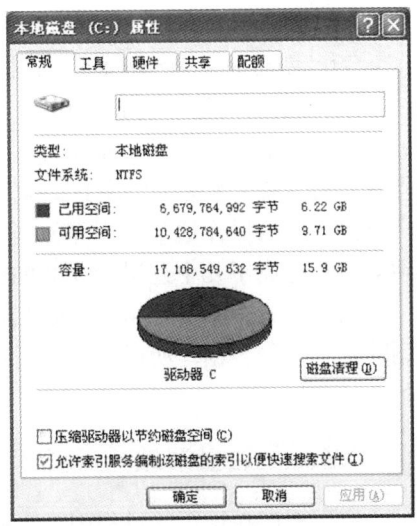

图 2-41 磁盘属性对话框

格式化就是对磁盘的存储区域进行一定的规划，将磁盘划分出磁道和扇区，以便计算机能够准确地在磁盘上记录和读取数据。另外，格式化还可以发现磁盘中有损坏的磁道或扇区，并加以标记，以避免计算机再往这些区域记录数据。各种磁盘，如：软盘、硬盘、U 盘等在使用之前，通常都要先进行格式化操作。

方法：

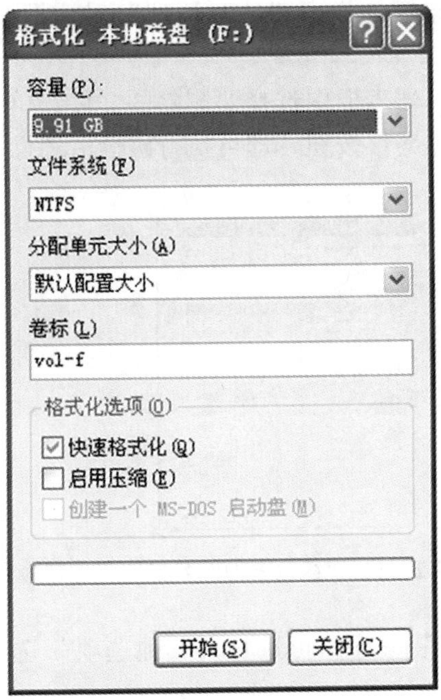

在"我的电脑"或"资源管理器"中选择要进行格式化操作的磁盘，选择【文件】→【格式化】命令，或者在要进行格式化的磁盘图标上右击鼠标，在打开的快捷菜单中选择【格式化】命令，打开"格式化"对话框，如图 2-42 所示。

① "容量"选项：选择要格式化磁盘的容量，通常由系统自动判断并进行设置。

② "文件系统"选项：在列表框中选择文件系统的类型，通常有 FAT（可以兼容 DOS 和 Windows 95 格式）、FAT32（Windows 98 系统）和 NTFS（Windows NT/2000/XP 系统）几种格式。

③ "分配单元大小"选项：用于设置格式化后每个存储单元的容量大小，也可以采用默认设置。

④ "卷标"选项：在文本框中可以输入或修改磁盘的卷标。卷标用于标记不同的磁盘，就像给磁盘起一个名字，如果该文本框保持空白，则表明没有卷标。

⑤ "快速格式化"选项：将删除磁盘上的所有文件，但不检查磁盘坏扇区。常用于以前格式化过且已确定未损坏的磁盘。

图 2-42 格式化磁盘对话框

⑥"启用压缩"选项：可以对 NTFS 格式的磁盘启用压缩程序，以增加使用空间。

⑦"创建一个 MS-DOS 启动盘"选项：可以制作一张 DOS 启动盘，用来启动计算机。

选择相关信息，单击【开始】按钮，即开始格式化。

对于硬盘，因为整个硬盘是一个逻辑上的整体，这样使用起来不方便，因此对于新的硬盘，首先要对硬盘进行分区，对其进行区域划分，设置基本分区、扩展分区以及多个逻辑分区，分区操作通常使用 MS-DOS 状态下的 Fdisk.exe 命令来完成。进行了分区操作后，硬盘被划分成了几个逻辑上独立的区域，接下来再对每个逻辑分区进行格式化操作。

需要注意，不要轻易对旧磁盘进行格式化的操作，因为在格式化磁盘的同时也会彻底删除磁盘上的数据。所以，在进行磁盘格式化之前，一定要确认该磁盘上已没有可用而未备份的数据。

2.4.3 磁盘清理

应用程序在运行的过程中会在硬盘上产生一些临时文件，当正常退出时系统会自动删除这些临时文件，但如果由于某种原因导致应用程序非正常退出，则临时文件将不会被自动删除而仍保留在硬盘上，占用硬盘空间。Windows XP 系统提供了"磁盘清理"工具可以快速删除硬盘上的临时文件。

方法：

①选择【开始】→【所有程序】→【附件】→【系统工具】→【磁盘清理】命令，打开"选择驱动器"对话框，如图 2-43 所示。

②选择要进行清理的磁盘驱动器，单击【确定】按钮，弹出"磁盘清理"对话框，如图 2-44 所示。

③选择"磁盘清理"选项卡，在"要删除的文件"列表框中选择要删除的文件，单击【确定】按钮，在弹出的确认删除对话框中，单击【是】按钮，即可执行磁盘清理操作，同时，释放磁盘空间。

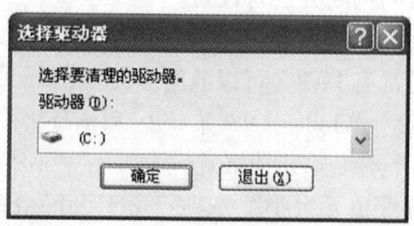
图 2-43 "选择要清理的驱动器"对话框

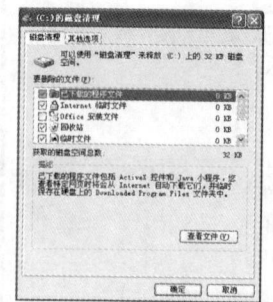
图 2-44 "磁盘清理"对话框

④如果要删除不用的可选 Windows 组件或不用的安装程序，可选择"其他选项"选项卡，单击【清理】按钮即可。

2.4.4 磁盘扫描及查错

在使用磁盘的过程中，由于用户进行大量的文件删除、移动等操作或由于某种原因非

第 2 章 中文操作系统 Windows XP

正常关机,都会对磁盘造成一定损坏,有时会产生一些错误,进而影响磁盘的正常使用,甚至造成系统运行缓慢、频繁死机等。Windows XP 系统提供了"磁盘扫描查错"工具,可以检查磁盘中损坏的部分,并对文件系统的损坏加以修复。

方法:

(1) 选择要扫描及查错的磁盘,按照前面介绍的方法,打开磁盘"属性"对话框。

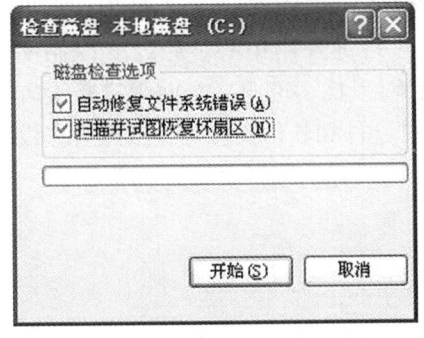

(2) 单击"工具"选项卡,关闭所有选中磁盘上已打开的文件或程序,单击"查错"区中的【开始检查】按钮,出现"检查磁盘"对话框,如图 2-45 所示。

(3) 单击【开始】按钮,系统便开始对磁盘进行扫描。

① "自动修复文件系统错误"选项:可对磁盘的文件、文件夹的逻辑性损坏进行检查与修复。

② "扫描并试图恢复坏扇区"选项:可对磁盘表面出现的物理损坏,尽可能地将坏扇区的数据移走,

图 2-45 "检查磁盘"对话框

进而恢复数据。

2.4.5 磁盘碎片整理

磁盘经过长时间的使用,由于经常对其进行读、写、复制、删除等操作,会在磁盘上出现很多零散的存储空间,称为"磁盘碎片"。磁盘碎片过多就会使系统运行的速度变慢,从而降低系统的性能。为此,Windows XP 系统提供了"磁盘碎片整理程序"工具,可以将磁盘上的簇分布重新进行调整,使之连续分布,同时,合并可用空间,实现提高系统运行速度的目的。

方法:

①选择【开始】→【所有程序】→【附件】→【系统工具】→【磁盘碎片整理程序】命令,会出现"磁盘碎片整理程序"窗口。

②选择需要整理的磁盘,单击【分析】按钮,可对磁盘内的碎片进行分析,并在下面显示各种文件在磁盘上的使用情况。分析结束后,系统会给出磁盘是否需要进行碎片整理的提示,如图 2-46 所示。

③单击【查看报告】按钮,可得到分析报告;单击【碎片整理】按钮即可执行操作,如图 2-47 所示。

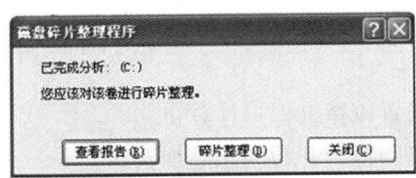

图 2-46 "磁盘分析结果"对话框

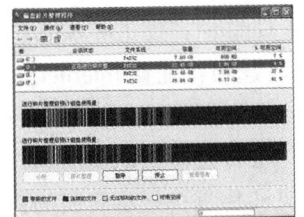

图 2-47 "磁盘碎片整理"对话框

· 75 ·

2.5 Windows XP 的控制面板管理

2.5.1 控制面板

"控制面板"是 Windows XP 系统用来进行系统设置和设备管理的一个工具集,它可以完成系统软、硬件资源的一般设置,是 Windows XP 系统的控制中心。通过"控制面板",用户可以根据自己的喜好来配置自己的系统,如:对鼠标、键盘、桌面等进行设置和管理,调整系统默认的输入法、字体,添加、删除各种硬件和软件资源等。虽然有些设置操作可以利用其他的方法进行,但是,"控制面板"把所有的管理设置工具集中在一起,极大地方便了用户的使用和操作。

启动"控制面板"的方法

方法一:选择【开始】→【控制面板】命令。

方法二:打开"我的电脑"或"资源管理器"窗口,双击"控制面板"图标。

"控制面板"有"分类视图"和"经典视图"两种视图方式,如图 2-48 和图 2-49 所示。"分类视图"是 Windows XP 系统提供的最新的窗口形式,也是默认的显示方式,在这种方式下系统将相关的配置按类别进行归纳;"经典视图"是传统的窗口形式,以多图标形式显示,只要双击某一个图标,就可以调用某一项功能,进行相关的设置。这两种视图方式可以通过单击窗口左侧的切换按钮自由切换,以满足不同用户的使用习惯。

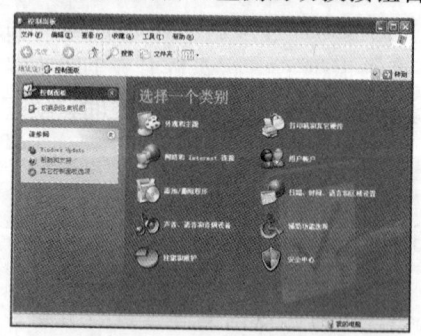
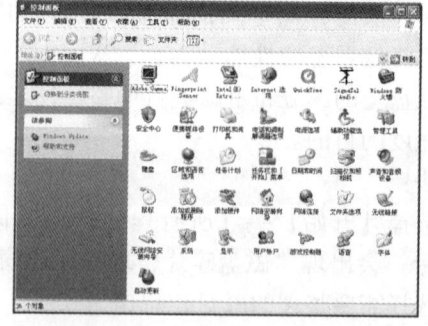

图 2-48 "控制面板"分类视图　　　图 2-49 "控制面板"经典视图

2.5.2 系统设置简介

1. Adobe Gamma:校正屏幕以求色彩一致,建立 ICC 描述档。
2. Internet 选项:配置 Internet 显示和连接设置。
3. Windows 防火墙:配置 Windows 防火墙。
4. 安全中心:查看当前安全状态并访问重要设置以帮助保护计算机。
5. 打印机和传真:显示安装的打印机和传真打印机,并帮助您添加新的。
6. 电话和调制解调器选项:配置电话拨号规则和调制解调器设置。
7. 电源选项:配置计算机的节能设置。

8. 辅助功能选项：为视觉、听力和行动能力而调整计算机设置。

9. 管理工具：配置您计算机的管理设置。

10. 键盘：自定义键盘设置，例如：指针闪烁速率和字符重复速率。

11. 区域和语言选项：自定义语言、数字、货币、时间和日期的显示设置。

12. 任务计划：安排自动运行的任务。

13. 任务栏和「开始」菜单：自定义启动菜单和任务栏，例如：要显示项目的类型及如何显示。

14. 日期和时间：为您的计算机设置日期、时间和时区信息。

15. 扫描仪和照相机：添加、删除和配置扫描仪和照相机。

16. 声音和音频设备：更改计算机的声音方案，或者配置扬声器和录音设备的设置。

17. 鼠标：自定义鼠标设置，例如：按钮设置、双击速度、鼠标指针和移动速度。

18. 添加或删除程序：安装或删除程序和 Windows 组件。

19. 添加硬件：安装并诊断硬件。

20. 网络安装向导：启用网络安装向导。

21. 网络连接：与其他计算机、网络和 Internet 连接。

22. 文件夹选项：自定义文件和文件夹的显示，改变文件关联，并使网络文件脱机时使用。

23. 无线网络安装向导：为家庭或办公室设置或添加无线网络。

24. 系统：查看您的计算机系统的信息，并为硬件、性能和自动更新更改设置。

25. 显示：更改您的桌面的外观，例如：背景、屏幕保护程序、颜色、字体大小和屏幕分辨率。

26. 用户账户：更改共享此计算机的用户的用户账户设置和密码。

27. 邮件：Microsoft Office Outlook 配置文件。

28. 游戏控制器：添加、删除或配置游戏控制器硬件，例如：游戏杆和游戏板。

29. 语音：改变文字语音转换和语音识别设置（如果需要）。

30. 字体：添加、更改和管理您的计算机上的字体。

31. 自动更新：设置 Windows 自动传递重要更新。

2.5.3 "区域和语言选项"的设置

在中文版的 Windows XP 系统中，有关输入法的添加、删除的操作，日期和时间格式的设置，还有一些关于语言栏的设置，输入法的热键设置等操作，都可以通过"控制面板"来进行设置。

方法：

（1）打开"控制面板"窗口，如果是分类视图窗口，单击【日期、时间、语言和区域设置】命令，在打开的窗口中单击【区域和语言选项】命令，打开"区域和语言选项"对话框；如果是经典视图窗口，直接双击"区域和语言选项"图标，也可打开"区域和语言选项"对话框，如图 2-50 所示。

（2）选择"区域选项"选项卡，单击【自定义】按钮，可以对日期和时间等的显示格式进行设置。

（3）选择"语言"选项卡，再单击【详细信息】按钮，可打开"文字服务和输入语言"对话框，如图2-51所示。

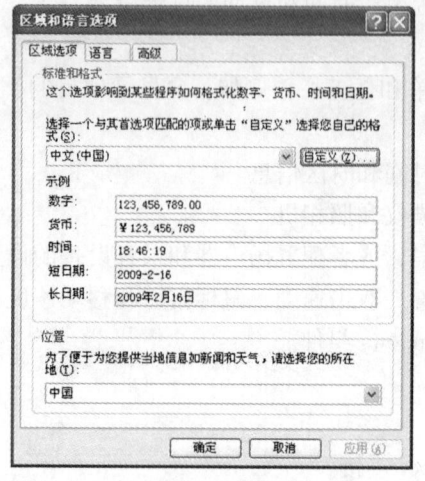

图2-50 "区域和语言选项"对话框

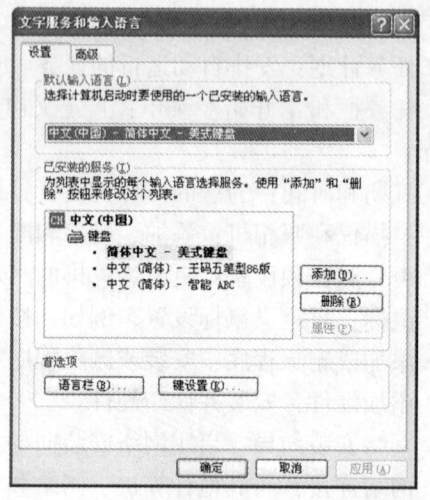

图2-51 "文字服务和输入语言"对话框

①选择"设置"选项卡，单击【添加】按钮，会出现"添加输入语言"对话框，如图2-52所示。

②在"输入语言"列表框中选择"中文（中国）"，再单击"键盘布局/输入法"旁的下拉列表按钮，选择相应的输入法，单击【确定】按钮，即可添加相应的输入法。

③如果想删除某种输入法，在"文字服务和输入语言"对话框"设置"选项卡的"已安装的服务"列表框中选中要删除的输入法，单击【删除】按钮即可。

④单击"首选项"中的【语言栏】按钮，可以对"语言栏"进行设置。

⑤单击"首选项"中的【键设置】按钮，可以对输入法中的热键进行修改，如图2-53所示。

上述"文字服务和输入语言"对话框中的操作，还可以通过右击"任务栏"通知区域"语言栏"上的按钮，在弹出的快捷菜单中选择【设置】命令进行设置。

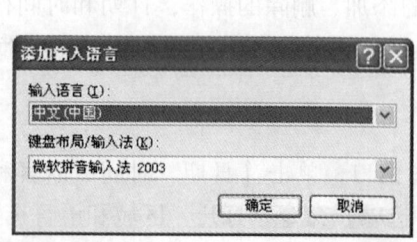

图2-52 "添加输入语言"对话框

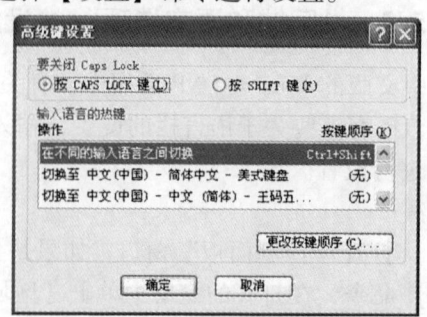

图2-53 "修改输入法热键"对话框

第 2 章 中文操作系统 Windows XP

2.5.4 "日期和时间"的设置

如果用户计算机上显示的日期和时间与实际不相符，或用户想要调整修改，也可以通过"控制面板"进行设置。

方法：打开"控制面板"窗口，如果是分类视图窗口，单击【日期、时间、语言和区域设置】命令，在打开的窗口中单击【日期和时间】命令，打开"日期和时间"属性对话框；如果是经典视图窗口，直接双击"日期和时间"图标，也可打开该对话框。在打开的"日期和时间"属性对话框中，如图 2-54 所示，用户就可以自行对系统日期和时间进行设置了。

图 2-54 "日期和时间属性"对话框

上述对系统日期和时间进行设置，不通过"控制面板"也可以完成。

方法：在"任务栏"右侧通知区域的时间显示上右击鼠标，在弹出的快捷菜单中选择【调整日期/时间】命令或者在时间显示上直接双击鼠标，也可打开"日期和时间"属性对话框。

2.5.5 "声音和音频设备"的设置

方法：

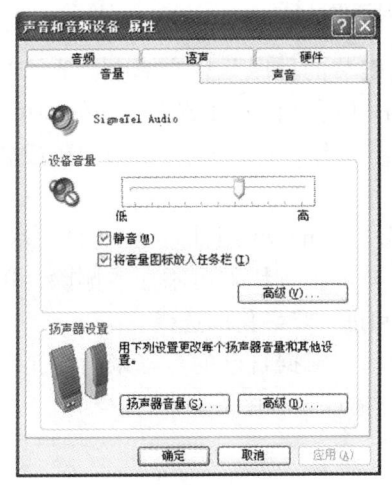

图 2-55 "声音和音频设备"对话框

（1）打开"控制面板"窗口，如果是分类视图窗口，单击【声音、语音和音频设备】命令，在打开的窗口中单击【声音和音频设备】命令，打开"声音和音频设备"属性的对话框；如果是经典视图窗口，直接双击"声音和音频设备"图标，也可打开该对话框，如图 2-55 所示。

（2）选择"音量"选项卡，在"设备音量"区，可以用鼠标拖动滑块，调整音量的大小。

① "静音"选项：可设置将系统声音开启或关闭。

② "将音量图标放入任务栏"选项：可设置是否将音量图标在任务栏上显示。

③ 单击【高级】按钮：可以对波形、软件合成器、CD 音频、线路输入、麦克风等进行音量的设置。

（3）选择"声音"选项卡，可以对程序事件的声音（如启动、注销、退出等）进行选择和设置。

如果单纯的调整系统音量的大小，也可以直接在"任务栏"的音量图标上双击即可。

2.5.6 "添加或删除程序"的设置

用户安装的应用程序有一些会带有自动卸载的程序，如果应用程序没有提供，Windows XP 系统提供了"添加/删除程序"工具来帮助用户解决问题。"添加/删除程序"工具不但可以帮助用户管理计算机上的程序，更改删除已有的程序，还可以添加在初始安装时没有安装的 Windows XP 组件及程序。

方法：

（1）打开"控制面板"窗口，如果是分类视图窗口，单击【添加/删除程序】命令；如果是经典视图窗口，双击"添加或删除程序"图标，都可以打开"添加或删除程序"对话框，如图 2-56 所示。

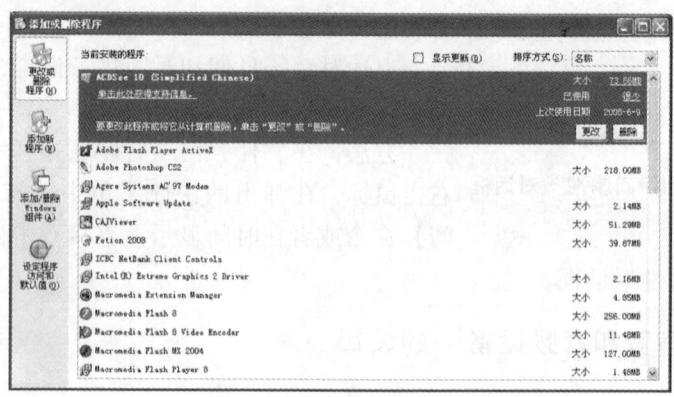

图 2-56 "添加或删除程序"对话框

（2）单击【更改或删除程序】按钮，在右侧"当前安装的程序"列表框中会显示当前系统中已安装的程序，选择要更改或删除的程序，单击【更改】或【删除】按钮即可。

（3）单击【添加新程序】按钮，单击【CD 或软盘】按钮，可以通过 CD-ROM 或软盘安装新的程序。

（4）单击【添加/删除 Windows 组件】按钮，将弹出"Windows 组件向导"窗口，如图 2-57 所示，选择要添加或者删除的组件，单击【下一步】按钮即可添加或删除，单击【详细信息】按钮还可以对组件进行详细解释、说明和进一步细化的选择。

（5）单击【设定程序访问和默认值】按钮，可以使用户根据自己的喜好来指定某些动作的默认程序，如：浏览器程序、电子邮件程序、媒体播放器程序等。

2.5.7 "添加硬件"的设置

用户往计算机上增加的新硬件，有些硬件计算机可以自动识别并安装，有一些则需要通过"添加硬件"工具帮助识别和安装。

方法：

（1）打开"控制面板"窗口，切换到经典视图窗口，双击"添加硬件"图标，打开"添加硬件向导"对话框，单击【下一步】按钮。

（2）添加硬件向导搜索最近连接到计算机上但尚未安装的硬件并询问硬件是否已经

第 2 章 中文操作系统 Windows XP

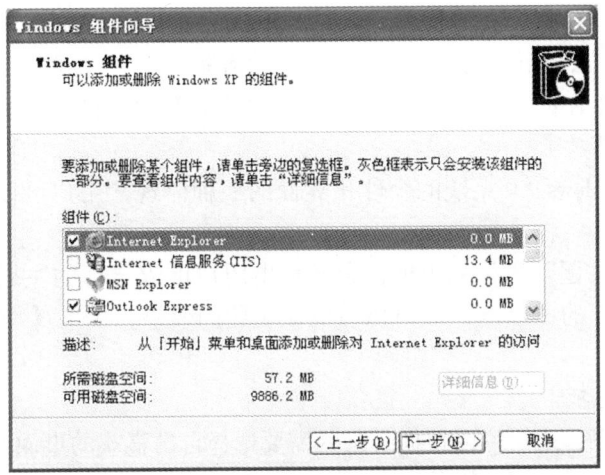

图 2-57 "Windows 组件向导"对话框

连接到计算机,选择【是】,单击【下一步】按钮。

(3) 在列出的"已安装的硬件"列表框中列出已安装的硬件,选择要添加的硬件,或选择添加新的硬件设备,单击【下一步】按钮。

(4) 为硬件选择驱动程序,单击【下一步】按钮。

(5) 进入安装确认界面,单击【下一步】按钮即可完成安装。

2.5.8 "显示"的设置

Windows XP 系统允许用户按照自己的爱好设置个性化的桌面,如:改变桌面背景、设置屏幕保护程序、设置桌面对象的外观、显示方式等,这些设置都是通过"显示"属性对话框完成的,打开"属性"对话框的方法有 2 种。

方法一:打开"控制面板"窗口,如果是分类视图窗口,单击"外观和主题"命令,在打开的窗口中单击【显示】命令;如果是经典视图窗口,直接双击"显示"图标,如图 2-58 所示。

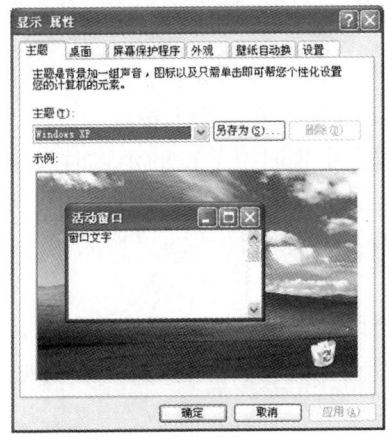

图 2-58 "显示属性"对话框

图 2-59 "桌面"选项卡

方法二：如果不通过"控制面板"，直接在桌面的空白处右击鼠标，在弹出的快捷菜中选择【属性】命令，也可打开"显示"属性对话框。

"显示"属性对话框中，有主题、桌面、屏幕保护程序、外观、设置等几个选项卡。

(1) "主题"选项卡

"主题"是 Windows XP 系统的个性化界面的一种体现，用户可以根据自己的喜好选择自己喜欢的界面。

方法：单击"主题"下拉列表框，会显示出用户可以选择的主题的类型，单击选择一种主题后，在下面的"示例"区可以看到该主题的效果，单击【应用】或【确定】按钮即可应用该主题。

(2) "桌面"选项卡

在这个选项卡下，用户可以根据自己的需要选择自己喜欢的桌面背景，设置桌面的颜色，自定义桌面，如图 2-59 所示。

方法：在"背景"列表框中，单击选择所需的图案或图片，也可以单击【浏览】按钮，打开"浏览"对话框，找到所需的图片文件。选择好背景图片后，在上方的预览区中可以预览其效果，单击【应用】或【确定】按钮即可。

① "位置"下拉列表：会显示"居中"、"平铺"、"拉伸"几种显示方式。"居中"，表示桌面上的图片以原文件尺寸显示在屏幕的中间；"平铺"，表示桌面上的图片以原文件尺寸铺满整个屏幕；"拉伸"，表示将图片按屏幕大小拉伸后铺满整个屏幕。

② "颜色"下拉列表：会显示调色板，单击选择一种颜色，则此颜色会成为桌面的底色。当没有选择桌面图片文件或图片没有铺满整个桌面时，就会以选择的颜色作为桌面的背景颜色。

③ 【自定义桌面】按钮：单击该按钮会打开"桌面项目"对话框，可以设置桌面图标、更改图标、设置桌面清理等。

(3) "屏幕保护程序"选项卡

屏幕保护程序是指在一段指定的时间内没有击键或操作桌面元素时，屏幕上原来显示的内容会被出现的移动图片等动态元素代替。使用屏幕保护程序可以减少显示器的损耗并在某种程度上保障系统安全。

方法：在"屏幕保护程序"下拉列表框中单击选择一个屏幕保护程序，单击【预览】按钮，可以看到此屏幕保护程序的显示效果，移动鼠标或在键盘上按任意键可返回到设置界面。在"等待"微调控制框中输入屏幕保护程序出现时要等待的延迟时间，单击【应用】或【确定】按钮即可，如图 2-60 所示。

① 【设置】按钮：单击该按钮可以对屏幕保护程序中图片的更换频率、显示大小、过渡效果等属性进行设置。

② "在恢复时使用密码保护"选项：该选项可设置屏幕保护程序运行后，恢复使用计算机时，是否显示登录窗口，如果登录时需要输入密码，则恢复工作时必须先键入密码。

③ 【电源】按钮：单击该按钮可以设置电源的使用方案，对监视器、硬盘等的电源进行节能管理，设置好后按【确认】按钮即可。

第 2 章　中文操作系统 Windows XP

图 2-60 "屏幕保护"选项卡

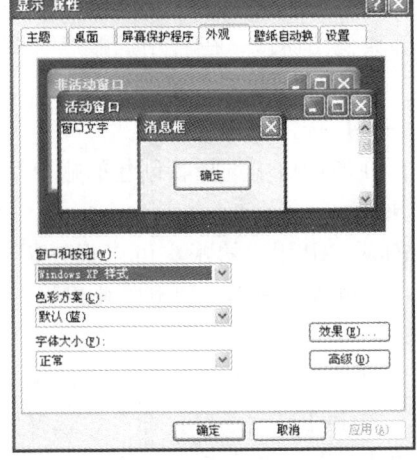

图 2-61 "外观"选项卡

（4）"外观"选项卡

在该选项卡下，用户可以选择自己喜欢的外观方案，设置桌面对象的色彩、字体、大小等，如图 2-61 所示。

方法：分别选择"窗口和按钮"、"色彩方案"和"字体大小"下拉列表框中的选择方案，单击【应用】或【确定】按钮即可。

① "窗口和按钮"下拉列表框，用于改变窗口和按钮的显示方式。

② "色彩方案"下拉列表框，可以选择色彩搭配方案。

③ "字体大小"下拉列表框，可以选择字体显示的大小。

④ 单击【效果】按钮，可以设置菜单、图标、字体等的视觉效果，如：菜单和工具栏的过渡效果、屏幕字体边缘平滑、是否使用大图标等。

⑤ 点击【高级】按钮，可以自定义屏幕元素的外观，如：颜色、大小、字体等。该选项仅在主题为"Windows 经典"时才起作用。

（5）"设置"选项卡

在该选项卡下，用户可以对显示器的颜色、分辨率等进行设置。

方法：拖动"屏幕分辨率"框中的滑块，改变屏幕的分辨率；单击【颜色质量】下拉列表框，选择显示器的颜色质量，设置颜色范围，单击【应用】或【确定】按钮即可。

① 显示器的颜色质量和屏幕分辨率的设置依据显示适配器类型的不同而不同。

② 单击【高级】按钮，可以打开在"显示"选项卡下显示的显示适配器和监视器的"属性"对话框，并能设置颜色管理等。

2.5.9 "用户账户"的设置

Windows XP 是一个支持多用户的操作系统，每个用户都可以用自己的身份登录到计算机上，并且各用户还可以对自己的系统进行个性化的设置而不会互相干扰。

1. 创建新用户

方法：

（1）打开"控制面板"窗口，如果是分类视图窗口，在"用户账户"选项上单击；如果是经典视图窗口，在"用户账户"图标上双击，打开"用户账户"窗口。

（2）单击【创建一个新账户】命令，在弹出窗口的文本框中输入新账户的名称，单击【下一步】按钮。

（3）在新窗口中选择新创建的账户类型，单击【创建账户】按钮，新账户创建完成。

2. 更改账户

Windows XP 用户的账户可以根据需要对其进行更改。例如：更改名称、创建密码、更改图片、更改账户类型、删除账户等。

方法：

（1）打开"控制面板"窗口，选择"用户账户"选项，打开"用户账户"窗口。

（2）单击【更改账户】命令，选择要更改的账户，然后选择一个更改的项目，单击相对应的选项即可进行更改账户的操作。

①选择"更改名称"选项：在弹出窗口的文本框中输入新的账户名称，单击【改变名称】按钮即可更改账户名称。

②选择"创建密码"选项，在弹出窗口的文本框中依次输入密码、确认密码和密码提示信息后，单击【创建密码】按钮，即可为账户创建密码。

③选择"更改图片"选项，在弹出窗口的列表框中选择新的图片，单击【更改图片】按钮即可为账户更改用户图标；如果用户想使用自己的图片，则单击【浏览图片】选项，在弹出的"打开"对话框中选择图片，单击【打开】按钮即可。

④选择"更改账户类型"选项，在弹出的窗口中选择新的账户类型，单击【更改账户类型】按钮，即可更改账户的类型。

2.6 Windows XP 的应用程序

Windows XP 系统附带了一些小型的实用程序，其中包括用户常用的如"画图"、"记事本"、"写字板"等，这些应用程序因其小巧灵活，使用方便，而受到广大用户的欢迎。

2.6.1 画图

"画图"是 Windows XP 提供的一个功能较强的简单图像处理的工具。它是绘制位图的程序，生成图片的默认格式为 24 位位图文件，文件默认的扩展名为 .Bmp。"画图"程序可以建立黑白和彩色图像，支持多种图像文件格式，并能生成多种类型的图像文件，包括：BMP、PCX、JPG、TIF、PNG、GIF 等；此外，"画图"程序提供了各种绘图工具和编辑命令，利用鼠标可以方便地控制和使用；还可以打印绘图，或将文件作为桌面背景及粘贴到另一个文档中。

1. "画图"的启动

方法：选择【开始】→【所有程序】→【附件】→【画图】命令，即启动了"画图"程序。

第 2 章 中文操作系统 Windows XP

2. "画图" 窗口的组成

"画图" 窗口除了标题栏、菜单栏、状态栏外，还包括工具箱、画布、颜料盒等几部分组成，如图 2-62 所示。

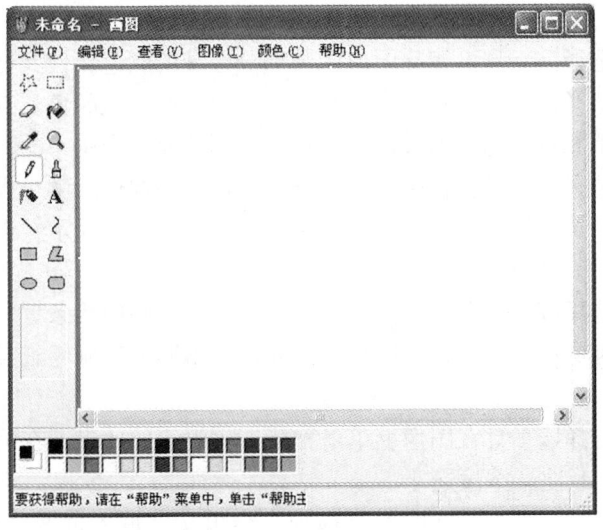

图 2-62 "画图" 窗口

（1）工具箱：用来选择画图所用的工具。在"工具箱"中为用户提供了 16 种常用的工具，当选择任意一种工具时，在下面的工具属性区中会出现相应的信息，用户可自行选择，如图 2-63 所示。

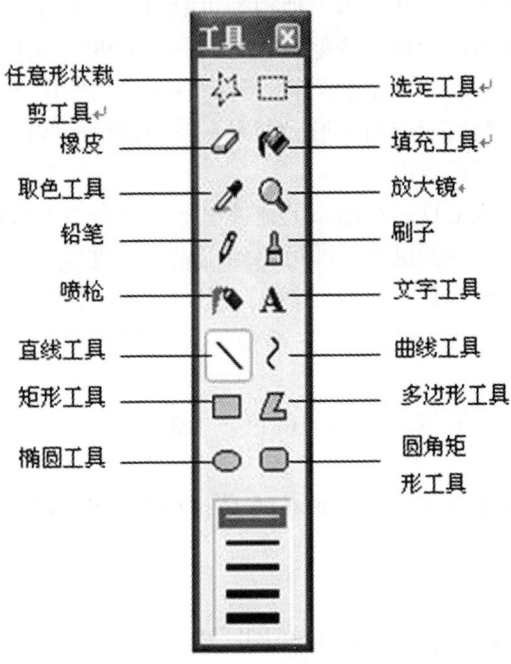

图 2-63 画图工具箱

①任意形状裁剪工具：选择该按钮，按住左键不放，可以对图片中的不规则区域进行圈选，选择结束后松开鼠标，出现虚线框选区，拖动选区即可将选择的部分移动裁剪。

②选定工具：选择该按钮，目标区域拖动鼠标，即可得到一个矩形选区，用户可对选中范围内的对象进行复制、移动、剪切等操作。

③橡皮工具：选择该工具可擦除图形中某部分区域的颜色，使其变成前景色。

④填充工具：选择该工具可对图像中某一个封闭区域填充颜色。其中，单击左键填充前景色，单击右键填充背景色，如果选区不封闭，则填充整个画布。

⑤取色工具：选择该工具，在图像上单击，即可将图像处的颜色设置为前景色。

⑥放大镜工具：选择该工具单击，可对某一区域进行放大显示，以便对细节部分进行观察处理，再次单击，可回到原状态。

⑦铅笔工具：选择该工具在画布上拖拽，可绘制不规则的线条。

⑧刷子工具：类似铅笔工具，可以根据需要选择不同的笔刷粗细及形状，绘制不规则的图形。

⑨喷枪工具：选择该工具在图像上单击，能产生喷绘的效果，在喷绘点上停留的时间越久，其浓度越大，反之，浓度越小。

⑩文字工具：选择该工具，在图像上拖拽，会出文字输入框及"字体"工具栏，在"字体"工具栏上可设置文字的字体、字号、字形等，在输入框内输入文字后，在其他地方单击鼠标，即可在图像中加入文字。

⑪直线工具：选择该工具，在画布上拖拽，可绘制直线线条。如果在拖动的过程中同时按下【Shift】键，可以画出水平线、垂直线或与水平呈45°的线条。

⑫曲线工具：选择该工具，在画布上拖拽，可绘制出一条直线，选择线条周围的任意一点，拖拽鼠标则线条会随之变化，调整至合适的弧度即可绘制出曲线线条。

⑬矩形工具、椭圆工具、圆角矩形工具：这三种工具的使用基本相同。选择工具按钮后，在画布上拖动即可绘制出相应的图形。如果在拉动鼠标的同时按【Shift】键，可以分别得到正方形、正圆、正圆角矩形。

⑭多边形工具：选择该工具，在画布上拖拽鼠标，在多边形折点处松开鼠标，然后再拖拽鼠标，如此反复，最后双击鼠标，即可得到相应的多边形。

在使用铅笔工具、刷子工具、喷枪工具、直线工具、曲线工具、矩形工具、椭圆工具、圆角矩形工具、多边形工具时，按左键拖拽以前景色绘制，按右键拖拽以背景色绘制。

（2）颜料盒：用来选择画图时所需的颜色，单击鼠标左键可设置前景色，右击鼠标可设置背景色。

（3）画布：绘制图形的工作区域，画布的大小可以由用户根据实际情况自行调整。

3. "画图"文件的操作

（1）文件的创建

方法一：启动"画图"程序后，即自动创建了一个名为"未命名"的画图文件，用户可以在画布窗口中绘制图像。

方法二：选择【文件】菜单中的【新建】命令，即可新建一个画图文件。

第 2 章 中文操作系统 Windows XP

(2) 文件的保存

方法：绘制结束后，选择【文件】菜单中的【保存】命令，会弹出"保存为"对话框，在其中选择保存位置，输入文件名，选择保存的类型后，单击【保存】按钮，文件便被保存。

(3) 文件的打开

方法：

①启动"画图"程序后，选择【文件】菜单中的【打开】命令。

②在弹出的"打开"对话框中，"查找范围"下拉列表中选择文件所在的文件夹，在下面的文件列表中选择要打开的文件，双击该文件或单击【打开】按钮即可。

4. 编辑图像

(1) 改变图像尺寸

方法：选择【图像】菜单中的【属性】命令，改变其高度和宽度，单击【确定】按钮即可。

(2) 翻转和旋转图像

方法：打开图像，选择【图像】菜单中的【翻转/旋转】命令，选择水平翻转、垂直翻转或按一定角度旋转选项，确定即可，如图 2-64、图 2-65、图 2-66 所示。

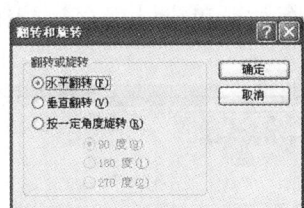
图 2-64 "翻转和旋转"菜单

图 2-65 原图

图 2-66 水平翻转

(3) 拉伸和扭曲图像

方法：打开图像，选择【图像】菜单中的【拉伸/扭曲】命令，输入水平或垂直拉伸和扭曲的角度，确定即可，如图 2-67 所示。

(4) 图像反色

方法：打开图像，选择【图像】菜单下的【反色】命令，图形即可呈反色显示，如图 2-68、图 2-69 所示。

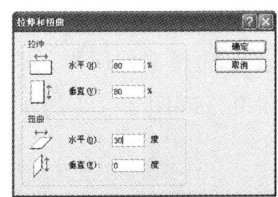
图 2-67 "拉伸和扭曲"菜单

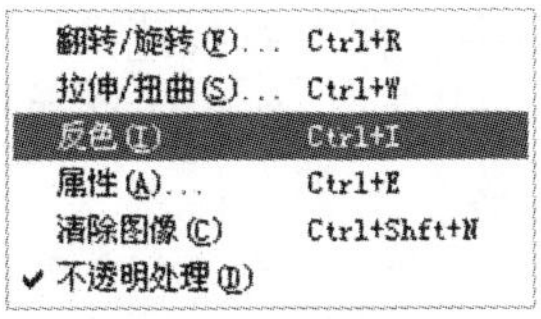

图 2-68 "反色"菜单

图 2-69 "反色"后效果

2.6.2 记事本

"记事本"是 Windows XP 附带的一个纯文本文件编辑器。由它创建的文件都是纯文本格式文档（扩展名为".txt"），只由文字和数字组成，不加任何格式、图形和控制字符。它的特点是运行速度快，占用内存空间少，使用方便，主要用于写便条、简单的备忘录等，也可以用来为编辑的文本准备文字资料等。另外，由于记事本可以保存成无格式（任意格式）文件，所以也可以将"记事本"作为程序语言的编辑器。

1. "记事本"的启动

方法一：选择【开始】→【所有程序】→【附件】→【记事本】，即可启动"记事本"。

方法二：在"资源管理器"或"我的电脑"中打开"记事本"的文件，则"记事本"程序同时也会打开。

2. "记事本"文件的操作

（1）文件的创建

方法一：启动"记事本"程序后，即自动创建了一个名为"无标题"的文本文件。

方法二：选择【文件】菜单中的【新建】命令，即可新建一个文本文件。

（2）文件的保存

方法：输入结束后，单击【文件】菜单中的【保存】命令，会弹出"另存为"对话框，如图 2-70 所示，在其中选择保存位置，输入文件名后，单击【保存】按钮，文件便被保存。

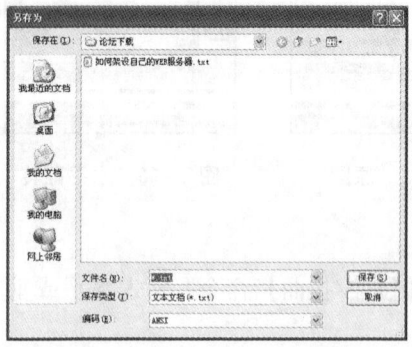
图 2-70　"保存"对话框

图 2-71　"打开"对话框

（3）文件的打开

方法：

①启动"记事本"程序后，选择【文件】菜单中的【打开】命令。

②在弹出的"打开"对话框中，在"查找范围"下拉列表中选择文件所在的文件夹，在下面的文件列表中选择要打开的文件，单击【打开】按钮即可，如图 2-71 所示。

3. "记事本"文件的编辑操作

（1）选择文本

方法：按住鼠标左键在所需要选择的文字上拖动，文字呈反相显示时，表明对象被选中。选择【编辑】菜单中的【全选】命令，或者使用快捷键【Ctrl】+【A】可选择文档中的所有内容。

(2) 文本的复制

方法：选择要复制的文本，执行【编辑】菜单中的【复制】命令，或使用快捷键【Ctrl】+【C】将文本进行复制，然后在目标位置执行【编辑】菜单中的【粘贴】命令或使用快捷键【Ctrl】+【V】即可实现文本的复制。

(3) 文本的移动

方法：选择要移动的文本，执行【编辑】菜单中的【剪切】命令，或使用快捷键【Ctrl】+【X】将文本进行剪切，然后在目标位置执行【编辑】菜单中的【粘贴】命令或使用快捷键【Ctrl】+【V】即可实现文本的移动。

(4) 文本的删除

方法：选择要删除的文本，按键盘上的【Delete】键，或者执行【编辑】菜单中的【清除】或【剪切】命令，即可实现文本的删除。

(5) 文本的格式设置

方法：选择【格式】菜单中的【字体】命令，可以设置文本的字体、字形和大小，如图2-72所示，选择【格式】菜单中的【自动换行】命令，文本可按照"记事本"窗口的大小自动换行，如图2-73所示。

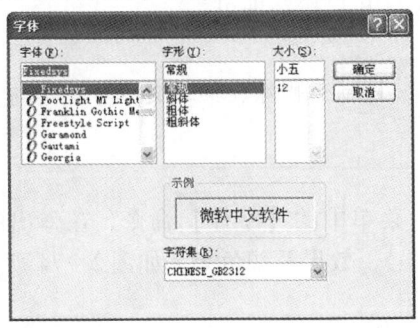

图2-72 "字体"对话框

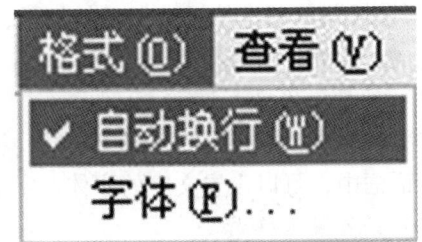

图2-73 "自动换行"菜单

2.6.3 写字板

"写字板"是Windows XP提供的另一个功能较强的文字处理程序。它的功能比"记事本"要强大得多，界面也比"记事本"友好得多，除具有一般窗口所有的标题栏、菜单栏外，还具有工具栏、格式栏、水平标尺、状态栏。用"写字板"编辑的文档中可以有文字、图片以及其他链接和插入其他应用程序对象（如声音、视频剪辑等），还可以将"写字板"文件保存为纯文本文件、RTF（多信息文本格式，写字板默认格式）、MS-DOS文本文件或者Unicode文本文件，它具有Microsoft公司Word文字处理程序的基本功能。但是，写字板文档中不能实现复杂的图文混排，无法对插入对象的其他属性进行编辑，无法进行格式、样式的统一设置等，因此，写字板不能代替真正的编辑软件。

1. "写字板"的启动

方法：选择【开始】→【所有程序】→【附件】→【写字板】命令，即可启动"写字板"。

2. "写字板"文件的操作

（1）文件的创建

方法一：启动"写字板"程序后，即自动创建了一个名为"文档"的 RTF 文档文件。

方法二：选择【文件】菜单中的【新建】命令，在弹出的"新建"对话框中，选择新建"RTF 文档"、"文本文档"、"Unicode 文本文档"中的一类，单击【确定】后，即可新建一个文档。

（2）文件的保存

方法：当编辑输入结束后，单击【文件】菜单中的【保存】命令，会弹出"保存为"对话框，在其中选择保存位置，输入文件名，选择保存类型后，单击【保存】按钮，文件便被保存。

（3）文件的打开

方法：

①启动"写字板"程序后，选择【文件】菜单中的【打开】命令。

②在弹出的"打开"对话框中，在"查找范围"下拉列表中选择文件所在的文件夹，在下面的文件列表中选择要打开的文件，单击【打开】按钮即可。

3. "写字板"的编辑操作

"写字板"的基本编辑操作（如打开、保存、复制、删除、移动文本等）均与"记事本"相同，此处不再重复。

（1）设置字体格式

方法：选择要格式化的文档，选择【格式】菜单中的【字体】命令，在弹出的"字体"对话框中，可以设置文字的字体、字形、字号、效果及颜色等，如图 2-74 所示。

（2）设置段落格式

方法：选择【格式】菜单中的【段落】命令，在弹出的"段落"对话框中，可以设置段落的缩进和对齐方式，如图 2-75 所示。

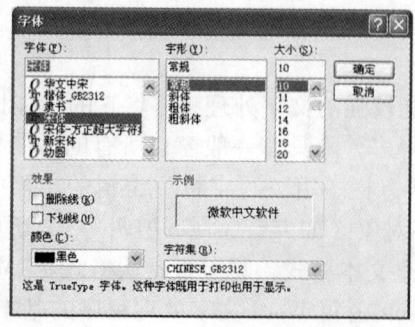

图 2-74 "字体"对话框

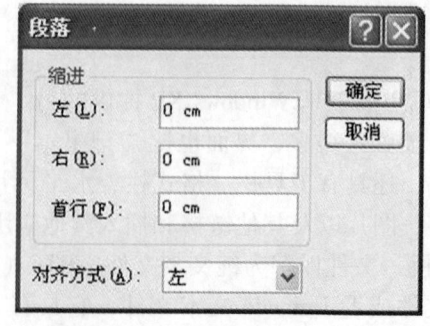

图 2-75 "段落"对话框

（3）插入操作

方法：

第 2 章　中文操作系统 Windows XP

①选择插入点，选择【插入】菜单中的【日期和时间】命令，可以插入各种格式的日期和时间，如图 2-76 所示。

②选择【插入】菜单中的【对象】命令，在弹出的"插入对象"对话框中，可以选择插入图表、图片、声音、视频剪辑等，如图 2-77 所示。

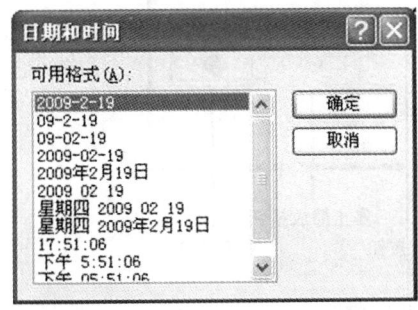
图 2-76　插入"日期和时间"对话框

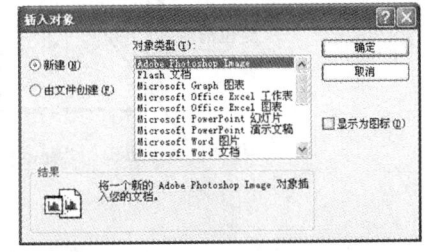
图 2-77　"插入对象"对话框

2.7　Windows XP 的多媒体程序

2.7.1　Windows XP 的"录音机"

"录音机"是 Windows XP 提供的一个多媒体应用程序，它既可以录制、混合、播放和编辑声音，也可以将声音链接或插入到声音文件中。要使用录音机程序，必须在计算机上安装声卡和扬声器。如要录制声音，还需要有麦克风。所录制的声音以波形文件（.wav）保存。

1. "录音机"的启动

方法：选择【开始】→【所有程序】→【附件】→【娱乐】→【录音机】命令即可，界面如图 2-78 所示。

2. 录音的相关操作

（1）创建新的录音

方法一：启动"录音机"程序后，即自动创建了一个新的空白录音文件。

方法二：选择【文件】菜单中的【新建】命令，也可以新建一个空白录音文件。

（2）录制声音

方法：

①单击红色【录音】按钮，即可开始录音，录音最大长度为 60 秒。

②录音结束，单击【停止】按钮，录制完毕。

③单击【播放】按钮，即可播放所录制的声音。

（3）录音的保存

方法：当录音结束后，单击【文件】菜单中的【保存】命令，会弹出"另存为"对话框，选择保存位置，输入文件名，录音默认的保存类型为（.wav）波形文件，单击【保存】按钮，录音便被保存。

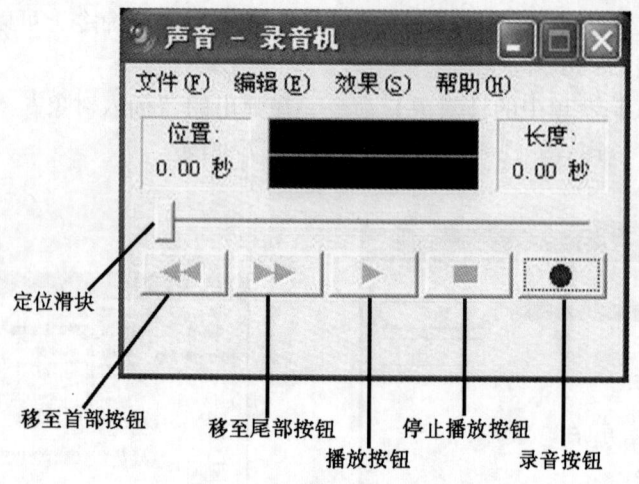

图 2-78 "录音机"窗口

（4）录音的播放

方法：

①启动"录音机"程序后，选择【文件】菜单中的【打开】命令。

②在弹出的"打开"对话框中，在"查找范围"下拉列表中选择文件所在的文件夹，在下面的文件列表中选择要打开的文件，单击【打开】按钮。

③单击【播放】按钮，开始播放声音；单击【停止】按钮停止播放声音；单击【移至首部】按钮可以跳转到声音文件的开始；单击【移至尾部】按钮可以跳转到文件的末尾。

3. 音量控制

方法一：在"录音机"窗口中，选择【效果】菜单中的【加大音量】或【降低音量】命令即可。

方法二：选择【开始】→【所有程序】→【附件】→【娱乐】→【音量控制】菜单命令，打开"音量控制"窗口，通过拖动各种音量控制栏中的上下滑块来调节音量大小，如图 2-79 所示。

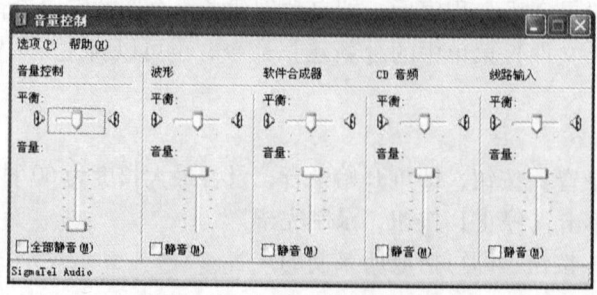

图 2-79 "音量控制"窗口

4. 插入声音

方法：

第 2 章　中文操作系统 Windows XP

(1) 在"录音机"窗口中,选择【文件】菜单中的【打开】命令,打开将要插入声音的声音文件。

(2) 将定位滑块拖动到需要插入声音的位置。

(3) 选择【编辑】菜单中的【插入文件】命令,打开"插入文件"对话框。

(4) 选择要插入的声音文件,单击【打开】按钮即可。

5. 编辑声音文件

(1) 删除部分声音文件

方法:

①在"录音机"窗口中,选择【文件】菜单中的【打开】命令,打开将要删除的声音文件。

②将定位滑块拖动到要剪切的位置。

③选择【编辑】菜单中的【删除当前位置以前的内容】或【删除当前位置以后的内容】命令即可。

(2) 将声音录制到声音文件中

方法:

①在"录音机"窗口中,选择【文件】菜单中的【打开】命令,打开将要录制声音的声音文件。

②将定位滑块拖动到要录音的位置。

③单击【录制】按钮,开始录制声音,单击【停止】按钮,结束录制。

2.7.2　媒体播放机 Windows Media Player

"Windows Media Player"媒体播放机是 Windows XP 提供的一个可以播放和组织计算机及 Internet 上的数字媒体文件的工具,它可以播放、编辑和嵌入多种多媒体文件,包括视频、音频和动画文件,还可以收听 3 000 个以上的 Internet 广播站或电视台;可以播放本地的多媒体文件,也可以播放来自 Internet 的流式媒体文件。此外,播放机还可以播放、翻录和刻录 CD;播放 DVD(如果有 DVD 硬件)和 VCD;将用户的音乐、视频和所喜爱的录制的电视节目同步到便携设备(如便携式数字音频播放机、Pocket PC 和便携媒体中心)中;还可以通过访问播放机的在线商店区域,查找并购买 Internet 上的数字媒体内容。

1. 启动媒体播放机

方法:

选择【开始】→【所有程序】→【附件】→【娱乐】→【Windows Media Player】命令,即可启动"Windows Media Player"媒体播放机。

2. 媒体播放机界面的组成

"Windows Media Player"播放机的界面除标题栏、菜单栏外,主要由功能任务栏、播放控制按钮、正在播放区域等几部分构成,如图 2-80 所示。

(1) 功能任务栏

功能任务栏由可以链接到播放机主要功能的若干个按钮组成。

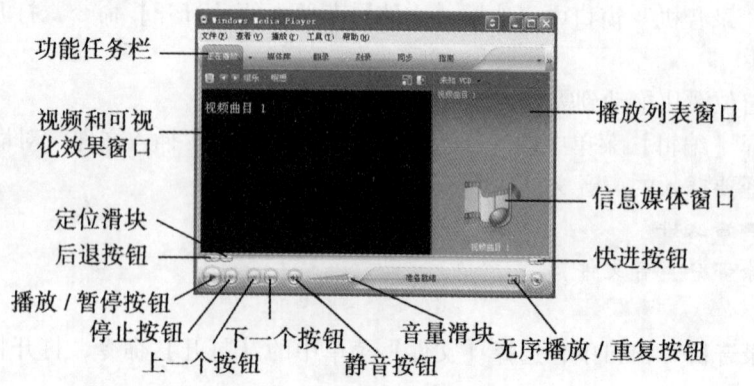

图 2-80 "媒体播放机"窗口

①正在播放：用于观看视频、可视化效果或有关正在播放的内容的信息。旁边的按钮为"快速访问面板"按钮，单击该按钮可快速选择要播放的 CD、DVD、VCD、唱片集、艺术家、流派或播放列表。

②媒体库：用于组织计算机上的数字媒体文件以及指向 Internet 上内容的链接，或创建一个播放列表，让其包含用户喜爱的音频和视频内容。

③翻录：用于播放 CD 或将 CD 上的特定曲目翻录到计算机上的媒体库中。

④刻录：用于将计算机上存储的曲目刻录到用户自己的 CD 上。

⑤同步：用于将用户的音乐、视频和录制的电视节目同步到便携设备（如便携式数字音频播放机、Pocket PC 和便携媒体中心）中。

⑥指南：用于在 Internet 上查找数字媒体。

⑦在线商店：根据 Internet 内容提供商所提供的内容的类型，提供音乐、电台、视频等按钮，以便于访问 Internet 上的相关内容。

（2）播放控制按钮

播放控制按钮显示在"Windows Media Player"的底部。单击这些控制按钮，可以调节音量以及控制基本的播放任务（如对音频和视频文件执行播放、暂停、停止、后退以及快进等操作）。

①【播放】按钮：播放所选项。当正在播放某一项时，【播放】按钮将变成【暂停】按钮。

②【暂停】按钮：暂停播放所选项。未播放（即已暂停或停止播放）某一项时，【暂停】按钮将变成【播放】按钮，单击【播放】按钮，可继续播放。

③【停止】按钮：停止播放所选项。

④"定位"滑块：指明所选项的播放进度。如果显示有"定位"滑块，用户可以拖拽滑块到希望开始播放的位置，则从特定点开始播放。

⑤【静音】按钮：打开或关闭声音。

⑥"音量"滑块：控制音量级别。

⑦【上一个】按钮：播放上一项。

⑧【后退】按钮：后退一项。

⑨【快进】按钮：快进一项。
⑩【下一个】按钮：播放下一项。
⑪【无序播放】按钮/【重复】按钮：启用或禁用无序播放或重复播放。启用无序播放后，播放列表中的项目或 CD 上的曲目将以随机顺序播放；启用重复播放后，播放列表、CD 或所选的 DVD 标题可重复播放。

（3）正在播放区域

"正在播放"区域包含视频和可视化效果、媒体信息、音频和视频增强功能以及当前播放列表几个窗格，用户可以根据自己的需要显示或隐藏这些窗格。

①视频和可视化效果窗格：显示当前正在播放的视频或可视化效果。
②媒体信息窗格：显示有关正在播放的内容的部分信息。
③播放列表窗格：显示当前播放列表中的项。对于 CD，播放列表窗格显示 CD 曲目名称和持续时间。对于 DVD，播放列表窗格显示 DVD 标题和章节名。
④增强功能窗格：该窗格通常不显示，选择【查看】→【增强功能】→【显示增强功能】选项，可显示该窗格。该窗格包含许多控件，用户可以通过这些控件调整图形均衡器级别、视频设置、音频效果、播放速度以及 Windows Media Player 的颜色。

3. 媒体播放机的使用

（1）播放多媒体文件

①本地磁盘上的多媒体文件

方法：在"Windows Media Player"播放机窗口中，选择【文件】菜单中【打开】命令；在弹出的"打开"对话框中，选择将要播放的多媒体文件，单击【打开】按钮或双击该文件即可播放，如果选择多个文件，媒体播放器将按一定顺序依次播放选择的文件。

②从 Internet 网络中播放指定的媒体文件

方法：在"Windows Media Player"播放机窗口中，选择【文件】菜单中的【打开 URL】命令，在弹出的"打开 URL"对话框的文本框内输入媒体文件的完整名称，单击【确定】按钮；也可单击任务栏上【媒体指南】按钮，登陆到 Internet 进行播放文件的定位。

③播放 CD、VCD、DVD

方法：启动"Windows Media Player"播放机，将 CD、VCD 或 DVD 放入 CD-ROM 或 DVD-ROM 驱动器中后，CD、VCD 或 DVD 会自动播放。

（2）创建播放列表

方法：

①选择【文件】→【新建"正在播放列表"】命令，打开媒体库。
②选择【"正在播放"列表】→【新建列表】→【播放列表】命令。
③选择将要添加的曲目拖动到播放列表中。
④选择【"正在播放"列表】→【将播放列表另存为】命令，保存列表，即可将曲目添加到新建立的播放列表当中。

（3）更改播放机的大小

"Windows Media Player"媒体播放机有 3 种模式：完整模式、外观模式和最小播放机模式，如图2-81、图2-82、图2-83所示。

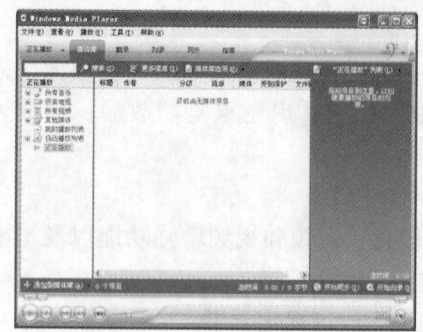

图2-81 完整模式

图2-82 外观模式

完整模式是播放机的默认视图，在该模式中可以使用全部功能；外观模式通常小于完整模式，并且使用与完整模式不同的图形主题。在外观模式中，只能使用与所选外观关联的功能。当播放机处于外观模式时，屏幕右下角会显示一个定位窗口，单击该窗口中相应的按钮可以将播放机切换到完整模式或压缩到更小窗口中播放；最小播放机模式是将播放机最小化为任务栏中的一个工具栏，只包括最常用的播放控制按钮。

图2-83 最小播放机模式

① 从完整模式切换到外观模式

方法：选择【查看】菜单中的【外观模式】命令或单击完整模式右下方的【切换到外观模式】按钮。

② 从外观模式切换到完整模式

方法：在播放机的任意位置上右击鼠标，在弹出的快捷菜单中选择【切换到完整模式】或单击定位窗口中的【切换到完整模式】按钮。

③ 从完整模式或外观模式切换到最小播放机模式

方法：在任务栏的空白处右击鼠标，在弹出的快捷菜单中选择【工具栏】→【Windows Media Player】命令。

当选择了该命令后，"Windows Media Player"命令旁将出现一个复选标记，表示启用了该功能。若下一次要切换到最小播放机模式，只需单击播放机中【最小化】按钮即可。

④ 从最小播放机模式切换到完整模式或外观模式

方法：单击最小播放机模式中的【还原】按钮或双击前面的"窗口图标"按钮即可返回到原来播放机的模式。

4. 刻录自己的CD

通过"Windows Media Player"媒体播放机，用户可以利用存储在媒体库中的数字媒体文件来刻录自己的音频CD或数据CD。

方法：

（1）将空白的刻录盘放入刻录机中，在"Windows Media Player"窗口中选择【刻录】选项，打开刻录窗口。

（2）选择一个"播放列表"或者选择"编辑播放列表"选项来装载数据文件。

第 2 章 中文操作系统 Windows XP

(3) 将不需要刻录的文件前的复选项去掉。

(4) 单击【开始刻录】按钮即可。

5. 更换 Windows Media Player 外观

"Windows Media Player"媒体播放机的外观并不是单一的,用户可以根据自己喜好更改外观。

方法:

(1) 在"Windows Media Player"窗口中,选择【查看】菜单中的【外观选择器】命令,打开外观浏览窗口。

(2) 从左侧"面板清单"列表框中选择一种面板,在预览框中即可看到该面板的效果,单击【应用外观】按钮,即可应用该面板。

(3) 单击【更多外观】按钮,将出现 Internet 网页,按照该网页上的说明可下载更多的外观,如图 2-84 所示,新的外观将被添加到外观列表中。

图 2-84　更改后的播放器外观

本章小结

本章主要介绍有关 Windows XP 操作系统的相关知识,包括 Windows XP 系统的基本特点、Windows XP 的基本操作、文件管理、磁盘管理、控制面板操作、Windows XP 的应用程序、多媒体功能的使用和中文输入法等,通过本章的学习,应使学生了解有关 Windows XP 系统的基本知识,掌握有关文件管理、磁盘管理及系统维护方法,学会使用 Windows XP 应用程序和多媒体功能。

第 3 章 文字处理软件 Word 2003

【学习目标】
掌握文档的打开、关闭与保存的基本方法
熟练掌握对文字和段落格式的设定
能够制作艺术字并对其灵活编辑
能够在文档中熟练插入并制作表格
能够对图形对象进行特殊效果的处理

3.1 Word 2003 概述

Word 2003 是微软公司最新推出的 Office 2003 系列的一个应用程序,它的主要功能是进行图文编排处理。本章主要介绍 Word 2003 的基本功能、文档的编辑、表格与图形的处理、样式的使用以及一些高级处理功能。通过本章的学习,能够熟练运用 Word 2003 进行文字处理工作,制作出图文并茂的文档。Word 2003 与 Excel 2003、PowerPoint 2003、FrontPage 2003、Access 2003 等共同组成 Office 2003 办公自动化套装软件。Word 2003 可以安装在 Windows 2000、Windows XP 等 Windows 操作系统中。Windows 操作系统是目前应用最广泛的图形化用户界面的操作系统,Word 充分利用了 Windows 良好的图形界面的特点,将文字处理和图形处理功能结合起来,实现了真正的"所见即所得"。

3.1.1 Word 2003 的特点及主要功能

1. 编辑修改功能

Word 2003 充分利用 Windows 提供的图形界面,大量使用菜单、对话框、快捷方式和帮助系统,使操作非常简单,可以方便地进行复制、移动、删除、撤销、恢复、查找、替换等基本编辑操作。

2. 设置格式功能

Word 2003 具有丰富的文字修饰功能,可以设置文字的多种格式,如:字体、大小、颜色等,还可以设置加粗、加下划线、空心、阳文、阴文等效果。使用格式刷可以快速地复制格式。对文档排版后,能立即看到排版效果,也能准确地显示出文档的打印效果。

3. 图文混排功能

Word 2003 中存有许多剪贴画和图片等素材,可以将这些现成的图片素材应用于文档,而不必花太多的精力寻找素材。绘图功能提供了大量的自选图形和各种填充效果,增强了图文混排功能,使图片的操作更加简单。

4. 自动处理功能

自动输入功能可以自动创建编号、项目符号,并且可以自动套用格式、缩进量等。自动更正功能在输入的同时，自动更正单词的语法、拼写错误。自动检查功能可以在输入的同时，自动检查语法和拼写错误并做上标记。另外，还提供了丰富的模板、样式以及信函向导等，用户可以直接引用自己喜欢的格式，方便地完成日常工作。

5. Web 文档网络功能

Word 2003 提供了更多的 Web 页制作功能，可以利用网页模板在没有专业制作软件的条件下，制作出具有一定专业水平的网页。可以从 Word 2003 的电子邮件功能在 Internet 上发送文档。

6. 语音识别和手写输入功能

通过麦克风经过语音识别训练后，可以直接对着话筒讲话，经过计算机处理后，文本就会显示在屏幕上。还可以通过手写输入设备，直接进行文字的输入，也可以保留文字的手写形式。

7. 良好的用户界面

Word 2003 除了有良好的外观外，还在其窗口提供了 8 种任务窗格。将最常用的任务组织在窗口中，用户可以方便地使用其中的功能创建、编辑文档等。

3.1.2 Word 2003 的启动与退出

1. 启动 Word 2003

启动 Word 2003 是学习该软件应该最先掌握的知识，下面介绍几种常用的启动方法。

（1）通过【开始】菜单启动

从【开始】菜单启动程序，是最常用最简单的方式。启动方法如下。

单击【开始】→【程序】→【Microsoft Office】→【Microsoft Word 2003】就可以启动 Word 2003，如图 3-1 所示。

（2）通过已有 Word 文档启动

当用户打开任何一个文件夹中的 Word 文档时，系统都会自动启动 Office 2003 中的 Word 应用程序组件。

（3）通过【我最近的文档】启动

这种利用常用文档来启动应用程序的方法，只适用于最近打开过的文档。如果该文档已被删除或移动，则不能打开该文档并启动与之相应的程序。使用【我最近的文档】启动 Word 的具体操作步骤如下。

①单击【开始】→【我最近的文档】，打开最近使用过的文档的快捷方式列表。

② 在其中单击 Word 文档列表项，即可启动 Word 2003 相应的应用程序组件，并同时打开该文档。

（4）通过桌面快捷方式启动 Word 2003

如果桌面上有 Word 2003 的图标，用鼠标双击即可启动。

2. 退出 Word 2003

在输入或编辑完一篇文档或因其他原因而要退出 Word 2003 时，Word 2003 将关闭所有的文档。如果某些打开的文档经修改后没有保存，Word 2003 将提示在退出前是否要保存这些文档，如图 3-2 所示。若想保存则单击【是】按钮，放弃保存单击【否】按钮，

图 3-1 在【开始】菜单中启动 Word 2003

若想放弃保存文档的操作继续工作则单击【取消】按钮。

要退出 Word，可采用下列方法中的任意一种。

（1）单击【文件】→【退出】命令。
（2）单击 Word 程序右上角的"关闭"按钮。
（3）单击标题栏最左端的窗口控制图标，在快捷菜单中选择【关闭】命令。

图 3-2 询问框

（4）用鼠标双击标题栏左上角的 Word 控制菜单图标。
（5）在标题栏的任意处单击鼠标右键，在弹出的菜单中选择【关闭】命令。
（6）按快捷键【Alt】+【F4】。

3.1.3 Word 2003 的窗口组成及操作

启动 Word 2003 后，就会进入 Word 操作窗口。Word 2003 窗口主要可以分为八大部分，其基本组成如图 3-3 所示。

1. 标题栏

Word 2003 窗口最顶端是标题栏，它主要用于显示软件和文档名称，并可对显示窗口的大小进行调整。标题栏最左端显示的 图标是 Word 2003 应用程序的窗口控制按钮。单击该按钮会弹出控制菜单，使用这些菜单命令可以实现程序窗口的最小化、最大化、恢复、关闭和移动等操作。标题栏中的"文档1"为当前打开的文档名，Microsoft Word 为

第 3 章 文字处理软件 Word 2003

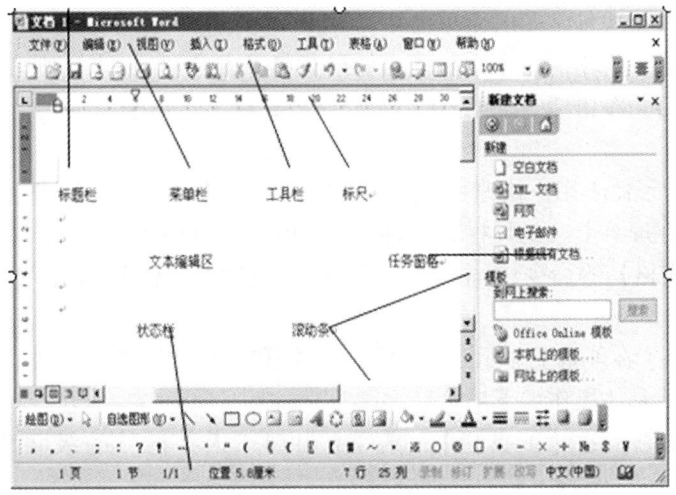

图 3-3 Word 2003 窗口

应用程序名。标题栏右端的三个按钮█、█（█）、█分别为最小化、最大化（还原）以及关闭按钮，它们的作用与 Windows 应用程序窗口中的按钮相同。

2. 菜单栏

标题栏的下方是菜单栏，其中包含文件、编辑、视图、插入、格式、工具、表格、窗口和帮助等 9 个主菜单名称。Word 2003 的菜单是下拉式的，用鼠标单击菜单名可弹出相应的命令菜单，每个下拉菜单均包含数目不同的操作命令。

选择菜单栏中的命令，可以用鼠标单击菜单名或者用键盘按【Alt】键加上菜单名旁边的字母，激活下拉菜单，再选择相应的命令即可。如果取消选择，可在下拉菜单之外任意位置单击或者按【Esc】键。

以下是各个菜单的简单介绍。

（1）【文件】菜单给出了与文件管理有关的命令，主要用来创建、打开、保存、打印文档或者进行页面设置、退出 Word 等。

（2）【编辑】菜单给出了与编辑文档有关的命令，用来移动、复制、查找文本等。

（3）【视图】菜单可改变 Word 的视图方式，允许用户控制工具栏、标尺和段落标记等。

（4）【插入】菜单能够让用户插入分隔符、页码、日期和时间、自动图文集、对象、文件、域、脚注和尾注、图片以及艺术字等。

（5）【格式】菜单允许用户控制文本、图片和文档其他内容的显示方式。

（6）【工具】菜单提供了许多辅助工具，例如：拼写和语法检查、自动更正、修订、邮件合并以及宏等。

（7）【表格】菜单可以使用户创建表格。

（8）【窗口】菜单可以重新组织文档窗口，或者开辟新的窗口以显示文档的不同部分。

（9）【帮助】菜单提供联机帮助。

为了便于用户查找最常用的菜单命令，Word 2003 菜单采用折叠式菜单，将最近使用的命令显示出来，不常用的命令则隐藏。如果菜单下方有 ❤ 标志，则表示当前菜单中有部分命令折叠隐藏。单击 ❤ 按钮，可以将隐藏的命令显示出来。

3. 工具栏

Word 2003 为了便于用户快速操作，把一些最常用的命令提炼出来，然后以图标按钮的形式整行显示在屏幕上。工具栏有多种，"常用"工具栏上汇集了【新建】、【打开】、【保存】、【插入表格】等命令；"格式"工具栏上包括【字体】、【字号】、【下划线】等命令。

Word 2003 除了在屏幕上显示"常用"工具栏和"格式"工具栏外，还可以在屏幕上显示其他工具栏，具体操作如下。

① 单击【视图】→【工具栏】，屏幕上出现"工具栏"的级联菜单，如图 3 - 4 所示。

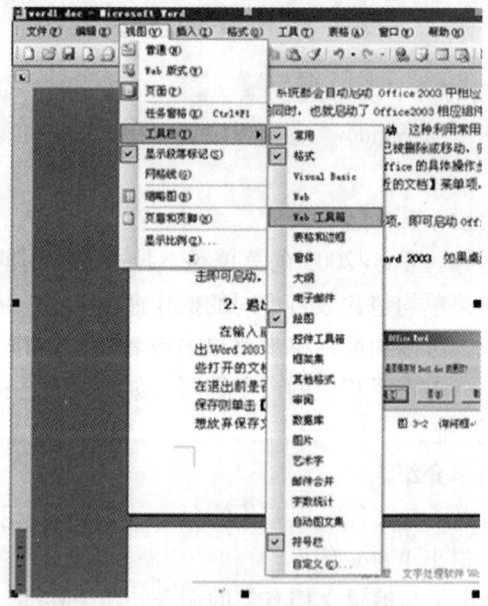

图 3 - 4　视图菜单

② 在要选定的工具栏选项上单击，该工具栏的内容就显示在屏幕上。若想隐藏某工具栏，只需在该复选框上再单击一次即可。

4. 标尺

在默认情况下，"格式"工具栏正下方的水平条是一根水平标尺，可以使用它来设置页边距、制表位和段落缩进等。当在"页面"视图下，Word 2003 窗口的左侧有一个垂直标尺。

5. 滚动条

Word 2003 窗口有两个滚动条，一个是水平滚动条，它位于窗口的底部（在状态栏正上方）；另一个是垂直滚动条，它位于窗口的右侧，如图 3 - 3 所示。利用水平滚动条可以左右移动文本区内的正文，利用垂直滚动条可以上下移动文本区内的内容。

第 3 章　文字处理软件 Word 2003

6. 文本编辑区

文本编辑区又称为文档窗口，专门用于对文本、表格、图形或其他文档信息进行输入、加工或编辑。文档窗口的显示形式可以进行改变。

7. 状态区

状态区位于 Word 2003 窗口最下方，用来显示当前正在编辑文档的位置、状态等信息。用鼠标双击状态区的不同部位可弹出不同的操作对话框。

8. 任务窗格

任务窗格是 Word 2003 程序中提供常用命令的窗口，任务窗格可以通过单击【视图】→【任务窗格】命令打开，任务窗格中显示的内容可使用窗格左上角的【向前】按钮和【返回】按钮切换或通过单击任务窗格右上角的按钮，在弹出的下拉列表框中进行选择设置。

9. Word 2003 快捷菜单

Word 2003 提供了一种非常实用的快捷菜单，只要在 Word 2003 窗口中任意一点右击鼠标，就会出现相应的快捷菜单。快捷菜单中的命令随右击对象的不同而不同。在快捷菜单中包括了用户最需要或最常用的命令，供用户快速选取。例如：当右击文本中已选中文字时，屏幕上会出现一个编辑和排版文本的快捷菜单。

3.1.4　Word 2003 的视图方式

Word 2003 提供了几种在屏幕上显示文档的方式，这种方式被称为"视图"。灵活地使用这几种视图方式可以更有效的处理文档。常用的视图方式有以下几种。

1. "普通"视图方式

"普通"视图方式是 Word 2003 默认的文档视图。可以用于输入、编辑文档内容和编排格式。该视图方式简化了页面的布局，无法显示正文区之外版面上的内容，如：页眉、页脚、页号、页边距等。要切换到"普通"视图，可单击水平滚动条上的【普通视图】按钮（位于水平滚动条的最左边）或【视图】菜单中的【普通】命令。

2. "Web 版式"视图方式

单击水平滚动条上左侧的第二个【Web 版式视图】按钮，或是单击【视图】→【Web 版式】命令，即可把视图方式切换到"Web 版式"方式。Web 版式视图是在屏幕上显示和阅读文档的最佳效果，此视图方式可适当的折行以适应窗口，使联机阅读更方便。

3. "页面"视图方式

要切换到"页面"视图方式，可单击水平滚动条上的【页面视图】按钮（位于水平滚动条左侧的第三个按钮）或【视图】→【页面】命令。使用该视图方式，打印的文档与打印出来的效果一样。页面视图中，可以看到包括正文之外区域内的每页文档上的全部内容，既可以看到正文，又可以看到页边界、分栏、页眉、页脚、页号、页边距等。

4. "大纲"视图方式

要切换到"大纲"视图方式，可单击水平滚动条上的【大纲视图】按钮（位于水平滚动条左侧的第四个按钮）或【视图】→【大纲】命令。在"大纲"视图中，可以折叠

· 103 ·

文件，以便只查看大标题，或者展开文档，以便查看整个文档。因而在该方式下，可以查看文档的标题结构和文本结构，从而掌握文档的全局。

5. 文档阅读视图方式

Word 2003 在原有文档的"普通"、"页面"、"大纲"和"Web 版式"4 种 Word 文档浏览视图版式外，还新增加了"阅读版式"视图选项。这种 Word 文档的阅读方法比较新颖，在阅读版式视图中，文档中的字号变大了，每一行变得短些，阅读起来比较贴近于自然习惯，可以从使人疲劳的阅读习惯中解脱出来。

3.2 文档的编辑与基本操作

3.2.1 文档的创建与打开

1. 建立新文档

当启动 Word 2003 之后，可以使用下列步骤建立一个新文档，具体操作如下。

① 单击【文件】→【新建】命令，在任务窗格中选择"本机上的模版"，屏幕上出现"新建"对话框，如图 3-5 所示。

② 单击"常用"选项卡，然后选中"空白文档"图标，并单击【确定】按钮。

③ 在屏幕空白区域内输入文档内容即可。

2. 打开文档

要为以前建立的文档继续录入数据或对其内容进行修改时，可按下列步骤打开文档。

图 3-5 "新建"对话框

① 单击【文件】→【打开】命令或直接单击"常用"工具栏上的【打开】按钮，屏幕上出现"打开"对话框，如图 3-6 所示。

图 3-6 "打开"对话框

② 在"查找范围"下拉列表中选中要打开文档所在驱动器和文件夹，双击该文件夹，要打开的文件就出现在"查找范围"下方的列表框中。

③ 双击要打开的文档，然后就在 Word 2003 窗口中打开了该文档。

第 3 章　文字处理软件 Word 2003

④ 若要同时打开多个文档，则先选中它们（在按住【Ctrl】键时，逐个单击），再单击【打开】按钮。

3. 打开并修复 Word 文档

使用 Word 2003 本身具备的"打开并修复"功能通常可以有效恢复已经损坏的 Word 文档，操作步骤如下所述。

① 打开 Word 2003 窗口，单击【文件】→【打开】命令。

② 在打开的"打开"对话框中选中损坏的 word 文档，然后单击【打开】按钮右侧的下拉三角按钮，在打开的菜单中选择【打开并修复】命令。Word 首先对已经损坏的 Word 文档进行修复，成功修复后将打开 Word 文档，如图 3-7 所示。

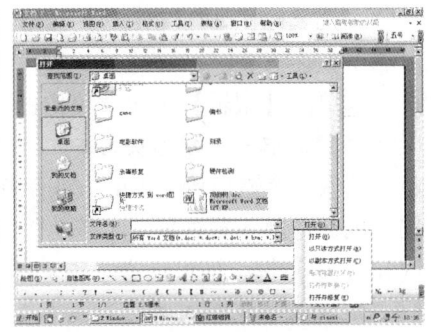

图 3-7　打开并修复对话框

3.2.2　文档的编辑

1. 文本的输入

当准备输入汉字时，必须先切换到中文输入法状态下。按【Ctrl】+【Space】键即可在中英文输入法之间转换。

特殊符号的输入操作如下。

例如：要插入符号"Σ"。

① 单击【插入】→【符号】→【字体】→【Symbol】将出现如图 3-8 所示的符号对话框。

② 可以用鼠标单击【Σ】符号，然后单击【插入】按钮或者双击【Σ】符号的方法来插入符号。

③ 单击【关闭】按钮，"Σ"符号即可插入到文档中当前光标位置。

另外，Word 还提供了插入特殊字符的方法，如：版权符号、注册符号、节符号等。

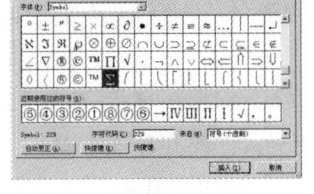

图 3-8　符号对话框

2. 选取文本

（1）选取任意数量的文本

若要选取一定数量的文本，则在要选定文本的开始位置按下鼠标左键不放并拖动鼠标直到要选取的文本全部反白显示后，松开鼠标左键，这样就选定了该部分文本。

（2）选取一整段文本

选取一整段文本的方法是直接连续三次单击该段文本中任一点，或者在选取栏上双击该段所在的位置。

（3）选取一整句文本

选取一整句文本的方法是按下【Ctrl】键不放，然后单击该句子中的任一点。

(4) 选取整篇文本

选取整篇文本可用下述 3 种方法之一。

①按下【Ctrl】+【A】组合键。

②把鼠标移到选取栏上,当指针变成指向右上方的箭头时,连续三次单击鼠标左键即可选中整篇文章。

③单击【编辑】下拉菜单中的【全选】命令。

(5) 选取一个矩形块文本

选取一个矩形块文本的方法是按下【Alt】键不放,然后在要选取的文本的开始位置按下鼠标左键并向对角方向拖动,直到要选取的矩形块文本全部反白显示时,松开鼠标左键和【Alt】键,即可选定一块文本。

3. 移动和复制文本

(1) 移动文本

若想快速移动选中的文本,可使用鼠标按如下步骤操作。

① 选定所要移动的文本。

② 把鼠标指针指向要移动的文本。

③ 按住鼠标左键,等到拖动光标出现后,拖动到新位置。

④ 松开鼠标左键。

移动文本的另一种方法是使用剪贴板,即先选中文本,再单击【编辑】→【剪切】命令,然后把光标移到要放置该文本的位置并单击【编辑】→【粘贴】命令。

(2) 复制文本

使用鼠标复制文本的方法如下。

① 选取要复制的文本。

② 把鼠标指针指向所选定的内容。

③ 按住【Ctrl】键,然后按住鼠标左键移动到新位置。

④ 松开鼠标左键。

使用"常用"工具栏或【编辑】→【复制】和【粘贴】命令也可以复制文本。具体操作与移动文本相似。

4. 查找和替换

Word 2003 提供的查找和替换功能不仅可以查找文档中的文本、文本格式(如字体、段落、样式等),还可以查找特殊字符(如段落标记、制表符、人工分页符等)。

(1) 查找文本

按下述操作查找文本。

① 单击【编辑】→【查找】命令,出现如图 3-9 所示的"查找和替换"对话框,在该对话框中可以进行常规的查找。如果想进行更高级的查找,即按条件查找,可以在上述对话框中单击【高级】按钮,出现如图 3-10 所示的"查找和替换"对话框。

② 在"查找内容"文本框内输入要查找的文本,例如:输入"Word"。

③ 单击【查找下一处】按钮,该文本文件中第一个"Word"将被找到并且反白显示。

④ 若想继续查找该文本，则再次单击【查找下一处】按钮，依次查找到所有"Word"文本。

⑤ 若想停止查找，则单击【取消】按钮，将退出该对话框。

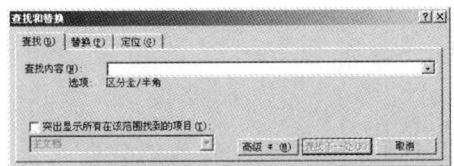

图 3-9 "查找和替换"对话框的"查找"选项卡

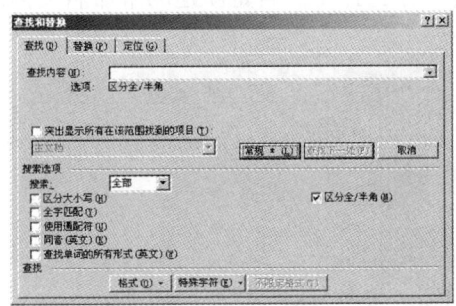

图 3-10 "查找和替换"对话框的"查找"高级选项

（2）替换文本

【替换】命令是在【查找】命令的基础上对某个数据进行替换。具体操作如下。

① 单击【编辑】→【替换】命令，出现"查找和替换"对话框，选择"替换"标签项。若想进行"高级"替换，则选择【高级】按钮。

② 在"查找内容"文本框中输入要被替换的文本，如输入"2000"。

③ 在"替换为"文本框中输入替换的文本，如输入"2003"。

④ 单击【查找下一处】按钮，则文本文件中第一个"2000"反白显示，需要替换则单击【替换】按钮，不需替换就接着按【查找下一处】按钮，若想全部替换，单击【全部替换】按钮，此时替换全部完成并显示其替换的次数。若在全部替换结束后发现替换结果不正确，则可单击【编辑】下拉菜单中的撤消命令，从而取消本次替换的结果。

5. 删除文本

主要有以下方法可以进行删除。

（1）使用【Backspace】键来删除光标左侧的文本。

（2）使用【Del】键来删除光标右侧的文本。

（3）将要删除的文本选中，然后选择【编辑】→【清除】→【内容】菜单项或按键盘上的【Del】键即可。

（4）将要删除的文本选中，然后选择【编辑】→【剪切】菜单项或按【Ctrl】+【X】组合键。

（5）在已选中的需要删除的文本中单击鼠标右键，在弹出的快捷菜单中选择【剪切】命令。虽然以上3种方法都能删除文档中的文本，但是，使用【清除】命令与使用【剪切】命令删除的方法并不完全相同：用【清除】命令或按【Del】键是将文本完全删除；而用【剪切】命令或按【Ctrl】+【X】组合键则是将文本删除后放到剪贴板中，用户可以通过使用【粘贴】命令将它们重新从剪贴板粘贴到文档中。

3.2.3 文档的保存

1. 手动保存文档

当输入或编辑了一段文档后，可及时把输入的数据或修改的内容保存起来，操作如下。

① 单击【文件】→【保存】命令。若是新建的未命名文档，则会出现"另存为"对话框，如图3-11所示。

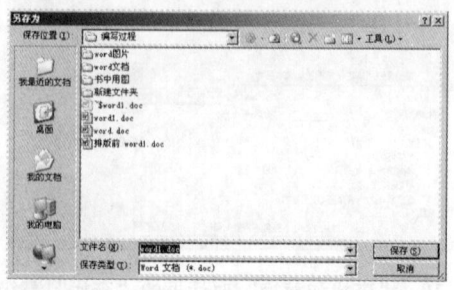

图3-11 "另存为"对话框

② 若想将文档保存在默认文件夹中，则直接在该对话框下部的"文件名"表框中输入文件名，然后单击【保存】按钮。

注意：若对已命名的文件进行修改或继续录入文字，则在工作一段时间后直接单击"常用"工具栏上的保存按钮。若要保存已打开的全部 Word 2003 文档，可按【Shift】键，单击【文件】→【全部保存】命令即可。

2. 自动保存文档

Word 2003 还专门提供了一个自动保存功能，它会根据您的设定定时保存文档。即使您忘记定时保存文档，若遇到突然断电或其他致命故障时，您的信息也不会全部丢失，具体使用方法如下。

① 单击【工具】菜单中的【选项】命令，出现"选项"对话框。
② 单击该对话框中的【保存】按钮，出现如图3-12所示的选项。
③ 选中"自动保存时间间隔"复选框并在其右侧文本框中选择具体时间间隔，再单击【确定】按钮即可。

3. 加密保存

保护文档的目的是禁止随意打开或者修改文档。保护文档可采用设置文档密码的方法。

操作步骤如下。

① 选择【工具】→【选项】命令，选择"安全性"选项卡，如图3-13所示。
② 在"打开文件时的密码"文本框中输入一个限制打开文档的密码，密码以"＊"

第 3 章　文字处理软件 Word 2003

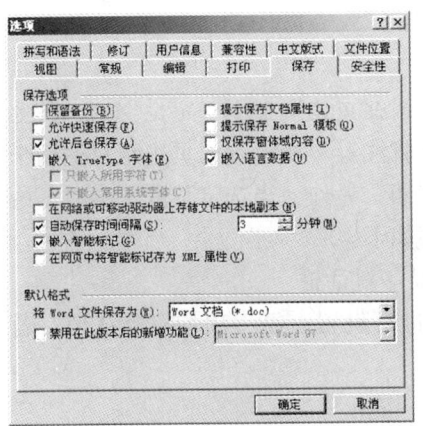

图 3-12　自动保存功能的"保存"选项卡

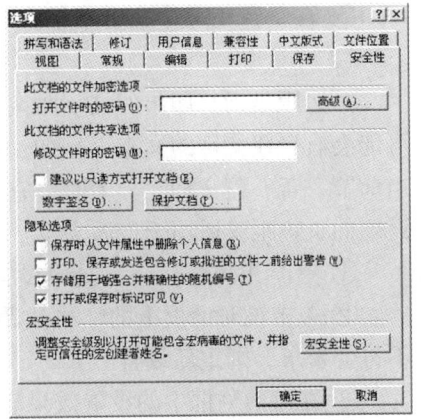

图 3-13　"选项"对话框的"安全性"选项卡

形式显示出来。

③ 在"修改文件时的密码"文本框中输入一个限制修改文档的密码，同样地密码以"＊"形式显示出来。

④ 单击【确定】按钮密码立即生效，Word 2003 将以默认加密类型进行文档加密。如果用户想要选择加密类型，可以单击【高级】按钮对加密类型进行设置。

⑤ 用户需要删除密码时，可以选中"打开文件时的密码"或者"修改文件时的密码"文本框中的内容，按下【Del】键，然后单击【确定】按钮即可。

3.2.4　文档的打印

文档编排好后，就可以打印了。在打印输出前还应该预览一下整篇文档，确认达到要求后再打印。此外，还要对文档的纸型、纸张的方向、页边距、页眉和页脚的位置等选项进行设置，这些在"页面设置"中完成。

1. 页面设置

（1）设置纸张大小和方向

Word 2003 中提供了许多标准的纸张尺寸，同时也提供了自定义尺寸功能，可以根据下述操作选择所需要的纸张大小和方向。操作步骤如下：

① 单击【文件】→【页面设置】命令，出现如图 3-14 所示对话框。

② 选中"纸张大小"标签项。

③ 在"纸张大小"下拉列表框中选取纸张尺寸或单击"自定义大小"项，然后在"宽度"和"高度"中输入或选取需要的尺寸。

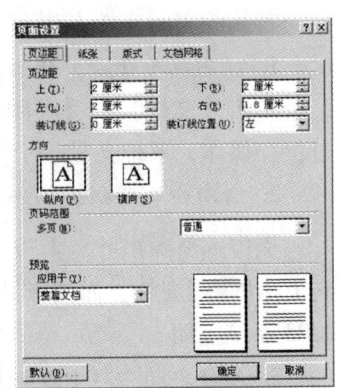

图 3-14　"页面设置"对话框

④ 在"方向"框中选定"纵向"或"横向"选项，默认情况下，自动设置为"纵向"。

· 109 ·

⑤ 在"预览"中察看结果，满意后按【确定】按钮。

（2）设置页边距

页边距是指打印出的文字距离纸张边缘的距离。一般在页边距上不一定是空的，其上可能会有一些特殊的文本。例如：页眉、页脚、页号和脚注等。所设置的页边距只适用于当前节，若一篇文档无分节时，它的适用范围是整个文档。另外，当选定某段文本时，所设置的页边距仅适用于该段文本。设置页边距操作步骤如下。

① 单击【文件】→【页面设置】，出现"页面设置"对话框。

② 单击该对话框上的"页边距"选项卡。对各项进行设置。每一项均有默认值，若不符合要求，则重新设置。

③ 在对预览框中的设置效果满意后，单击【确定】按钮。

（3）设置纸张来源和页面字符数及行数

① 使用【文件】菜单下的【页面设置】命令，在"纸张"选项卡的"纸张来源"标签项中可以对每个节或者整个文档的纸张来源进行设置。

② 使用【文件】菜单下的【页面设置】命令，在"文档网格"选项卡中，可以指定每页中的行数和每行中的字符数。

2. 打印预览

为了保证打印结果正确无误，Word 2003 提供了【打印预览】的功能，在打印预览方式下显示的文档外观同打印出来的效果是一样的。应用打印预览的方法如下。

单击"常用"工具栏的【打印预览】按钮或单击【文件】菜单中的【打印预览】命令，即可出现打印预览窗口。

3. 打印输出

打印的准备工作都完成后，单击"常用"工具栏的【打印】按钮，就可以打印输出文档了。

3.2.5 文档的关闭

常用的关闭文档方法有 3 种。

1. 使用菜单命令关闭当前文档

单击【文件】→【关闭】命令，可关闭当前文档。如果在此之前没有对该文件进行过保存操作，系统会显示示警，确认是否保存修改。

2. 使用窗口按钮关闭当前文档

单击文本编辑区右上角的 ✕ 按钮，关闭当前文档。注意，不要单击 Word 2003 窗口右上角的 ✕ 按钮，而要单击其下的文本编辑区右上角的 ✕ 按钮。否则会将整个 Word 2003 系统关闭。

3. 同时关闭窗口中打开的全部文档

按住键盘上的【Shift】键，选择【文件】菜单，此时，可以看到原来的【关闭】命令现在显示为【全部关闭】命令，单击菜单中的【全部关闭】命令，可以将当前被打开的全部文档同时关闭。

3.3 基本格式的编排

排版文档包括设置字体、字号、行与行间的距离、段与段间的距离,以及使文本对齐、设置边框和底纹、页面边框等操作。使用 Word 2003,可以快速编排出丰富多彩的文档格式。

3.3.1 字符格式的设置

1. 字体和字号的设置

字体就是指字的形体,字号就是指字符的大小。在 Word 2003 中,默认的字体是宋体,默认的字号是五号字。用户也可以根据下述过程来改变字体和字号。

① 选取要改变字体和字号的文本。

② 单击【格式】→【字体】命令,弹出"字体"对话框,如图 3-15 所示。

③ 在该对话框中,从"中文/西文字体"下拉列表中选择字体,如选择"隶书",从"字号"列表中选择所需字号,比如"四号"。

④ 单击【确定】按钮,退出"字体"对话框。此时选中的文字将变成隶书、四号字了。

若选中图 3-15 中的"上标"或"下标"复选框,则选中的字体将变小且上移或下移,从【浏览】框中可以看出这些变化。

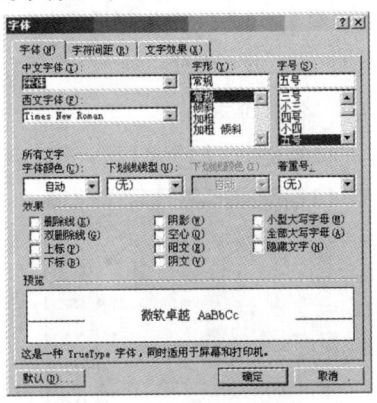

图 3-15 "字体"对话框中的字体选项卡

另外,也可以使用【格式】工具栏上的"字体和字号"下拉列表直接选择。

2. 字形、下划线和着重号的设置

字形、下划线和着重号可按如下操作设置。

① 选取要设置的文本。

② 单击【格式】→【字体】命令,出现图 3-15 的"字体"对话框。

③ 在"字形"列表框中选择字形,如加粗、倾斜、加粗倾斜等,从预览框中可看到这些变化。

④ 在"下划线"下拉列表中选取合适的下划线;在"着重号"下拉列表中选择着重号(·),然后就可在预览框中看到文本的变化。

设置完毕,单击【确定】按钮,退出"字体"对话框。

另外,单击【格式】工具栏上的【B】、【I】、【U】按钮,也可以分别实现粗体、斜体和加下划线操作。

3. 字符间距的设置

调整字符间距可按如下操作进行。

① 选中要设置的一段文本。

② 单击【格式】→【字体】→【字符间距】，出现如图 3-16 所示的对话框。

③ 选择下列一些操作。

● "缩放"下拉列表可实现字符缩放比例的设定。

● "间距"下拉列表可设置字符的间距，若选取加宽/紧缩选项，还需选取加宽/紧缩的磅值。

● "位置"下拉列表可设置字符是提升还是下降以及提升/下降的距离，设置后字体大小不变。

④ 单击【确定】按钮，完成操作。

4. 设置特殊字效果

（1）设置首字下沉

有时为了使文档更加美观或者引起读者对某段文字的注意，可以使该段文本的首字下沉，具体操作如下。

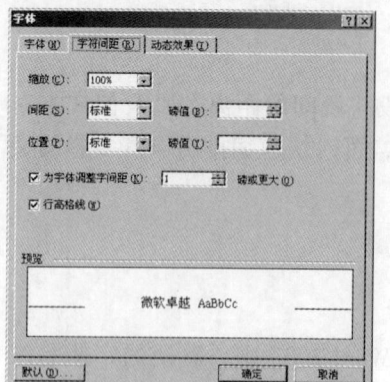

图 3-16 "字体"对话框中的"字符间距"选项卡

① 将光标置于需要首字下沉的段落中或选中该段的第一个字或字符。

② 单击【格式】→【首字下沉】命令，在对话框中选择一种样式。

③ 设置下沉字的字体、下沉行数及距正文的距离大小，如图 3-17 所示。

④ 单击【确定】按钮，完成操作。

（2）设置动态文字

设置动态文字可按下述操作进行。

① 选取要创建动态效果的文本。

② 单击【格式】→【字体】→【动态效果】。

③ 在"动态效果"下拉框中单击所需的效果。

④ 单击【确定】按钮，完成操作。

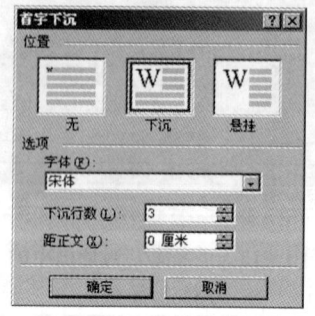

图 3-17 "首字下沉"对话框

5. 格式刷

Word 格式刷不仅可以用来复制文字格式，而且可以复制段落格式。使用 Word 格式刷的操作步骤如下。

① 首先选中已经设置好格式的文字或者段落，然后单击【常用工具栏】中的【格式刷】按钮。

② 鼠标指针变成 Word 格式刷形状后，被选中的文字或段落的格式已经被复制。拖动鼠标选择另一段文字或段落，则会将被复制的格式应用到这段文本或段落中。

3.3.2 段落格式的设置

段落一般是由一定数量的文本、图形及其他符号组成的，其结束标记是一个段落标志符（回车键）。段落格式主要包括段落的缩进、间距和对齐方式、行距以及为段落加边框和底纹等。

1. 设置段落的对齐方式

Word 2003 中有几种对齐方式：两端对齐、右对齐、居中对齐和分散对齐。在"格式"工具栏中,分别用4个按钮来标明它们的功能。若想改变段落的对齐方式,可按下述操作进行。

① 选取要改变对齐方式的段落或整个文档。

② 单击"格式"工具栏上所需对齐方式的相应按钮。若再单击一次该按钮,则取消该对齐方式。

另外,也可以在段落对话框中选取对齐方式。如图3-18所示为4种对齐方式的实例,从上到下的4段文字分别使用了两端对齐、居中对齐、右对齐和分散对齐4种对齐方式。

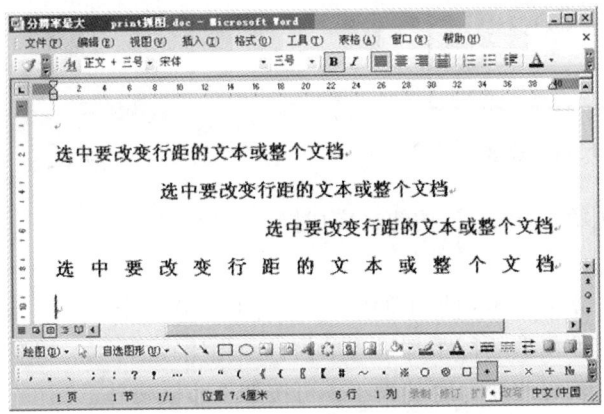

图3-18 四种段落对齐方式实例

2. 设置段落缩进

Word 2003提供了多种段落缩进的方法,既可以在标尺上直接缩进段落,又可以使用"段落"对话框精确的缩进段落。下面分别介绍上述2种方法。

(1) 使用标尺缩进段落

Word 2003窗口的标尺上有4个小滑块,如图3-19所示,它们分别对应4种段落缩进方式。其中右端的小三角滑块用于段落的右缩进,而标尺左端从上到下的两个小三角滑块和一个小矩形滑块分别用于首行缩进、悬挂缩进和左缩进。标尺左右两端的灰色区域为页边距,当鼠标指针指向其左端或右端时,出现一个水平双向箭头,此时可以拖动灰色区域来调节页边距的大小。要完成段落缩进,具体操作如下。

① 选取要缩进的文本。

② 依次移动对应滑块,分别设置左缩进、右缩进、首行缩进以及悬挂缩进的位置。

(2) 使用"段落"对话框缩进段落

具体操作如下。

① 选取要进行缩进的段落。

② 单击【格式】→【段落】命令,屏幕上弹出一个"段落"对话框,如图3-20所示。

③ 在"段落"对话框中的"缩进和间距"选项卡下的"缩进"组框中输入或选择需要的量值。

计算机应用基础

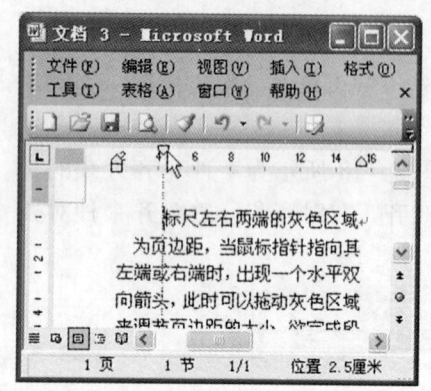

图 3-19 使用标尺缩进段落

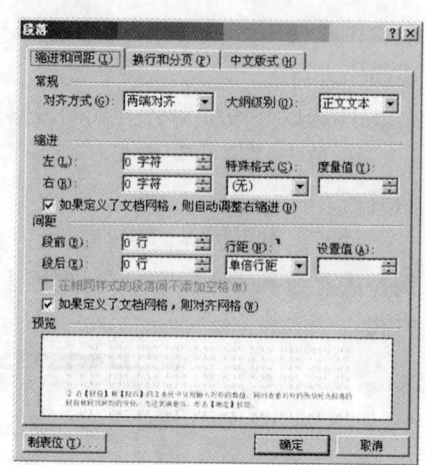

图 3-20 "段落"对话框

④ 单击对话框中的【确定】按钮,完成操作。

3. 设置行距

在默认情况下,Word 2003 使用单倍行距。单倍行距是指每行中最大字体的高度加上很小的额外间距。其他倍数的行距都是与单倍行距相比较的,如二倍行距是指每行的行距是单倍行距的 2 倍。若想改变行距的大小,可按如下步骤操作。

① 选中要改变行距的文本或整个文档。

② 单击【格式】→【段落】命令,出现"段落"对话框。

③ 从"行距"下拉列表框中选取所需的行距,如图 3-20 所示。

④ 预览框中段落文本的行距随设置行距值的变化而变化,当达到满意后,单击【确定】按钮即可。

4. 设置段落间距

设置段落间距是指为选中的某段落前面和后面设置一定的距离,具体操作如下。

① 选取要调整段落间距的某一段或若干段文本。

② 在"段前"和"段后"的文本框中分别输入对应的数值。同时查看对应的预览框内段落的段前和段后间距的变化,当达到满意后,单击【确定】按钮即可。

3.3.3 边框和底纹的设置

为使页面美观、醒目,有时要给文本中的某一个重要段落特别加上边框,或为某一段文字加上边框,还可以对某一个段落或某个文本加上底纹,使它与其他部分区分开来。常用的设置边框和底纹的方式有 2 种。

1. 使用菜单命令设置边框和底纹

单击菜单中的【格式】→【边框和底纹】命令,将会弹出如图 3-21 所示对话框。

(1)"边框"选项卡

① "设置"栏的选项,可以选择边框的效果类型。

② "线型"框,可以选择边框使用的边线的形态。

第 3 章　文字处理软件 Word 2003

③ "颜色"框，可以在弹出的列表中设置边框的颜色。

④ "宽度"框，可以在弹出的列表中设置边框的粗细。

⑤ "应用于"框，将会弹出"文字"和"段落"2 个选项，选择不同的选项可以设置边框效果是作用于被选择的文字，还是作用于被选择文字所在的段落。

(2) "页面边框"选项卡

单击"边框和底纹"对话框中的"页面边框"选项

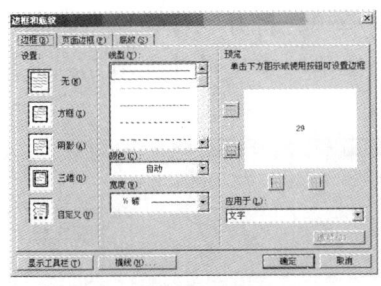

图 3-21　"边框和底纹"对话框的"边框"选项卡

卡，将会打开"页面边框"对话框。"页面边框"选项卡的功能与"边框"选项卡基本相同，只是它的应用范围是"整篇文档"、"本节"、"本节——只有首页"和"本节——除首页外所有页"。

(3) "底纹"选项卡

单击"边框和底纹"对话框中的"底纹"选项卡，将会显示如图 3-22 所示的"底纹"选项卡。下面介绍如何在"底纹"选项卡中设置被选择字符的底纹。在"填充"栏中单击适当的色块，可以设置底纹的底色。单击"式样"框，可以在弹出的列表中选择底纹上的图案。当在"式样"框中选择除了"清除"选项外的其他选项时，其下的"颜色"框显示为可用状态。单击"颜色"框，可以在弹出的列表中选择底纹图案的颜色。在"底纹"选项卡的"应用范围"列表框中有"文字"和"段落"两个选项，可对应用范围进行设置。

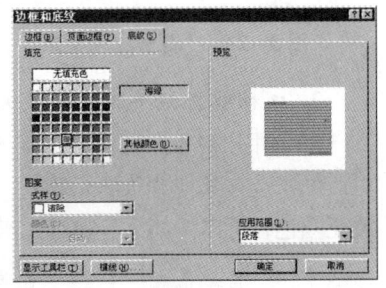

图 3-22　"边框和底纹"对话框的"底纹"选项卡

2. 使用工具栏按钮设置边框和底纹

单击格式工具栏中的 A 按钮，可以在被选择的文本周围添加方形黑色单线边框。

单击格式工具栏中的 A 按钮，可以给被选择的文本设置一种 Word 2003 默认的灰度无图案的底纹。

3.3.4　文档背景的设置

使用背景功能，用户可以制作出许多色彩亮丽的文档，利用背景填充效果中的渐变、纹理、图案、图片等选项可以为背景增加许多新的元素，使背景不再单调。但是，中文版 Word 2003 中填充的背景色只能在 Web 版式视图、页面视图和阅读版式中使用，不能在普通视图和大纲视图方式下显示出来。

1. 文档背景颜色的添加与删除

要设置文档窗口的背景，具体操作步骤如下。

① 单击【格式】→【背景】命令，如图 3-23 所示。

② 在其下级菜单中选择任意一种颜色，即可完成对背景单一颜色的设置。

· 115 ·

对在菜单中没有显示的颜色，可选择【其他颜色】菜单项，打开"颜色"对话框，在调色板上进行选择。若要删除背景颜色，可在【背景】菜单项中选择【无填充颜色】即可。

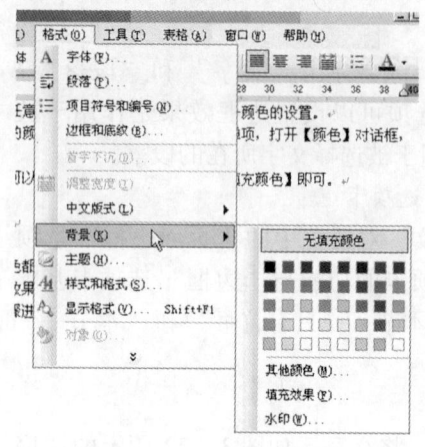

图3-23 【背景】子菜单

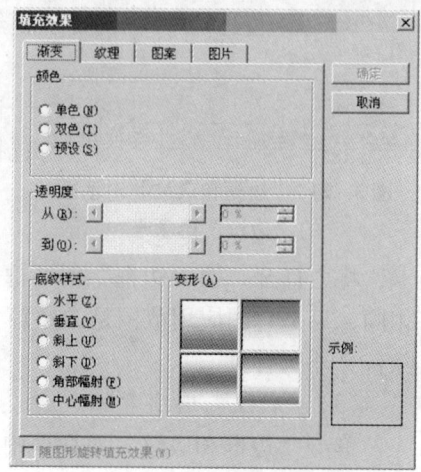

图3-24 "填充效果"对话框

2. 文档填充效果设置

如果用户对单一背景颜色都不满意，可以选择【填充效果】菜单项，打开"填充效果"对话框来选择其他背景填充效果，如图3-24所示。例如：希望选择具有多种渐变效果的背景填充颜色，可以按如下步骤进行操作。

① 单击【格式】→【背景】→【填充效果】命令，选择"渐变"选项卡。

② 在"颜色"选项区中选中【预设】单选按钮，这时在它的右侧会显示一个"预设颜色"下拉列表框，从中选择一种预设颜色选项，如选择"心如止水"选项。

③ 在"底纹样式"选项区中选择一种底纹样式，如选中【水平】单选按钮，在"变形"选项区中就会显示出该样式的各种效果，选择其中的一种变形样式。

④ 设置完成后，单击【确定】按钮保存设置并关闭对话框，这样就给背景填充了一种具有过渡效果的颜色。

使用相似的方法，也可以在"填充效果"对话框中打开"纹理"、"图案"或"图片"选项卡为背景填充纹理、图案或图片。如果用户有兴趣，也可以逐一感受各种背景设置效果所带来的惊喜，在遇到不懂的问题时，可以从Word 2003的帮助系统中获得答案。

3. 文档水印背景设置

如果选择颜色面板下的【水印】命令，则弹出"水印"对话框，在该对话框中单击选中"图片水印"复选框，然后单击【选择图片】按钮，在弹出的"选择图片"对话框中选择一幅图片，最后单击【插入】按钮即可。在文档中，该图片将显示为水印效果。

3.3.5 项目符号和编号的设置

在文档中经常会需要将部分段落以特殊的符号标记出来或将部分段落编号。Word

2003 提供了自动设置项目符号和编号的功能,给文档的编排工作提供了极大的方便。设置项目符号就是在段落前添加特定的符号,将相应的段落标记出来。设置编号就是给相应的段落编号。在一段文字中设置了项目符号或编号后,敲击键盘上的【Enter】键,产生新的段落自动设置项目符号或编号。如果设置项目符号,使用的符号都是相同的。如果设置编号,各段所使用的编号依次递增。也可以选择多段文字,同时给它们设置项目符号和编号。

1. 设置项目符号

项目符号是一种标记符号,可以在列表中标记每一条目。在段落中加项目符号可增强文档的可读性。设置项目符号的基本操作步骤如下。

① 将光标移动至要设置项目符号的段落,或选所有要设置项目符号的段落。

② 单击菜单中的【格式】→【项目符号和编号】命令。

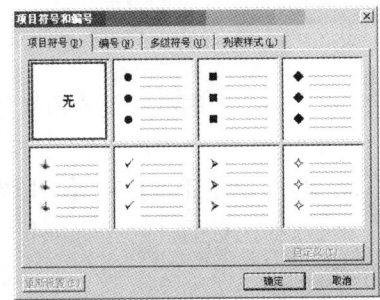

图 3-25 "项目符号"选项卡

③ 在弹出的"项目符号和编号"对话框中单击"项目符号"选项卡,如图 3-25 所示,除了"无"选项外,提供了 7 种项目符号列表样式。

④ 在"项目符号和编号"对话框中单击需要的项目符号列表样式,将其选择。此时可以单击【确定】按钮,完成项目符号的设置,也可以对所选择的项目符号列表样式进行调整。

2. 设置段落的编号

单击"项目符号和编号"对话框中的"编号"标签,将会打开对话框,在该对话框中列出了 7 种可选择的编号,其操作过程与项目符号的设置基本相同。

① 单击【重新开始编号】选项,可结束上一编号顺序,按用户要求重新开始新的编号。

② 单击【继续前一列表】选项,可按上一编号顺序继续编号。

3. 设置段落的多级编号

单击"项目符号和编号"对话框中的"多级符号"选项卡,将会打开对话框。在该对话框中也列出了 7 种可选择的多级编号,可用于对复杂文档的设置,其操作过程同编号的设置。

3.3.6 分栏的设置

分栏广泛应用于报纸、杂志等的内容编排中,它可以将一段文本分成并列的几栏,只有填满第一栏后才能移到下一栏。

1. 分栏页的创建

用户可以将文档中的任意页进行分栏,其具体操作步骤如下。

① 选中要进行分栏设置的文本。

② 选择【格式】→【分栏】命令,打开"分栏"对话框,如图 3-26 所示。

③ 在该对话框的"预设"选项区中选择需要的样式,如选择"两栏"选项,将使选

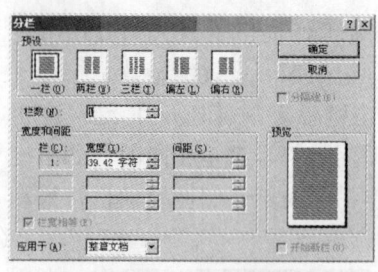

图 3-26 "分栏"对话框

中的文本编排成两栏,其他选项按需设置。

④ 单击【确定】按钮即可完成设置。

2. 分栏符的使用

有时用户会发现,可能在第一栏中完全充满文本,而在第二栏中只显示出一行或几行的文本内容,看起来显得有些失衡。这时可以在文档中插入分栏符,使文档两栏中的文本内容同等显示。插入分栏符的具体操作步骤如下。

① 将当前的显示模式切换到页面视图模式下。
② 确定文档中需要插入分栏符的位置。
③ 选择【插入】→【分隔符】命令,打开"分隔符"对话框,如图 3-27 所示。
④ 在该对话框的"分隔符类型"选项区中选中【分栏符】单选按钮。
⑤ 单击【确定】按钮,关闭对话框,完成操作。

这时新插入的分栏符已经使第二段文字从新的一栏起排版。对两栏之间的距离,可以通过拖动页面上端的缩进符进行调整。

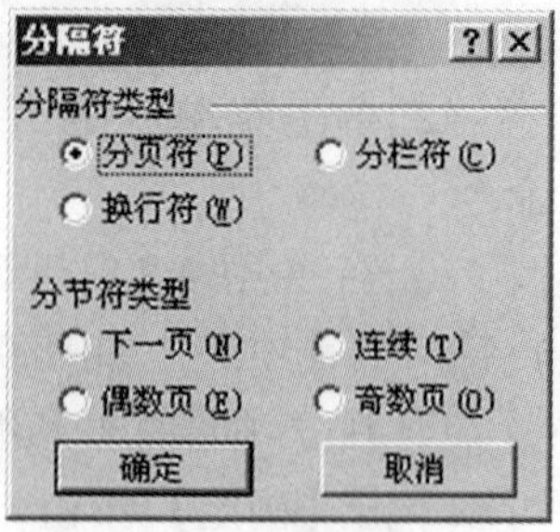

图 3-27 "分隔符"对话框

3.3.7 中文版式的设置

中文版式是 Word 2003 专门为中文排版提供的功能,用户可以通过设置在文档中实现拼音指南、带圈字符、纵横混排、合并字符和双行合一等效果。使用这些功能可以丰富文档的编辑效果。

1. 拼音指南

使用拼音指南向文档中添加汉语拼音标注,可以方便用户阅读。选择要添加拼音的文本,选择【格式】→【中文版式】→【拼音指南】命令打开"拼音指南"对话框。对"对齐方式"、"偏移量"、"字体"和"字号"等选项进行设置,然后单击按钮即可。

2. 带圈字符

在文档中添加注释时,可以使用【带圈字符】命令。单击格式工具栏的按钮或者选择【格式】→【中文版式】→【带圈字符】命令,弹出"带圈字符"对话框,选择好"样式"和"圈号"等各选项后单击【确定】按钮即可。

3. 纵横混排

【纵横混排】可以对文本进行纵横排列。选定要纵横混排的文字,依次单击【格式】→【中文版式】→【纵横混排】命令,会弹出"纵横混排"对话框。用户可以预览纵向排列的效果,选中"适应行宽"复选框,Word 将自动调整文本的行宽。

4. 合并字符

合并字符可以使文本排列成上、下两行。依次单击【格式】→【中文版式】→【合并字符】命令,会弹出"合并字符"对话框。设置好"字体"和"字号"等选项,然后单击【确定】按钮就可以实现合并字符的效果。

第 3 章　文字处理软件 Word 2003

5. 双行合一

双行合一能使所选同一行文本的内容平均分隔成上下两部分，还可以给双行合一的文本添加不同类型的括号。依次单击【格式】→【中文版式】→【双行合一】命令，将弹出"双行合一"对话框。选中"带括号"复选框，而且要选择一种"括号样式"才能够实现双行合一的效果。

3.3.8　样式和格式的设置

样式是一种保存有一组格式化命令的文档，重复使用它们可以大大提高上机操作效率。样式分为字符样式和段落样式。字符样式应用于格式化选中的某些字符，主要包括字体格式化命令。而段落样式应用于选中的段落，主要包括字体、段落、制表符、边框等方面的格式化命令。

1. 样式和格式的使用

Word 2003 提供了各种各样的样式，可以用于格式化字符和段落，样式规定了文档中标题、题注以及正文等各个文本元素的形式。因而使用样式不仅可以更加方便地设置文档的格式，而且可以构筑大纲和目录。使用样式的具体操作如下。

① 选中要用样式格式化的字符或段落。

② 单击格式工具栏最左端的"样式"框右侧的下拉箭头，出现当前文档中所使用的样式，如图 3-28 所示。从样式下拉列表中选中要使用的样式，如选取【标题 2】，被选中的段落就被格式化了。

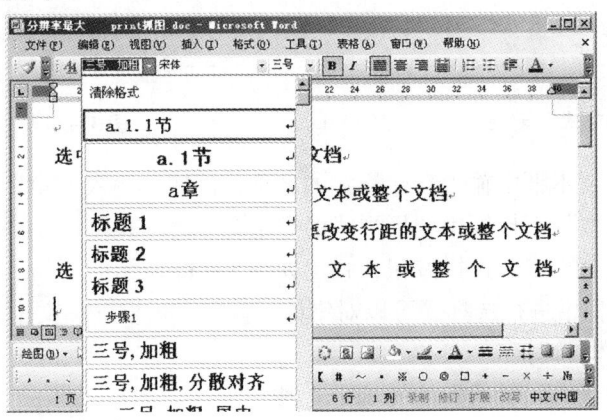

图 3-28　格式工具栏上的"样式"下拉列表

在格式工具栏上的样式下拉列表中，样式右侧带有段落标记（即回车符）的是段落样式，而样式右侧带有字母【a】的是字符样式，如图 3-28 所示。

若在格式工具栏上的样式下拉列表中没有包含自己需要的样式，则可按下述操作寻找并应用该样式。

① 选中要使用样式进行格式化的字符或段落。

② 单击【格式】→【样式和格式】命令，出现"样式和格式"对话框，从"样式和格式"窗格中寻找自己需要的样式；若还没有，则从"显示"下拉列表中选中"所有样

式"项,然后就在其上的"样式和格式"列表框中列出所有的样式,如图 3-29 所示,用滚动条找出自己需要的样式。

③ 单击【确定】按钮,完成操作。

2. 新建样式

尽管 Word 2003 提供了丰富多彩的样式,但它也允许用户创建自己的样式。具体操作如下。

① 单击【格式】→【样式和格式】命令,弹出如图 3-29 所示的窗口。

② 单击对话框的【新样式】按钮,弹出"新建样式"对话框,如图 3-30 所示。

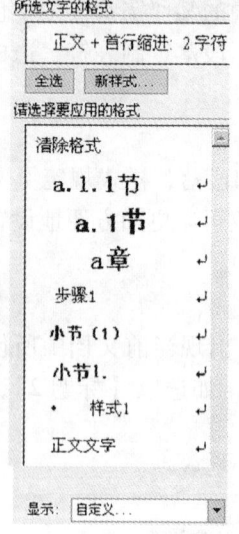

图 3-29 "样式和格式"窗格　　　　图 3-30 "新建样式"对话框

③ 在"名称"文本框中输入新建样式的名称,例如,输入"章"。

④ 在"样式类型"下拉框中选择样式的类型是段落还是字符。例如:选"段落"。

⑤ 单击对话框中的【格式】按钮,弹出如图 3-30 所示的"格式"列表。

⑥ 在格式列表框中进行选择,可以对字体、段落、边框、图文框等进行设定。例如,单击字体,打开字体对话框。

⑦ 单击"新建样式"对话框的【确定】按钮。

⑧ 单击"样式"对话框的【应用】按钮。在"样式"列表中多了一个名为"章"的样式。以后就可以像使用标准样式一样直接使用它了。

3. 修改和删除样式

在创建完一个新样式之后,经常发现其中的某些设置需要改进,这时可按如下操作进行修改。

① 单击【格式】菜单中的【样式】命令,弹出"样式"对话框。

② 在"样式"列表中选择要进行修改的样式名称。

③ 单击对话框的【更改】按钮,弹出"更改样式"对话框。

④ 对所选样式中的需修改的项进行重新设定。

第3章 文字处理软件 Word 2003

⑤ 修改之后,单击"更改样式"对话框的【确定】按钮。
⑥ 单击"样式"对话框的【应用】按钮。
若已建好的样式不再有用了,可按如下操作删除它。
① 单击【格式】菜单中的【样式】命令,弹出"样式"对话框。
② 从"样式"列表框中选中要删除的样式,单击【删除】按钮。

3.4 表格的创建与编辑

一张简单的表格由许多行和列组成,这些行、列交叉组成的网格就被称为单元格。在这些单元格中输入文字、数据和图形等之后就构成了一张表格。

3.4.1 创建表格

Word 2003 提供了多种创建表格的途径,本书主要介绍 2 种。

1. 自动插入表格

使用【插入表格】功能创建表格,常用的有 2 种方式:一种是直接单击常用工具栏上的【插入表格】按钮;另一种是使用【表格】菜单中的【插入表格】命令。

(1) 使用【插入表格】按钮创建表格

要创建的表格行和列较少时,可使用本方式,具体操作如下。
① 将光标移到要插入表格的位置。
② 单击常用工具栏上的【插入表格】按钮,出现一个表格网格,如图 3-31 所示。
③ 按住鼠标左键将网格窗口向下或向右拖动,与此同时在网格底部显示出表格已达到的行和列数,如图 3-31 所示。当达到所需的行和列数时,松开鼠标左键就插入了一个表格。

(2) 使用【插入表格】命令创建表格

当要创建的表格行和列较多时,可使用【插入表格】命令来创建表格,具体操作如下。
① 将光标移到要插入表格的位置。
② 单击【表格】→【插入表格】命令,出现"插入表格"对话框。如图 3-32 所示。

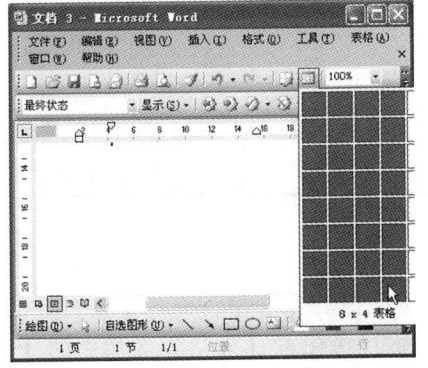

图 3-31 使用【插入表格】按钮创建表格

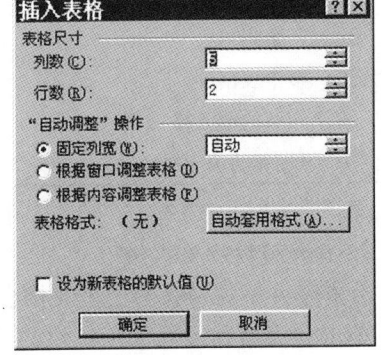

图 3-32 "插入表格"对话框

③ 在该对话框的"行数"、"列数"文本框中分别输入表格的行数和列数。
④ 单击【确定】按钮，文档的文本区就出现了设置好的表格。

2. 手动绘制表格

要创建比较复杂的表格，可以使用【表格和边框】功能，具体操作如下。
① 单击常用工具栏上的【表格和边框】按钮或选择【表格】菜单中的【绘制表格】命令，出现"表格和边框"工具栏，如图 3–33 所示。

图 3–33 "表格和边框"工具栏

② 单击该工具栏最左端的【绘制表格】按钮（若已选中，就不要再次单击，否则就取消选中的按钮），这时鼠标指针变成一支笔。

③ 将光标移到要绘制表格的文档的左上角，然后按住鼠标左键不放并拖动，这时，表格外框随光标移动而变大，当达到自己需要的大小时，松开鼠标左键，表格外框就画好。

④ 根据需要，任意在表格框内画横线、竖线和对角线。画线方法是：把光标笔尖指向线段开始位置，按下鼠标左键不放并拖动鼠标，当代表线段的虚线到达线段另一端时松开鼠标左键即可。

注意："表格和边框"工具栏上还有许多较有用的按钮，使用它们可以很方便地编辑表格和排版表格内的文本，如：拆分和合并单元格、擦除线条、单元格内文本的对齐方式等。

3.4.2 修改表格

1. 选定表格中的编辑对象

要对表格进行各种操作，需要先选定操作对象。Word 2003 中表格的操作对象主要是表格、行、列及单元格，表 3–1 列出了用鼠标选定表格编辑对象的方法。

表 3–1 选定表格中的编辑对象

选定区域	【表格/选择】菜单	鼠标操作
一个单元格	单元格	单击单元格左边框
整行	行	单击该行的左侧
整列	列	单击该列顶端边框或【Alt】+ 单击
整个表格	表格	单击移动控点
多个相邻的单元格	无	【Shift】+ 单击或按住左键拖过单元格
多个不相邻的单元格	无	【Ctrl】+ 单击

2. 合并与拆分单元格

合并单元格就是将多个单元格合并成一个单元格。方法是首先选定要合并的单元格，然后单击"表格和边框"工具栏的【合并单元格】按钮或【表格】菜单中的【合并单元格】命令。

拆分单元格就是将一个单元格分成多个单元格。方法是首先将光标置于要拆分的单元格中,然后单击"表格和边框"工具栏的【拆分单元格】按钮或单击【表格】菜单中的【拆分单元格】命令,将出现如图 3-34 所示的"拆分单元格"对话框,在其中输入要拆分的行、列数即可。

如果要拆分多个连续的单元格,可以先选定要拆分的所有单元格,再单击【拆分单元格】按钮,这时,可在图 3-34 所示对话框中选择"拆分前合并单元格"选项,即先合并后,再执行拆分操作。

拆分表格,是要将一个表格拆分成两个表格,可以单击第二个表格的首行,然后按【Ctrl】+【Enter】键或单击【表格】菜单中的【拆分表格】命令即可。

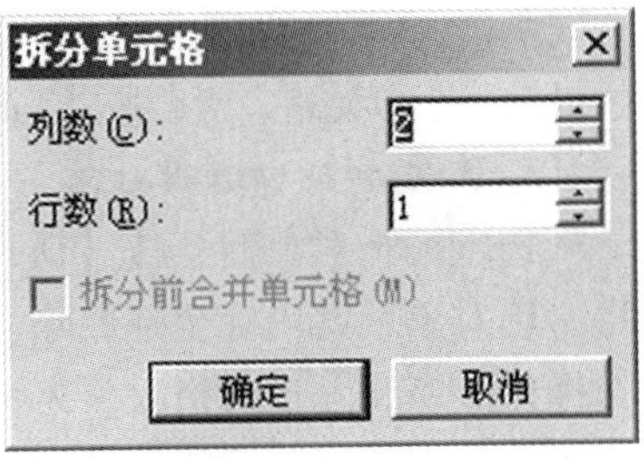

图 3-34 "拆分单元格"对话框

3. 调整表格的行高和列宽

调整行高和列宽的操作基本相同,下面以列宽的调整为例讲述其方法。改变列宽的方法有 3 种。

(1) 利用鼠标调整

将鼠标停留在要更改其宽度的列的边框上,当鼠标指针变为 ┤├ 形状时,拖动鼠标,直到所需的列宽为止。

(2) 利用"表格属性"对话框

如果要更精确地调整列宽就得使用"表格属性"对话框。在表格中任意位置单击鼠标右键,在快捷菜单中选择【表格属性】命令,打开"表格属性"对话框,单击"列"选项卡进行相应设置,如图 3-35 所示。

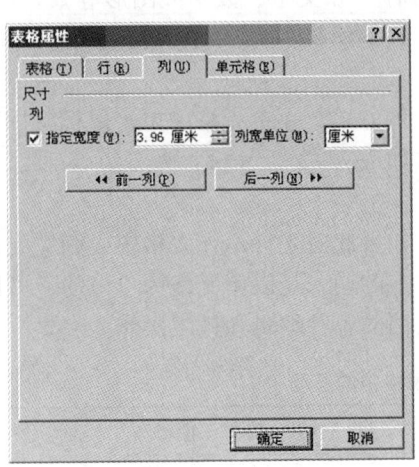

图 3-35 "表格属性"对话框

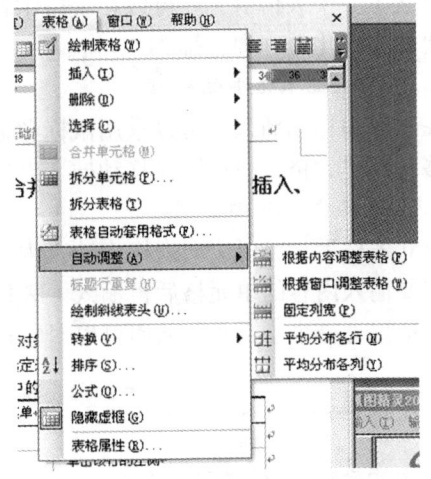

图 3-36 【自动调整】级联菜单

(3) 利用自动调整功能

单击【表格】→【自动调整】选项,出现如图 3-36 所示的命令级联菜单,根据需要进行设置即可。

4. 插入编辑对象

将光标置于表格中要插入对象的位置,单击【表格】→【插入】命令,出现如图 3-37

所示的级联菜单,在此可以选择插入不同的表格编辑对象。如果选择"表格"选项,会出现如图 3-32 所示的"插入表格"对话框;如果选择"单元格"选项,会弹出如图 3-38 所示的"插入单元格"对话框,按要求进行相应的选择即可。如果在插入前选定了多行或多列,可插入同所选行列数相同的行或列。若要在表格末尾添加空行,最简单的办法是将插入点移至表格的最后一个单元格,然后按【Tab】键。也可以在表格的结束处按【Enter】键。

5. 删除和剪切编辑对象

选定编辑对象后,按【Del】键,可以将其中内容删除;如果使用【剪切】命令,则将所选对象及其内容全部删除。也可通过【表格】→【删除】选项中的相应命令执行删除操作。当删除单元格时,Word 2003 会出现如图 3-39 所示的"删除单元格"对话框。在对话框中进行相应的选择后,单击【确定】按钮即可。

图 3-37 【插入】
级联菜单

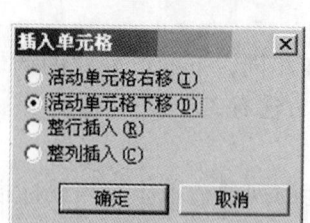
图 3-38 【插入单元格】
对话框

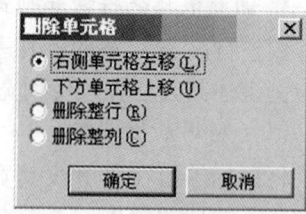
图 3-39 【删除单元格】
对话框

3.4.3 在表格中输入和编辑文本

建立了一个表格后,就可以在表格中输入内容(如文字、数字或图形等),并对其进行必要的格式化处理和编排。

1. 插入点在表格中的移动

在表格中移动插入点可以采用鼠标和键盘两种方式。在单元格中单击鼠标,即可将插入点移至该单元格,使用键盘移动插入点的方法如表 3-2 所示。

2. 向表格中输入内容

建立表格后,就可以向表格中输入内容了。如果此时光标不在表格中,则应先将光标移动到要输入内容的单元格后再输入。表格中文本的输入是以单元格为单位的,可以将每个单元格视为一个小文档,从而可以对它进行文档的各种编辑和排版操作。

表 3-2 插入点在表格中的移动

按　键	功　能
Tab(表格中除最后一行末尾外的任意位置)	移至后一单元格
Tab(最后一行的末尾)	在表格末尾添加一行
【Shift】+【Tab】	移至前一单元格
向上或向下箭头	移至上一行或下一行
【Enter】	在单元格中开始一个新段落
【Enter】(第一个单元格开头)	在位于文档开头的表格前添加文本
【Ctrl】+【Tab】	在单元格中插入制表符

第 3 章 文字处理软件 Word 2003

3. 移动和复制编辑对象

选定表格中的编辑对象后，就可以对其进行移动、复制、删除、剪切等操作了。

直接用鼠标拖动所选定内容将执行移动操作；拖动鼠标的同时按住【Ctrl】键执行的是复制操作。如果只是将单元格中的文本移动或复制到新位置，而不改变新位置的原有文本，可以只选定单元格中的文本而不包括单元格结束标记。如果要覆盖新位置上原有的文本和格式（即移动单元格），就要选定文本和单元格结束标记。要复制整个表格，可先选定表格，然后再按住【Ctrl】键的同时将其拖动至新位置。

3.4.4 设置表格格式

1. 表格自动套用格式

Word 2003 中提供了数十种作为模式的表格。在这些表格中，设置了一套完整的字体、边框、底纹等格式，当用户需要哪种表格格式，就可以将它很方便的套用到自己的表格中去。具体操作如下。

① 若在创建新表格时直接套用 Word 2003 中的表格格式，则单击【表格】→【插入表格】命令，出现如图 3-32 所示的插入表格对话框。然后在设置完该表的列数和行数之后单击【自动套用格式】按钮，出现如图 3-40 所示的"表格自动套用格式"对话框。

② 若在已创建好的表格上套用 Word 2003 提供的表格格式，则先把光标插入点放到该表格中，单击【表格】→【表格自动套用格式】命令，也会出现如图 3-40 所示的对话框。

③ 在"表格样式"列表中使用滚动条，观察并选择自己喜欢的表格样式，在"预览"框中就可以看到该格式了，比如选中"列表型 8"。

④ 单击【确定】按钮。则【列表型 8】的表格格式就自动套用到已创建成的表格上。

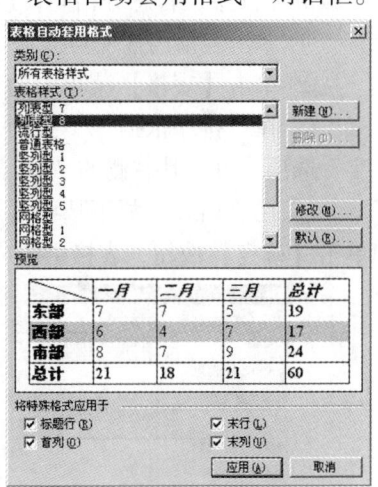

图 3-40 "表格自动套用格式"对话框

2. 表格的边框和底纹

可以利用自动套用格式来给表格添加边框和底纹，但这样只能选择 Word 2003 预定义的格式。若要对自定义的整个表格添加边框和底纹，可将光标置于表格中任何位置，然后选择【格式】菜单中的【边框和底纹】命令进行设置，如果在"应用于"选项中选择了"单元格"选项，则可对光标所在的单元格设置边框和底纹。在"表格属性"对话框中，单击【边框和底纹】按钮也可完成同样的操作。

3. 单元格中文字的对齐方式

单元格中的文字按照垂直和水平方向共有 9 种对齐方式，默认为靠上左对齐。在表格中单击鼠标右键，在快捷菜单中指向【单元格对齐方式】命令，可进行选择。

4. 单元格边距的调整

包括单元格间距和单元格中文本同边框的距离。要设置单元格间距，可在"表格属

· 125 ·

性"对话框中单击【选项】按钮,选择其中的"允许调整单元格间距"选项即可。要设置单元格中文本同边框的距离,可在"表格属性"对话框中选择"单元格"选项卡,然后单击【选项】按钮,取消"与整张表格相同"选项,即可设置各边距数值。

5. 表格嵌套

所谓表格嵌套就是在表格中插入表格,方法是将光标置于要插入表格的单元格,执行插入表格操作。

3.4.5 表格的排序与计算

Word 2003 能对输入表格的内容进行一些运算和排序。表格中的【行】是以数字(1,2,3,…)来表示的,表格中的【列】是用英文字母(A,B,C,…)来表示的。例如:第五行中的第五个单元格的位置用 E5 表示(不能用 5E)。另外,Word 2003 中使用两组位置编号(之间用冒号隔开)代表某一范围内的单元格。例如,若某一范围表示为 A2:C4,则代表 A2,A3,A4,B2,B3,B4,C2,C3,C4 这些单元格。

1. 排序

Word 2003 可以按笔画、拼音、数字和日期对表格中的内容进行排序。例如,按总分递减顺序排序,若总分相同,按英语递减顺序排序,具体操作如下。

① 单击表格内任一点。

② 单击【表格】菜单中的【排序】命令,出现如图 3-41 所示的"排序"对话框。

③ 在"排序依据"下拉列表中选中"总分"选项,在相应的"类型"列表中选"数字"选项,再选其右侧的"递减"选项。

④ 在"列表"栏下选中【有标题行】单选钮,以便在排序时忽略表格顶部的标题;单击【确定】按钮,表格中的成绩就按总分递减顺序排列出来了。

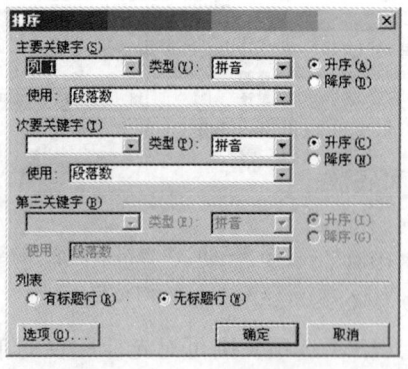

图 3-41 "排序"对话框

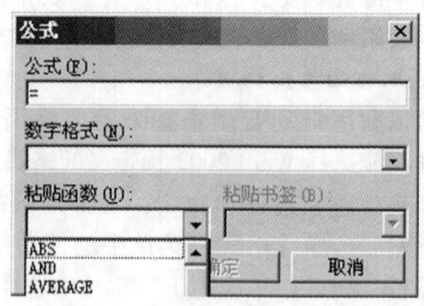

图 3-42 "粘贴函数"列表框

2. 计算

在 Word 2003 中,可以通过公式来进行多种计算,具体方法如下。

① 单击要设置计算结果的单元格。

② 单击【表格】→【公式】命令。

③ 如果 Word 建议的公式并非所需,则可从"公式"文本框中将其删除。然后执行

下列某一项操作。

·若进行简单计算,可以键入计算公式。例如,要对单元格 A2 与 B2 中的数值相乘,可键入【= A2 * B2】。

·若是要计算单元格的平均值或进行其他复杂的运算,可以从"粘贴函数"列表框中选择函数,如图 3 – 42 所示。然后在"公式"文本框中的两个圆括号之间,键入要在本次计算中使用的单元格的范围,并用冒号分隔各单元格。例如:输入公式 = sum(b2:d2)。

3.4.6 表格与文本之间的转换

1. 将文本转换为表格

有时,编辑完文本后发现使用表格效果更直观,但要删除文本再插入表格又很麻烦,这时就可以使用 Word 2003 提供的将文本转换为表格的功能。操作步骤如下。

① 选定需要转换为表格的文本。

② 单击【表格】→【转换】→【文本转换成表格】命令,打开如图 3 – 43 所示的"将文字转换成表格"对话框。

③ 选择分隔符和列数。将文字转换成表格时,使用分隔符标记新列开始的位置。分隔符可以是段落标记、制表符、空格、逗号及其他指定的字符。

④ 单击【确定】按钮,即可完成转换操作。

2. 将表格转换成文本

选定要转换成文本的表格,单击【表格】→【转换】→【表格转换成文本】命令,设置文字分隔符,即可完成转换。

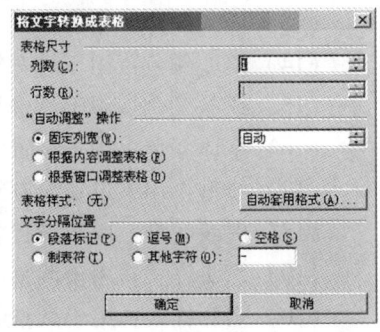

图 3 – 43 "将文字转换成表格"对话框

3.5 图文混排

3.5.1 在文档中绘制图形对象

在编辑文档的时候,常常需要用到一些图形,这些图形有的可以直接调用图片,而有的只能通过自己手工绘制,下面具体介绍一下绘制图形的方法。

1. 绘图工具栏

在工具栏的空白位置单击鼠标右键,在弹出的快捷菜单中选择【绘图】命令,打开"绘图工具栏",如图 3 – 44 所示。当鼠标在按钮上片刻停留时,会显示出各按钮的名称。

图 3 – 44 绘图工具栏

各种按钮的功能如下。

(1) 绘图：其中包含有对图形对象进行操作的选项。

(2) 选择：用于选择一个或多个的图形对象。

(3) 自选图形：其中有很多现成的自选图形供选择。

(4) 直线：用于绘制直线图形。

(5) 箭头：用于绘制箭头图形。

(6) 矩形：用于绘制矩形或正方形图形。

(7) 椭圆：用于绘制椭圆形或正圆形图形。

(8) 文本框：用于输入横排文本框。

(9) 竖排文本框：用于输入竖排文本框。

(10) 插入艺术字：用于在文本或图形中插入艺术字。

(11) 插入组织机构图或其他图形：用于插入组织结构图或其他图示。

(12) 插入剪贴画：用于在文本中插入 Word 自带的剪贴画。

(13) 插入图片：用于在文本中插入图片。

(14) 填充颜色：用于填充绘制的图形颜色。

(15) 线条颜色：用于设置绘制线条的颜色。

(16) 字体颜色：用于设置字体的颜色。

(17) 线型：用于设置绘制线条的线型。

(18) 虚线线型：用于设置虚线的线型。

(19) 箭头样式：用于调整绘制的箭头形式。

(20) 阴影样式：用于调整绘制的图形阴影。

(21) 三维效果样式：用于设置三维效果。

2. 用颜色填充图形对象

选择需要填充的自选图形，在"绘图"工具栏上单击【填充颜色】按钮旁边的小箭头，若要应用纯色，请单击所需颜色，或单击【其他填充颜色】以得到更多的选择。若要应用装饰填充时，请单击【填充效果】，然后单击"过渡"、"纹理"、"图案"或"卡片"选项卡，选择所需选项，图 3-45 所示是用颜色填充后的效果。

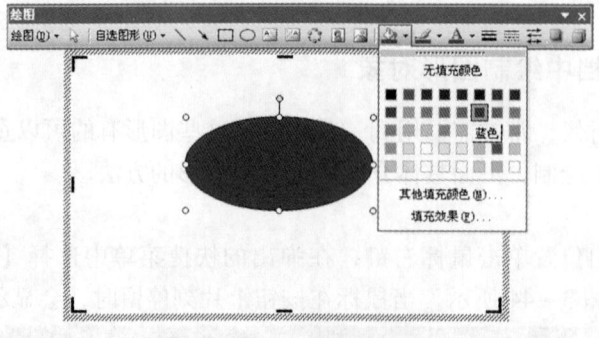

图 3-45　颜色填充效果图

3. 图形阴影效果

要为绘制好的图形加上阴影效果，可以按照下面的步骤进行（以矩形为例）。

(1) 先绘制好一个矩形，并为其填充上颜色，如图 3-46 所示。

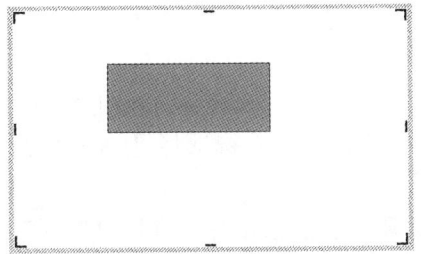

图 3-46　绘制矩形

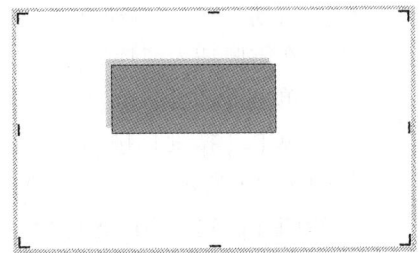

图 3-47　阴影效果图

(2) 在矩形状态为选择状态时，单击"绘图"工具栏中的【阴影样式】按钮，弹出"阴影样式"下拉菜单，选择合适的阴影效果。在选择了阴影样式以后，矩形将按照选择的阴影样式产生阴影，如图 3-47 所示。

(3) 如果要修改阴影的设置，可单击"绘图"工具栏中的【阴影样式】按钮，弹出"阴影选择"下拉菜单，在其中选择"阴影设置工具栏"。

(4) 根据需要利用如图 3-48 所示的"阴影设置工具栏"来调节阴影的设置。

4. 图形组合

选择图形时，只要使用鼠标在该图形上单击左键，即可以将其选中，但是，当需要将 2 个以上的图形组合在一起作为一个整体使用时，可以按以下方法进行。

图 3-48　阴影设置工具栏

(1) 如果在一个画布上有很多个图形，要将这些图形组合为一个组，需要先选中需要操作的图形，在按住【Ctrl】键同时，单击选择其他图形，被选中的图形周围会出现调整框，如图 3-49 所示。

(2) 在任一个被选中的图形上单击鼠标右键，在弹出的快捷菜单中选择【组合】→【组合】命令，将被选中的图形组合为一个图形，如图 3-50 所示。

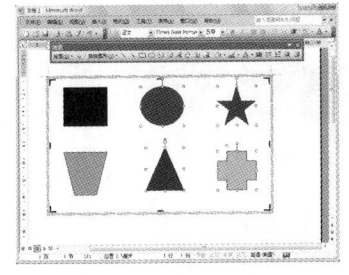

图 3-49　选择多个图形

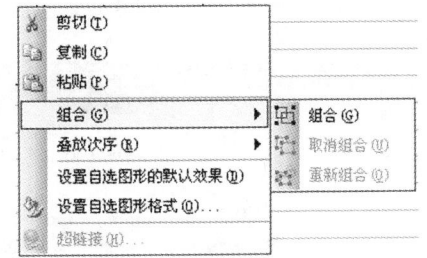

图 3-50　组合命令

(3) 要将组合后的图形拆散，只要在组合的图形上单击鼠标右键，在弹出的快捷菜单中选择【组合】→【取消组合】命令，组合的图形即被拆散成多个单个的图形。

3.5.2　在文档中插入图片

有时我们会需要在文章中插入图片，这样既美观也增加了文章的内容，下面介绍在文档中插入图片的方法。

1. 插入剪贴画

（1）启动 Word，自动打开一个空白文档，键入需要的文章内容。

（2）在需要插入图片的位置点击鼠标，确定位置。

（3）单击【插入】→【图片】→【剪贴画】命令，在窗口右边出现剪贴画侧边栏。

（4）单击【搜索】按钮，在出现的剪贴画中选中一个，单击右键选择【插入】命令；如图 3-51 所示。

（5）图片插到了当前光标所在的位置，如图 3-52 所示；点击图片，会弹出图片工具栏；单击工具栏上的图标，可以设置图片的位置，默认是插入方式，根据需要选择环绕方式，如图 3-53 所示，使得图片跟文字以不同的方式组合。

图 3-51 "插入"图片　　　图 3-52 效果图　　　图 3-53 其他环绕方式

2. 插入图片文件

（1）与插入图片的方法类似，只是选择【插入】→【图片】→【来自文件】命令。

（2）在打开的"插入图片"对话框中，如图 3-54 所示，找到需要的图片后选中，然后单击【插入】按钮。

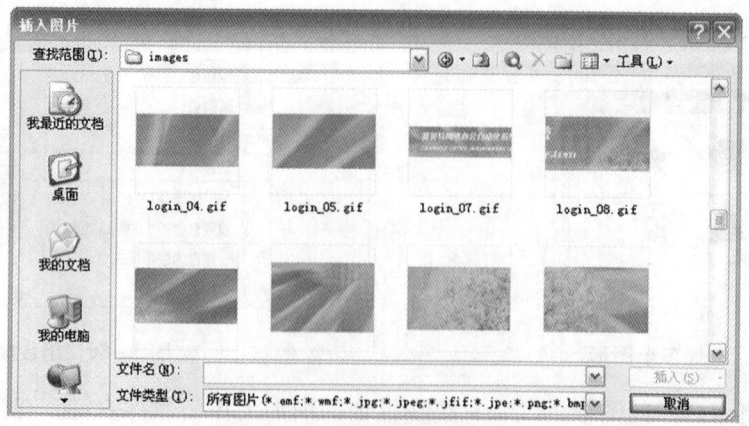

图 3-54 "插入图片"对话框

（3）插入后单击图片也会出现工具栏，图像边上有控制点出现，可以拖动改变大小。拖动控制点的顶点时，可以同时缩放高和宽，保持图像的显示比例。

3.5.3 使用文本框

文本框是一种可以在其中独立地进行文字输入和编辑的图形框,在文档中适当地使用文本框,可以实现一些特殊的编辑功能。

1. 插入文本框

(1) 将光标置于需要插入文本框的位置。

(2) 选择【插入】→【文本框】命令,在弹出的子菜单中选择一种排版方式,会在文档中弹出画布(在画布中有"在此处创建图形"字样)。

(3) 在画布中单击鼠标左键,即可创建一个文本框。

(4) 拖动文本框四周的控制点,适当放大所创建的"文本框",即可在其中输入文字,如图 3-55 所示。

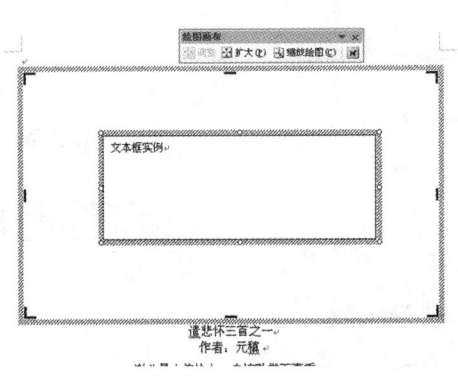

图 3-55 文本框窗口

2. 删除画布

创建文本框时需要画布,但创建文本框后不再需要画布,因此,应该将画布删除,删除画布的操作步骤如下。

(1) 将鼠标指针置于文本框的边线处,鼠标指针将变为双向箭头形状。

(2) 按下鼠标左键不放,将文本框拖到画布之外。

(3) 在画布内单击鼠标右键,在弹出的快捷菜单中选择【剪切】选项,即可删除画布。

3. 改变文本框与文字的环绕方式

要改变文本框与周围文字的环绕方式,操作步骤如下。

(1) 用鼠标右键单击文本框边线,在弹出的快捷菜单中选择【设置文本框格式】命令,弹出如图 3-56 所示的窗口。

(2) 在打开的"设置文本框格式"对话框中选择"版式"选项卡,选择一种环绕方式。

(3) 单击【确定】按钮,即可改变文本框与周围文字的环绕方式。

可以对文本框中的文字进行各种编辑,例如,可以将"横排"改变为"竖排"。文本框中的文字的编辑方法与一般文字的编辑方法相同。

3.5.4 制作艺术字

Word 2003 提供了艺术字功能，可将文字设置为多种多样的旋转、扭曲等修饰艺术效果。

1. 插入艺术字

（1）将光标置于需要插入艺术字的位置。

（2）单击【插入】→【图片】→【艺术字】命令，会弹出如图 3-57 所示"艺术字库"对话框。

图 3-56 设置文本框格式窗口

（3）选择所需的艺术字样式，单击【确定】按钮，弹出文字输入框，如图 3-58 所示。

（4）在"文字"栏中输入文字，再选择字体、字号、样式等效果，单击【确定】按钮即可。

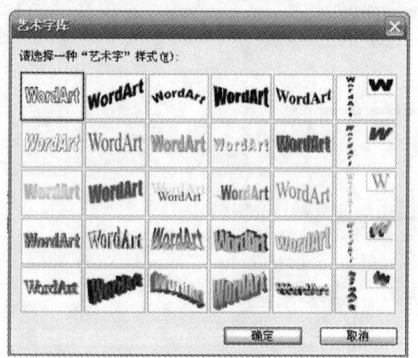

图 3-57 "艺术字库"对话框

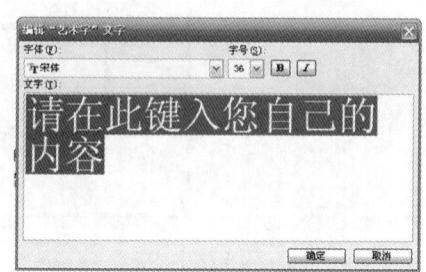

图 3-58 文字输入框

3.5.5 插入公式

在教学中会碰到输入一些特殊式子，比如：数学公式、化学方程式等，这种公式都是比较复杂的。Word 2003 提供了专门的公式编辑器来进行输入。

1. 公式工具栏

如果要在文档中插入一个数学公式，单单是利用上下标按钮来设定是远远不够的，可以利用"公式编辑器"来建立，利用"公式编辑器"工具栏中的符号，同时键入数字和变量即可建立复杂的公式。建立公式时，"公式编辑器"可以根据数学和排字格式约定，自动调整公式中元素的大小、间距和格式编排。

为了方便公式的输入，可以利用自定义工具栏的方法把"公式编辑器"的快捷按钮拖到工具栏上。其方法是：在工具栏上单击鼠标右键，在弹出的快捷菜单中选择【自定义】命令，打开"自定义"对话框，选择"命令"选项卡，在"类别"框中选择"插入"选项，然后在"命令"框中选择"公式编辑器"选项，将其拖到工具栏中即可，如图 3-59 所示。

点击工具栏上的 $\sqrt{\alpha}$，会弹出一个文本框和公式工具栏。

第 3 章 文字处理软件 Word 2003

在"公式"工具栏中，按钮被分成两行，如图 3-60 所示，单击即可选择。下面一行第一个按钮〔()〕〔[]〕是跟括号有关的符号，像圆括号、方括号、花括号等，都在里面，其他的按钮也类似，需要的时候点击进入即可。

3.6 文档的高级编排技术

Word 2003 提供的大纲视图功能可以帮助显示文档组织方式，并使得重新组织文档变得更方便快捷。与普通视图和页面视图相比，大纲视图不仅提供文档内

图 3-59 插入公式编辑器

图 3-60 公式编辑器

容的独特显示，还提供了特别适合大纲的工作环境。

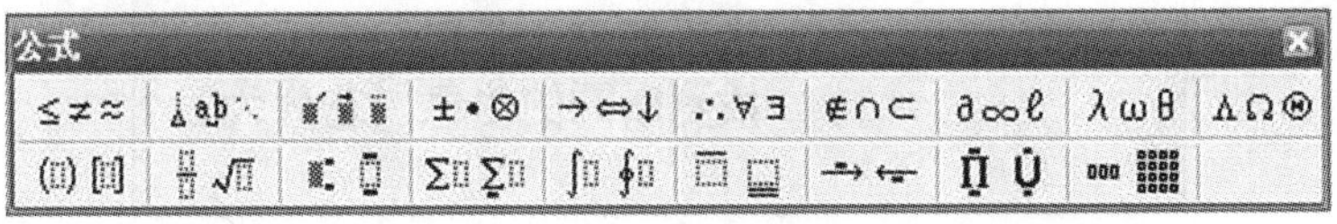

①通过清晰的大纲格式构建和显示内容，所有的标题和正文文本均采用缩进显示，以表示它们在整个文档结构即层次结构中的级别。

②在"大纲"工具栏中提供了大纲特定的工具，方便用户操作。

在大纲视图中，用户不仅可以快速重新组织标题和更改它们的缩进级别，从而使较高优先级的内容作为顶级标题，较低优先级的内容作为子标题或正文文本（这也称为提升或降低项目），还可以使用大纲视图评估已编写好的文档结构，如果需要，可以进行文档组织结构的调整。

大纲视图中不显示段落格式、页边距、页眉、页脚和背景。

3.6.1 文档大纲的编写

单击【视图】→【大纲】命令，也可以单击文档窗口左下角的【大纲视图】按钮，即可以切换到大纲视图，如图 3-61 所示。

切换到大纲视图后，在工具栏的位置多出一个"大纲"工具栏，如图 3-62 所示。

工具栏中各按钮的作用如下。

（1）提升到"标题1"：单击该按钮，将光标所在段落提升到标题1。

（2）提升：单击该按钮，将光标所在段落提升一级标题。

（3）大纲级别：单击其右侧的下三角按钮，弹出一个下拉列表，其中列有大纲的各级别以供选择使用。

（4）降低：单击该按钮，将光标所在段落降低一级标题。

（5）降为"正文文本"：单击该按钮，将光标所在段落降低到正文文本。

（6）上移：将选择的标题上移一段。

· 133 ·

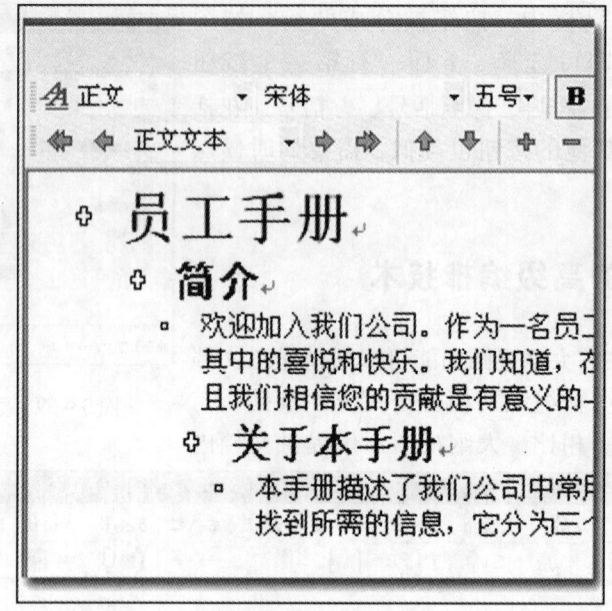

图 3-61 大纲视图

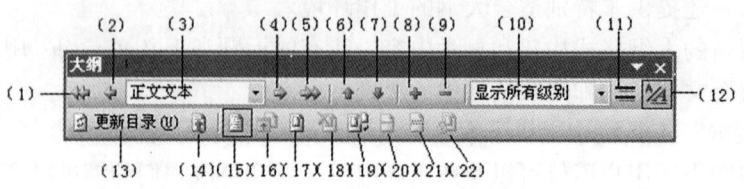

图 3-62 "大纲"工具栏

(7) 下移：将选择的标题下移一段。

(8) 展开：将标题展开。

(9) 折叠：将标题折叠。

(10) 显示级别：单击右边的下拉按钮，将显示级别的下拉列表。

(11) 只显示首行：单击该按钮，将只显示文档中文本每段首行的内容。

(12) 显示格式：单击该按钮，将显示文档格式。

(13) 更新目录：单击该按钮，将更新目录。

(14) 转到目录：单击该按钮，将转到目录。

(15) 主控文档视图：单击该按钮，将显示"主控文档视图"工具栏。

(16) 折叠子文档：单击该按钮，将子文档以折叠形式显示。

(17) 创建子文档：单击该按钮，将创建一个子文档。

(18) 删除子文档：单击该按钮，将删除一个子文档。

(19) 插入子文档：单击该按钮，将插入一个子文档。

(20) 合并子文档：单击该按钮，将合并选择的子文档。

(21) 拆分子文档：单击该按钮，将拆分选择的子文档。

第3章 文字处理软件 Word 2003

(22) 锁定文档：单击该按钮，将选择的文档锁定。

例如：要制作一个大纲视图，其操作步骤如下。

① 打开 Word 文档，单击【视图】→【大纲】命令，切换到大纲视图。

② 键入几个标题。每确定了一个标题后按【Enter】键，Word 将自动对每个标题应用"标题1"样式，如图 3-63 所示。

 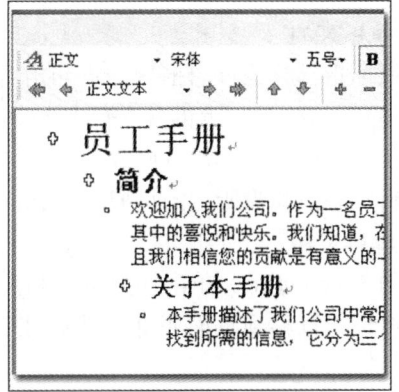

图 3-63　键入一级标题　　　　　图 3-64　添加子标题样式

③ 在对应的标题下输入文字，其大纲级别设置为"正文文本"，此时在该段落之前会出现小正方形的标记；也可以将光标定位到标题处，然后在"大纲"工具栏的"大纲级别"下拉菜单中选中想要设置的大纲级别（如2级）。

若要根据需要创建从属项或更低级别的项，可以在开始键入之前在新行中按【Tab】键，或者可以使用"大纲"工具栏中的【降低】按钮 。该操作使文本缩进，从而在视觉上表示了项的从属级别（注意缩进量是预置的，与标题在文档中的缩进量无关）。

若要添加从属于该级别的项，可以根据需要按上一段中所述的方法降级。或者，若要返回上一更主要的级别，请按【Enter】键，然后在开始键入之前使用"大纲"工具栏上的【提升】按钮（使用【Shift】+【Tab】键盘快捷方式也可以达到相同目的）。

创建标题和子标题时，Word 将在较高级别的标题旁显示加号（+），表示这些标题下还有子标题。最多可以添加九级标题，还可以添加常规段落文本（即正文文本）。图 3-64 显示添加子标题时文档的样式。

3.6.2　页眉和页脚的设置

得体的页眉和页脚，会使文稿显得更加规范，也会给阅读带来方便，较长的文稿，各个部分可能需要设置不同的页眉或页脚，Microsoft Word 2003 提供了强大的文档页眉页脚设置功能，完全可以制作出内容丰富、个性十足的页眉和页脚。

1. 打开"页眉和页脚"工具栏

在【视图】菜单下，选择【页眉和页脚】命令，会弹出"页眉和页脚"工具栏，如图 3-65 所示。

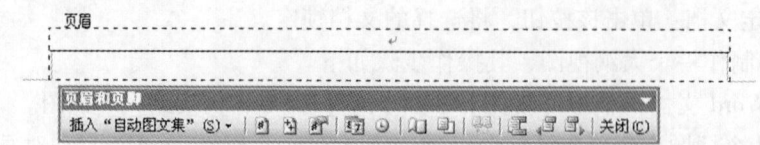

图 3 – 65　"页眉和页脚"工具栏

2. 编辑页眉

将鼠标指针移至页眉框内，即可开始输入和编辑页眉内容。要回到主文档，可选择"页眉和页脚"工具栏上的【关闭】按钮，或者双击主文本区即可。要重新进入页面和页脚编辑状态，可在主文档页眉或页脚区域内双击鼠标。若要删除页眉和页脚，则在页眉和页脚编辑状态下删除所有的页眉和页脚内容即可。

3. 编辑页脚

如图 3 – 66 所示，单击切换页眉和页脚按钮，可把插入点在页眉或页脚区之间切换，或者将鼠标指针移到页面底部，然后在页脚框内单击。编辑页眉与编辑页脚的操作完全相同。

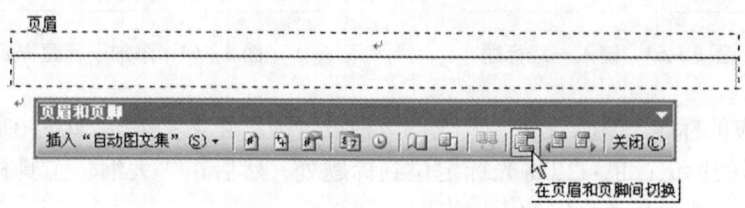

图 3 – 66　在页眉和页脚间切换

4. 设置文档首页不显示页眉或页脚

一般情况下，文档的首页不需要显示页眉和页脚，此时可以通过"页眉和页脚"工具栏中的"页面设置"来实现。单击【页面设置】按钮，弹出"页面设置"对话框，在"版式"选项卡中勾选"首页不同"选择框即可。

5. 设置文档奇偶页不同的页眉或页脚

有的文档需要给奇数页和偶数页设置不同的页眉或页脚，也是通过"页眉和页脚"工具栏中的【页面设置】按钮来实现的，勾选"页面设置"对话框下的"版式"选项卡中"奇偶页不同"选择框即可，如图 3 – 67 所示。

选择"奇偶页不同"后，即进入"奇数页页眉"编辑状态。

单击"页眉和页脚"工具栏的【显示下一项】按钮，可转换到"偶数页页眉"编辑状态。

6. 设置多部分不同页眉或页脚

有的文档需要在文档不同部分设置不同的页眉和页脚。设置的方法为：首先给文档分节，然后为各节分别设置页眉。这里所说的文档分节是指将文档在样式（排版格式）上隔离成相互独立的部分。

文档分节的操作步骤如下。

（1）将光标定位在需要分节的位置。

(2) 单击【插入】→【分隔符】命令,打开"分隔符"对话框,如图 3 – 68 所示。

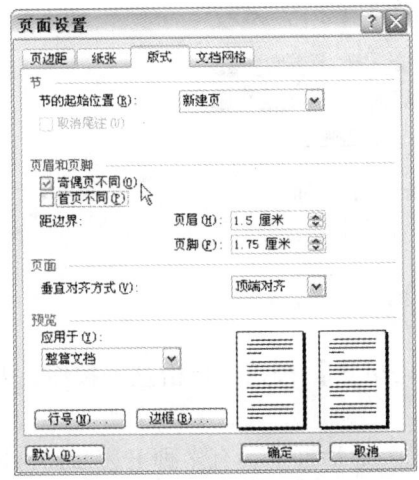

图 3 – 67　页面设置奇偶页不同

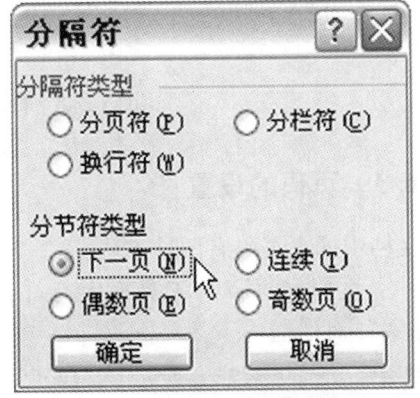

图 3 – 68　分隔符对话框

(3) 在"分隔符"对话框中,选中"分节符类型"下的"下一页"选项,然后单击【确定】按钮,这样就完成了文档的一个分节操作。

(4) 接下来,可以照此为文档其余部分分节。如果要为文档的每一页设置不同的页眉,那就在"分节符对话框"中选中"分节符类型"下的"连续"选项。文档中被分节符分隔的各部分的样式是各自独立的。这就可以为不同的节设置不同的页眉和页脚了。

(5) 为文档分节以后,再打开"页眉和页脚"工具栏,分别为各节设置和编辑页眉。

需要特别注意的是,在设置第二节及此后各节的时候,在页眉框右上角会有一个"与上一节相同"的提示。同时,"页眉和页脚"工具栏上的【链接到前一个】按钮呈按下状态,如图 3 – 69 所示。这表示本节继承了上一节的页眉和页脚。在这种情况下,如果改变本节页眉和页脚,那么,上一节的页眉和页脚也会被同步改变。如果返回上一节编辑页眉和页脚,本节的页眉和页脚同样会改变。要阻断不同节之间的这种继承关系,使各节有不同的页眉和页脚,就要单击"页眉和页脚"工具栏上的【链接到前一个】按钮,将其改为弹起状态。此时,页眉框右上角"与上一节相同"的提示会消失,这表示已经阻断了本节页眉和页脚与上一节的继承关系。这时再编辑上一节的页眉和页脚,就不会影响本节了。同样地,编辑本节的页眉和页脚也不会影响上一节。由于页眉和页脚在文档分节后默认"与上一节相同",因而本节的页眉和页脚还会被下面的各节继承,这就需要逐节编辑页眉和页脚了。

7. 设置页眉边框和底纹

页眉内容和文档正文之间默认有一条实线。这条线其实是页眉边框的底边线。在页眉框中选中全部页眉文字,打开【格式】菜单中的【边框和底纹】命令,选择"边框"标签,可以修改和设置页眉的边框。在这里,可以设置有无边框、边框的线型、颜色、宽度等。选择"底纹"标签,可以设置页眉文字或段落的底纹。

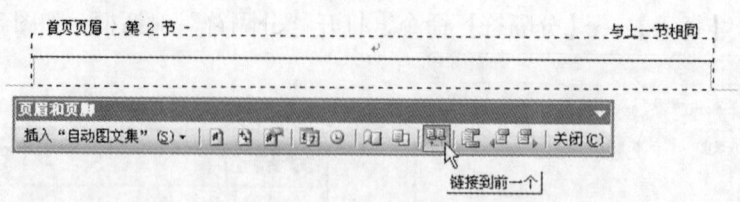

图3-69 【链接到前一个】按钮

3.6.3 页码的设置

在文档中插入页码有两种方法。

（1）"页眉和页脚"工具栏上有【设置页码格式】按钮。单击这个按钮，即进入"页码格式"对话框。

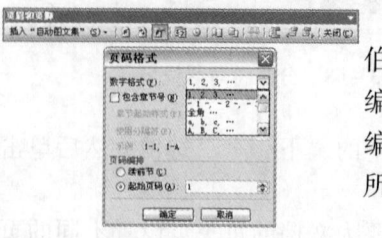

图3-70 "页码格式"对话框

在"页码格式"对话框中，有多种表达方式，如阿拉伯数字、英文字母、中文数字等。如若文档第1页不参加编号（比如第1页是文章的封面）或前几页都不参加页码编号，可将起始页码设置成2或相应的数字。如图3-70所示。

（2）在【插入】菜单栏中点击【页码】命令，弹出"页码"对话框，进行插入页码操作，如图3-71所示。页码的格式可以通过点击【格式】按钮，在弹出的"页码格式"对话框中进行设置。

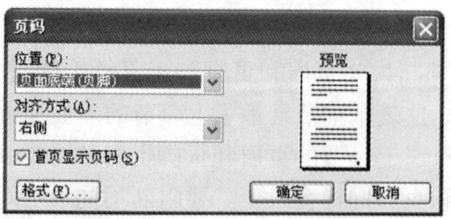

图3-71 "页码"对话框

需要注意的是，当设置了文档分节，并设置了奇偶页不同、页眉和页脚首页不同后，页码往往会出现一些意想不到的问题。

①每节的页码都从第1页开始。这是页码格式的设置问题。可以在"页眉和页脚"工具栏上点击【设置页码格式】按钮进入"页码格式"对话框，选中"页码编排"下的"续前节"即可。

②只有奇数页或偶数页有页码显示。这种情况是在设置了页眉和页脚奇偶页不同后，仅为奇数页或偶数页插入了页码所导致的。可以在没有显示页码的页面上，将光标移入欲插入页码的地方，比如页脚框内，在"页眉和页脚"工具栏上点击【插入页码】按钮即可。

③首页无页码显示。这是由于在设置页眉之前已经给文档插入了页码，此后又设置了

"页眉和页脚首页不同"。可以把原有的页码清除,在"页眉和页脚工具栏"上点击【插入页码】按钮,为文档重新设置页码即可。

3.6.4 脚注和尾注的设置

脚注和尾注是对文本的补充说明。脚注一般位于页面的底部,可以作为文档某处内容的注释;尾注一般位于文档的末尾,列出引文的出处等。

1. 添加和删除脚注或尾注

(1)添加注解的步骤

① 将插入点放在需要添加注解引用标记的位置。

② 单击【插入】→【引用】→【脚注和尾注】命令。

③ 在"脚注和尾注"对话框中,单击"位置"框下"脚注"或"尾注"选项,然后单击【插入】命令。

④ 在页面底部的注解引用标记旁,可以键入相关信息。

(2)删除注释操作步骤

选择文本正文中的注解引用标记,按键盘上的【Delete】键即可。

2. 移动或复制注释

(1)移动注释操作步骤

① 选择文档正文中的注解引用标记。

② 将其拖动到新的位置即可,也可以通过【剪切】和【粘贴】命令来实现。

(2)复制注释操作步骤

① 选择文档正文中的注解引用标记。

② 按住【Ctrl】键,然后将其拖动到新的位置即可,也可通过【复制】和【粘贴】命令来实现。

3. 查看屏幕上的注释文本

如果将指针停留在文档正文中的注解引用标记上,注释文本将显示在屏幕提示中。如果没有显示屏幕提示,可以单击【工具】菜单上的【选项】命令,选择"视图"选项卡,选中"屏幕提示"复选框,确定即可。

4. 更改注释编号格式

(1)单击【插入】→【引用】→【脚注和尾注】命令。

(2)单击"脚注"或"尾注"选项。

(3)在"编号格式"框中,选择需要的格式,单击【应用】按钮即可。

5. 在节的结尾处添加尾注

(1)单击【插入】→【引用】→【脚注和尾注】命令。

(2)单击"尾注"选项。

(3)单击"尾注"右侧的箭头,然后单击"节的结尾"。

(4)在"编号格式"对话框中,单击箭头,选择"每节重新编号"或"连续"编号即可。

6. 脚注和尾注相互转换

（1）转换一个或多个注释操作步骤

① 选择【普通】视图。单击【视图】→【脚注】命令。如果文档同时包含脚注和尾注，将出现提示消息。

② 单击"查看脚注区"或"查看尾注区"。

③ 在窗口底部的注释窗格中，单击箭头，然后选择"所有脚注"或"所有尾注"。

④ 选择希望转换的注解引用标记（可以选择全部，或只选择注释文本的一部分），右键单击该注释，然后选择"转换为尾注"或"转换为脚注"。

⑤ 单击【关闭】按钮即可。

（2）将所有注释都转换的操作步骤

① 单击【插入】→【引用】→【脚注和尾注】命令。

② 在"脚注和尾注"对话框中，单击【转换】命令。

③ 在"转换注释"对话框中，单击需要的选项，然后单击【确定】按钮。

④ 单击【关闭】按钮，完成操作。

7. 创建新的注释分隔行

（1）选择【普通】视图。单击【视图】→【脚注】命令。

（2）单击"查看脚注区"或"查看尾注区"。

（3）在注释窗格中，单击箭头，然后单击"脚注分隔符"。

（4）双击选择现有分隔线，然后按【Delete】键。

（5）在【格式】菜单上，单击【边框和底纹】命令，然后单击"边框"选项卡。

（6）在"线型"列表中，选择需要的线型。

（7）如果将边框样式作为脚注分隔符应用，需要指定它是下边框。在"预览"部分中，单击上边框、两侧边框按钮，以取消框线。也可以单击预览图示中的边框来完成相同的操作，然后单击【确定】按钮即可。

注意，如果文档中同时含有脚注和尾注，且要求分隔线一致，则应该对其他分隔线也执行相同的操作。

3.6.5 编制目录

在日常工作中，往往会编辑一些较长的文档，也会常常在这些文档中查找所需要的内容，Word 2003 提供的自动生成目录的功能，可以根据文档中使用的样式为该文档建立一个目录，里边有该文档中的各级标题和相应的页码，这样用户便可以轻松地对应着相应的内容所在的位置进行查找，大大节省了时间，提高了工作效率。

1. 目录生成

（1）定义好所有的标题和正文。

（2）将光标置于文档的开头，单击菜单中的【插入】→【引用】→【索引和目录】命令，在弹出的"索引和目录"对话框中选择"目录"选项卡，如图 3-72 所示。

（3）在"常规"选项组的"格式"下拉列表中选择合适的目录格式，选中"显示页码"和"页码右对齐"两个复选框，可以在目录中显示页码并确定页码的位置。

第 3 章 文字处理软件 Word 2003

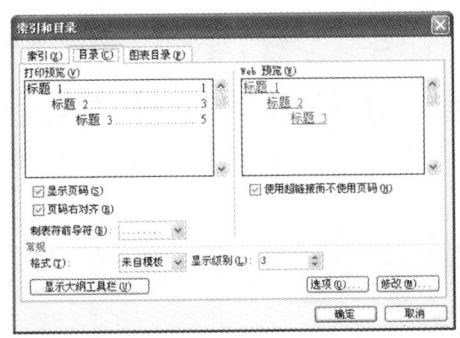

图 3-72 "索引和目录"对话框中的"目录"选项卡

（4）单击【选项】按钮打开如图 3-73 所示的"目录选项"对话框，Word 2003 是以用户在文档中使用的样式为依据来创建目录的。一般来说，Word 2003 默认创建的是三级目录，如果在编辑文档的时候使用的是自定义的标题样式，可以先删除当前"目录级别"框内的 1、2、3，然后通过滚动条找到相应的样式再键入 1、2、3 即可。

2. 修改与更新

目录制成之后，在目录页单击任何一章节均可直接进入该章节所在页面。每次对文章修改后，对目录可进行自动修改和刷新。更新时先对目录进行全选，然后单击右键，在弹出的菜单选择【更新域】命令即可。

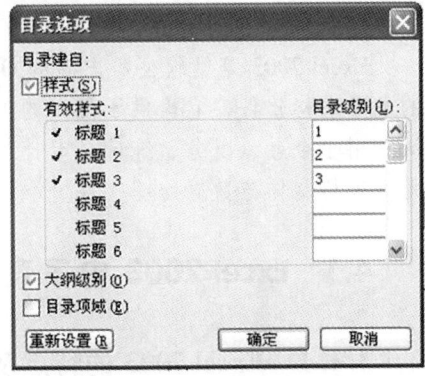

图 3-73 "目录选项"对话框

本章小结

本章的主要介绍了 Microsoft Word 2003 启动和退出；文档的建立、打开、保存；输入和编辑文档；字体、段落的格式及排版；表格创建与编辑；图文混排以及文档的高级编排技术等，通过本章的学习，学生基本掌握了 Microsoft Word 2003 的知识，了解了 Microsoft Word 2003 的各种功能，具备了独立对文档进行编辑、排版的能力。

第 4 章 电子表格软件 Excel 2003

【学习目标】
Excel 2003 中输入数据
数据的编辑和格式处理
利用公式进行数据的运算
制作图表以反映数据之间的关系
用 Excel 进行数据管理

预备知识

Excel 2003 是微软公司出品的 Office 2003 软件包的组成部分之一,是 Windows 环境下的电子表格软件,它提供了强大的表格制作、数据处理、数据分析、创建图表等功能,广泛应用于金融、财务、统计、审计等领域,是一款功能强大、易于操作、深受广大用户喜爱的表格制作与数据处理软件。

4.1 Excel 2003 电子表格概述

4.1.1 Excel 2003 的特点及主要功能

1. 表格制作

Excel 提供了丰富的格式化命令,使用户可以轻松地制作出具有专业水准的各类表格。

2. 完成复杂运算

在 Excel 中,不但可以自己编制公式,而且可以使用系统所提供的多个函数进行复杂的运算,这些运算可以在表内或表间进行,系统提供的【自动求和】按钮,可以在瞬间完成对表格数据的汇总操作。

3. 建立图表

在 Excel 中,系统提供不同格式的图表,用户只需使用几个简单的按键操作,就可以制作出精致的图表。

4. 数据库管理

在 Excel 中提供的有关处理数据库的命令和函数,使得 Excel 具备了组织和管理大量数据的能力,因而使其用途更加广泛。

5. 决策支持

Excel 可以做许多统计分析规划求解工作,还可以做线性规划和非线性规划,这些都是管理科学上求解最佳值的方法。

4.1.2 Excel 2003 的启动与退出

1. Excel 2003 的启动与其他应用程序启动相似,常用的有以下两种方法。

第4章 电子表格软件 Excel 2003

(1) 通过开始菜单：依次单击【开始】→【程序】→【Microsoft Office】→【Microsoft Office Excel 2003】命令，即可启动 Excel。

(2) 通过桌面快捷方式：在桌面上创建 Excel 的快捷方式，然后直接双击桌面上的【Microsoft Office Excel 2003】的快捷图标即可。

2. 退出 Excel 可采用如下几种常用方法中的一种。

(1) 选择【文件】→【退出】命令。

(2) 按【Alt】+【F4】组合键。

(3) 直接单击 Excel 标题栏右上角的【关闭】按钮。

注意：如果用户对打开的 Excel 2003 文档做了任何形式的修改，则在退出 Excel 时，系统会提示"文件已被修改，是否保存其修改的内容？"，这时用户应该根据实际需要，选择保存文件或者不保存文件。

4.1.3 Excel 2003 的窗口组成及操作

Excel 的窗口是一个标准的 Windows 应用程序窗口，包含标准 Windows 应用程序窗口的组成元素，如：标题栏、菜单栏、工具栏、状态栏等，同时还包含 Excel 2003 特有的一些窗口界面元素，标准的 Excel 2003 窗口界面，如图4-1所示。

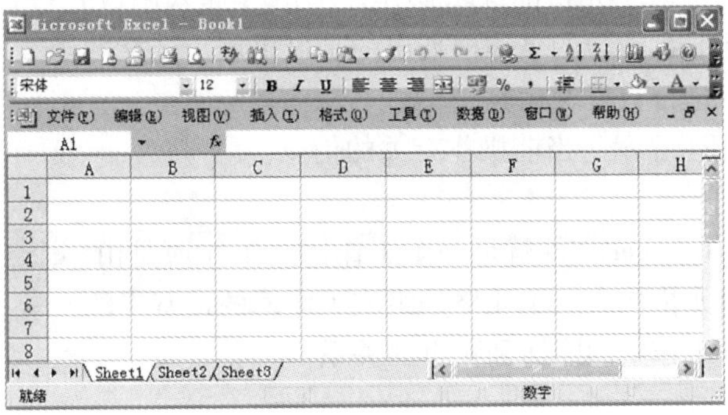

图4-1 Excel 2003 工作窗口

1. Excel 应用程序窗口

(1) 标题栏

显示 Excel 2003 应用程序名和正在使用的文档名。

(2) 菜单栏

Excel 2003 的菜单栏包括【文件】、【编辑】、【视图】、【插入】、【格式】、【工具】、【数据】、【窗口】、【帮助】9个主菜单项，每个主菜单项中均包含了一组相关的操作命令。单击主菜单项中的相应命令可以完成对应的功能。

(3) 工具栏

在 Excel 2003 中包含 20 多个工具栏，可以帮助用户更快捷、更方便地工作。但在启动后，通常只会显示两个工具栏：常用工具栏和格式工具栏，如图4-2和图4-3所示。

用户将鼠标移动到工具栏按钮上停留片刻后，可以出现该按钮的功能说明。对于工具栏的显示或隐藏，用户可以通过【视图】菜单中的【工具栏】菜单项，或者在工具栏上，

图 4-2　Excel 2003 常用工具栏

图 4-3　Excel 2003 格式工具栏

单击鼠标右键打开快捷菜单，来显示或隐藏工具栏。

（4）编辑栏

编辑栏可用于输入、编辑数据或公式，如图 4-4 所示。

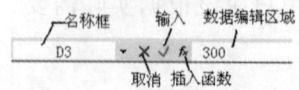

图 4-4　编辑栏

编辑栏由以下 3 部分组成。

● 名称框：用于显示当前活动单元格的名称，也可用来定义单元格的名称。

● 数据编辑区域：用于显示或编辑单元格中的数据和公式。

● 编辑按钮：当用户将光标放置于数据编辑区域时会显示【取消】、【输入】和【插入函数】3 个按钮。单击【取消】按钮可以取消用户在单元格中所做的操作；单击【输入】按钮可以确认用户对单元格的编辑操作；单击【插入函数】按钮可以在当前单元格中编辑函数公式，此时，左边的名称框列出的是可供用户选择的函数列表，在此可以方便地选择常用的函数，进行数据的运算。

（5）状态栏：用于显示与当前操作有关的信息。

2. 工作簿窗口

在 Excel 中，一个 Excel 文件就是一个工作簿。工作簿是由多个工作表组成。工作表是由行、列组成的单元格构成。单元格是组成工作簿的最基本的元素。工作簿与工作表之间的关系类似于财务工作中的账簿和账页的关系。

（1）工作簿

所谓工作簿，是指用来存储并处理工作数据的文件，在一个工作簿中可以包含多个不同类型的工作表。Excel 在创建新的工作簿文件时，默认创建 3 张工作表。图 4-5 所示是一个包含 3 张工作表的工作簿窗口。一个工作簿最多有 255 张工作表。

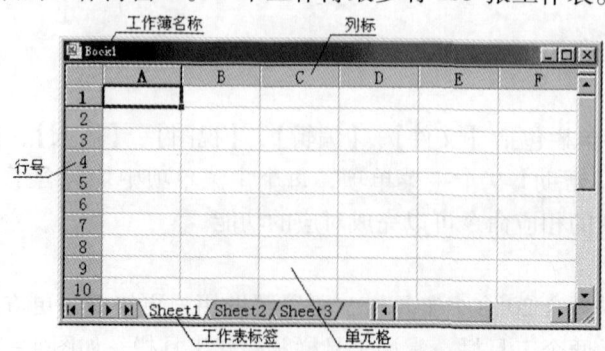

图 4-5　包含三个工作表的工作簿窗口

(2) 工作表

工作表是工作簿中的一页，每个工作表在工作簿窗口中都有一个标签，标签上显示工作表的名称，如图 4-5 中的 3 张工作表的名称分别是 Sheet1、Sheet2、Sheet3，这是工作表的默认名称，用户可以对其名称进行修改，也可以根据需要增加或减少工作表。

(3) 单元格

工作表中行与列的相交处的小方格称为单元格。

一个 Excel 工作表默认包含 65 536 行，每一行有一个行号，分别是 1、2、3、…、65 536。

一个 Excel 工作表默认包含 256 列，每一列有一个列标，分别是 A、B、C、…、Z、AA、AB、AC、…、IV。

单元格有自己的名称，它是由列标与行号组成的，例如 A2、B5、D8 等。单元格用于存放数据信息，换句话说，任何属于工作簿或工作表的数据都是存放在某个单元格中的。

工作表中当前正在使用的单元格被称为活动单元格。活动单元格的标志是其四周加有黑色的粗线边框，如图 4-6 所示。活动单元格的含义是指该单元格得到了输入焦点，用户输入的内容会出现在活动单元格中。如果要让某单元格成为活动单元格，只需用鼠标单击即可。Excel 中每个单元格最多可以容纳 255 个字符。

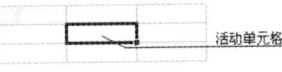

图 4-6 活动单元格

4.2 Excel 2003 的基本操作

4.2.1 创建和打开工作簿与工作表

1. 创建工作簿

在 Excel 2003 中，工作簿是存储并处理数据的文件，其默认文件扩展名为 .xls。Excel 在启动后会自动创建一个名为"Book1"的空白工作簿，用户也可以通过如下两种方法来创建一个新的工作簿。

(1) 单击常用工具栏中【新建】按钮，可直接创建一个空白的工作簿。

(2) 单击【文件】→【新建】命令，利用右侧出现的"新建工作簿"任务窗格中的选项建立，如图 4-7 所示。

选择"空白工作簿"，可直接创建一个空白的工作簿。

选择"根据现有工作簿"，则打开"根据现有工作簿新建"对话框，从中确定现有工作簿的位置和名称，点击"创建"按钮，即可根据已有的 Excel 工作簿建立新的工作簿。

选择"本机上的模版"，则打开"模版"对话框，在"模版"对话框中有 2 个选项卡：一个"常用"，可直接建立空白文档；另一个"电子方案表格"选项卡，可以建立以某个模板为基础的工作簿文件，如图 4-8 所示。

对于新建的工作簿文件，相关的 3 点说明如下。

(1) 新建工作簿文件时，默认的工作簿文件名为 Book1.xls、Book2.xls、……。

(2) 每个工作簿内建有数个工作表，其默认名称为 Sheet1、Sheet2、……。

（3）一个工作簿文件内建立初始工作表的数量可以更改。用户可以单击【工具】菜单中的【选项】命令，弹出"选项"对话框，如图 4-9 所示，然后在"常规"选项中设置"新工作簿内的工作表数"的值，便可以更改一个新工作簿包含的默认工作表的数量。

2. 打开工作簿

如果用户已经创建了一个工作簿，则可以使用以下常用的方法打开。

（1）单击常用工具栏中的【打开】按钮。

（2）单击【文件】菜单中的【打开】命令。

以上两种方法均会弹出【打开】对话框，如图 4-10 所示，用户可以在"查找范围"下拉列表框中选择文件夹，然后

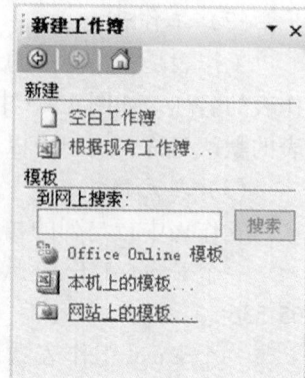

图 4-7 "新建工作簿"任务窗格

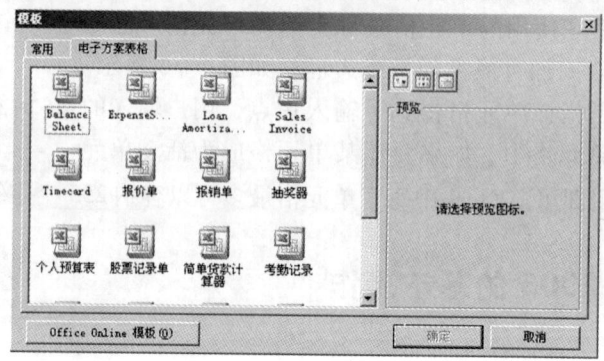

图 4-8 "模版"对话框"电子方案表格"选项卡

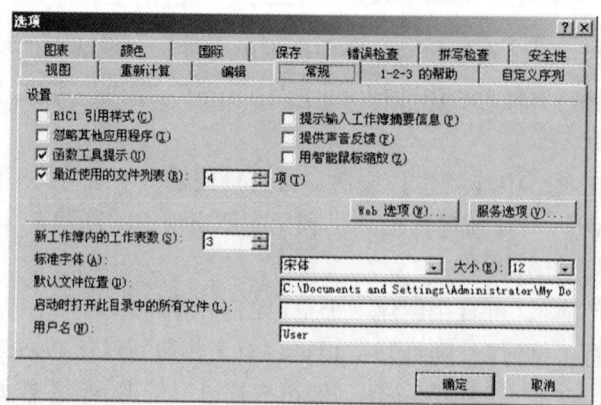

图 4-9 "选项"对话框中"常规"选项卡

双击要打开的文件名或者在选择文件后，单击【打开】按钮，即可打开了一个工作簿文件。

第 4 章　电子表格软件 Excel 2003

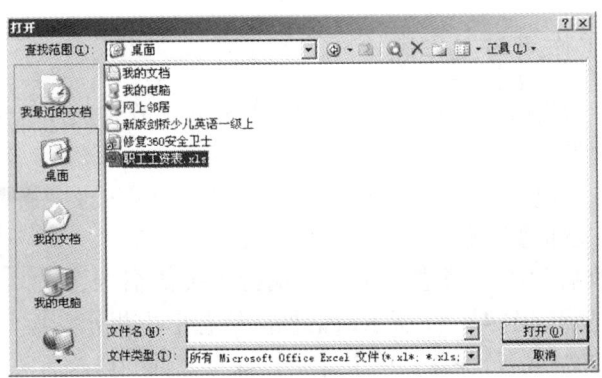

图 4-10　"打开"对话框

4.2.2　保存工作簿与工作表

当完成一个工作簿的建立、编辑后，就需将工作簿文件保存起来，Excel 2003 系统提供了保存和另存为两种方法用于保存工作簿文件。其操作步骤如下。

（1）单击常用工具栏上的【保存】按钮，或单击【文件】菜单中的【保存】命令，此时如果要保存的文件是第一次存盘，将弹出如图 4-11 所示的"另存为"对话框（如果该文件已经被保存过，则不弹出"另存为"对话框，同时也不执行后面的操作）。

（2）在"保存位置"下拉列表中，选择存放文件的磁盘和文件夹，在"文件名"文本框中输入文件名，在"保存类型"下拉式列表框中，选择保存文件的类型（此项操作设置了文件的扩展名）。

图 4-11　"另存为"对话框

（3）单击【保存】按钮完成工作簿文件的保存。

注意：如果用户使用了【文件】菜单中的【另存为】命令，则每次都会弹出"另存为"对话框。使用【另存为】命令可以方便的为用户留下副本，便于对比修改。

4.2.3 关闭工作簿与工作表

在使用多个工作簿进行工作时,可以将使用完毕的工作簿关闭,这样不但可以节约内存空间,还可以避免打开的文件太多引起的混乱。

首先对工作簿的修改进行保存,再选择【文件】菜单下的【关闭】命令即可将工作簿关闭。

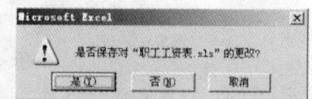

如果没有对修改后的工作簿进行保存就执行了关闭命令,此时工作画面中将显示如图 4-12 所示对话框。信息框中提示用户是否对修改后的文件进行保存,单击【是】保存文件的修改后关闭文档;单击【否】关闭文件不保存文档的修改。

图 4-12 提示信息对话

4.2.4 在工作表中输入数据

Excel 工作表的单元格中可以输入 "数值型"、"字符型"、"日期、时间型" 和 "逻辑型"。4 种不同类型的数据。下面分别对不同类型的数据的输入方法进行介绍。

1. 输入数值型数据

数值型数据是类似于 "100"、"3.14"、"-2.618" 等形式的数据,它表示一个数量的概念。

在 Excel 中,数值型常量只可以由以下符号组成,其中正数前的正号(+)会被忽略。

0 1 2 3 4 5 6 6 8 9 + - ( ), / $ % . E e

当用户需要输入普通的实数类型的数据时,只需直接在单元格中输入。其默认对齐方式是右对齐方式,如果输入的数据长度超过单元格宽度时(多于11位的数字,其中包括小数点和类似 "E" 和 "+" 这样的字符),Excel 会自动以科学计数法表示,如图 4-13 所示。

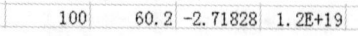

图 4-13 输入数值型数据

当用户输入分数时,需要在分数前输入一个 "0(零)" 和一个空格,如键入 "0 1/2"。这样可以避免 Excel 将 "1/2" 当作 "1月2号" 或 "1除以2" 来处理。

2. 输入字符型数据

字符型数据是指字母、汉字、数字和其他特殊字符的任意组合。如 "ABC"、"汉字"、"@¥%"、"010-88888888" 等形式的数据,它是以 ASCII 码或者汉字机内码的形式保存在单元格中的。

注意:对于电话号码、邮政编码、学号等数字需要作为字符型数据来处理。当用户在输入的数字前面加上一个英文单引号,Excel 将会把它当作字符型数据进行处理。

当用户输入的字符型数据超过单元格的宽度时,如果右侧的单元格中没有数据,则字符型数据会跨越单元格显示;如果右侧的单元格中有数据,则只会显示部分数据。如图 4-14 所示。

第 4 章 电子表格软件 Excel 2003

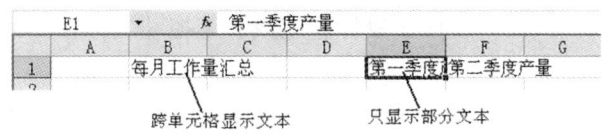

图 4-14 输入字符型数据

如果用户需要在单元格中输入多行文字，那么可以在一行输入结束后按【Alt】+【Enter】键实现换行，然后输入后续的文字。

字符型数据的默认对齐方式是左对齐方式。

3. 输入日期、时间型数据

对于日期、时间型数据按日期和时间的表示方法输入即可。输入日期时，用连字符"-"或斜杠"/"分隔日期的年、月、日。输入时间时，应用":"分隔，Excel 默认为 24 小时制，若想采用 12 小时制，时间后加后缀 AM 或 PM（大小写都可以，也可以省略为 a 或 p），但在时间与字母之间必须包括一个空格。例如：2004-1-1，2004/1/1，18：30：20，15AM 等均为正确的日期、时间型数据。也可以在同一单元格内输入时期和时间，二者用空格分开。

若要输入当天的日期，可按快捷键【Ctrl】+【;】；若要输入当前的时间，可按快捷键【Ctrl】+【Shift】+【;】。

当日期时间型数据太长，超过列宽时系统会自动调整列宽，以适应输入的内容。

日期时间型数据的默认对齐方式是右对齐。

4. 输入逻辑型数据

逻辑型数据只有两个值，分别是"TRUE"和"FALSE"（与大小写无关）。

逻辑型常量用于表示一个判断的结果，例如："=5<4"的结果是"FALSE"，"=5>4"的结果是"TRUE"。

当用户在单元格中输入逻辑型常量时，数据的默认对齐方式是居中，如图 4-15 所示。

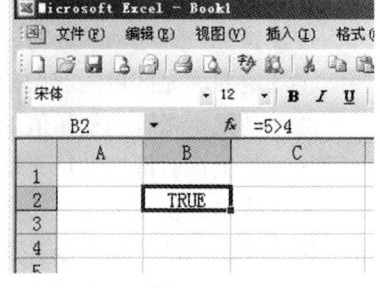

图 4-15 输入逻辑型常量

5. 自动填充数据

自动填充是指将数据填写到相邻的单元格中，是一种快速填写数据的方法。

在输入一个工作表时，经常会遇到有规律的数据。例如，需要在相邻的单元格中填入序号一、二、三……，或者是一月、二月……，或是 1，3，5，6 等序列，这时用户就可以使用 Excel 的自动填充功能。

Excel 内置的序列数据有日期序列、时间序列和数据值序列，用户也可根据需要创建自定义序列。

（1）使用鼠标左键填充

使用鼠标自动填充时，需要用到填充柄。填充柄位于选定区域的右下角，如图 4-16 所示。

填充的具体操作方法是：选择含有数据的源单元格，移动鼠标指针到填充柄，当鼠标指针变成实心十字形“十”时，按住鼠标左键或右键拖动鼠标到目标单元格。

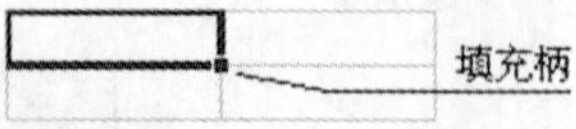

图 4－16　填充柄

①填充不同的数值序列、相同的日期、时间和星期序列，其操作步骤如下。

● 选定要填充区域的起始单元格，然后输入序列的初始值并确认。

● 移动鼠标指针到初始值的单元格右下角的填充柄（指针变为黑十字“十”状）。

● 按住【Ctrl】键，再按住鼠标左键拖动填充柄，经过待填充的区域。

● 放开鼠标左键和【Ctrl】键，则序列数据按已定的规律，填充到鼠标拖动经过的各单元格，如图 4－17 所示。

	A	B	C
1			
2	1	星期一	2000年
3	2	星期一	2000年
4	3	星期一	2000年
5	4	星期一	2000年
6	5	星期一	2000年
7			

图 4－17　填充不同的数值序列、相同的星期和日期序列

②填充相同的数值序列、不同的日期、时间和星期序列，其操作步骤如下。

● 选定要填充区域的起始单元格，然后输入序列的初始值并确认。

● 移动鼠标指针到初始值的单元格右下角的填充柄（指针变为黑十字“十”状）。

● 按住鼠标左键拖动填充柄，经过要填充的区域。

● 放开鼠标左键，则序列数据按已定的规律，填充到鼠标拖动经过的单元格。

(2) 使用鼠标右键填充

按住鼠标右键拖动填充的方式，提供了更为强大的填充功能。其操作步骤如下。

①选定要填充区域的起始单元格，然后输入序列的初始值并确认。

②移动鼠标指针到初始值的单元格右下角的填充柄（指针变为黑十字“十”状）。

③按住鼠标右键拖动填充柄，经过要填充的区域，弹出如图 4－18 所示的快捷菜单。

④从弹出的快捷菜单中选择要填充的方式。

快捷菜单中的各项命令含义如下。

● 复制单元格：给所有待填充的单元格填充相同的值。

● 以序列方式填充：按着系统默认的序列，填充所有待填充的单元格。

● 以格式填充：仅以单元格格式设置被填充单元格，不影响被填充单元格的数据。

● 以值填充：仅将数据复制到被填充单元格，不改变被填充单元格的格式。

● 以工作日填充：采用每周 5 天工作制填充单元格序列。

● 以天数填充：针对日期型数据，以一天为间距填充单元格序列。

● 以月填充：以月为单位填充单元格序列。

● 以年填充：以年为单位填充单元格序列。

● 等差序列：从起始值开始按等差数列方式填充单元格序列。
● 等比序列：从起始值开始按等比数列方式填充单元格序列。
● 序列：单击序列命令，弹出如图 4-19 所示的"序列"对话框，用户可在【类型】单选按钮中，选择需要的序列来进行填充。

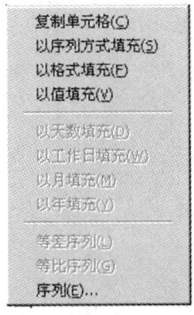

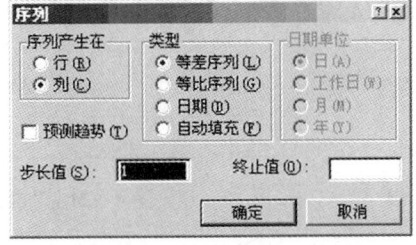

图 4-18　自动填充的快捷菜单　　　　图 4-19　"序列"对话框

(3) 使用菜单填充
① 在要填充区域的第一个单元格中输入初始值。
② 用鼠标拖动选中所有待填充的区域（包括输入初始值的第一个单元格）。
③ 选择【编辑】菜单中的【填充】命令，弹出【填充】子菜单，如图 4-20 所示。

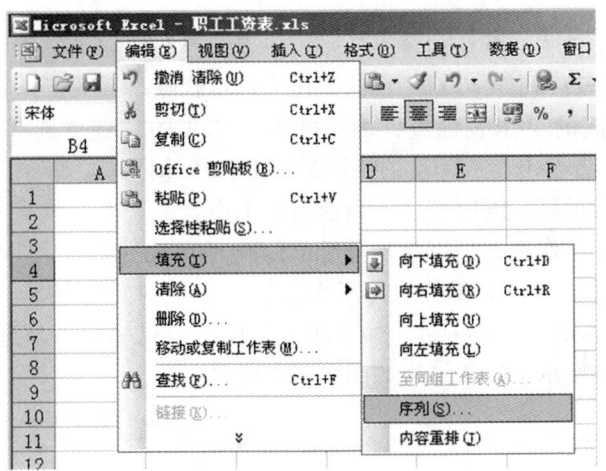

图 4-20　【填充】子菜单

④ 从【填充】子菜单中，选择填充方式。
(4) 自定义序列
在实际应用当中，有时会出现 Excel 提供的序列，不能完全满足需要。这时可以利用 Excel 提供的自定义序列功能来建立自己需要的序列。例如，可以将学校的专业名称自定义为一个操作序列。其操作步骤如下。
① 选择【工具】菜单中的【选项】命令，弹出如图 4-21 所示的选项对话框，选择"自定义序列"选项卡。

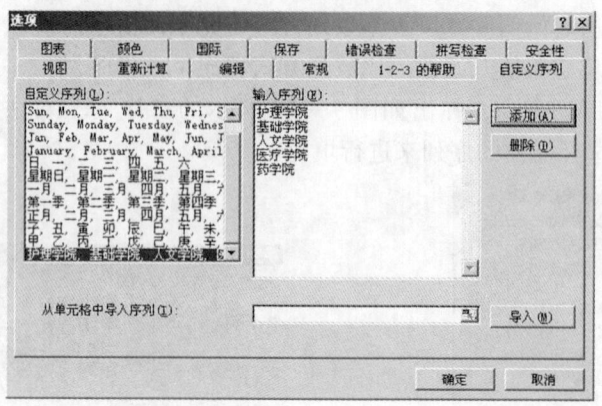

图 4-21 "自定义序列"选项

②在输入序列表中分别输入序列的每一项，单击【添加】按钮；或单击【从单元格中导入序列】右侧的隐藏按钮，将已经在表格中输入的序列添加到"自定义序列"列表中。

③单击【确定】按钮，退出对话框。

④按上述方法定义好自定义序列后，就可以利用填充柄或【填充】命令使用它了。

4.2.5 插入工作表

新建的工作簿文件中，默认包含了 3 张工作表，但在实际工作中可以根据需要，在工作簿中增加新的工作表，也可以对无用的工作表进行删除。插入工作表的操作如下。

单击工作簿下面的工作表标签，确定插入工作表的位置；选择【插入】菜单中的【工作表】命令，或者右击，从弹出的快捷菜单中选择【插入】命令，一张新的工作表被插入到选定工作表的前面，同时变成了当前活动工作表。

如果要插入多张工作表，可以按住【Shift】键，单击待添加工作表相同数目的工作表标签；然后再选择【插入】菜单中的【工作表】命令。例如，在Sheet1之前插入一张新的工作表，表的名称默认为 Sheet 4，如图 4-22 所示，鼠标右击，选插入后，弹出插入对话框，如图 4-23 所示，插入结果如图 4-24 所示。

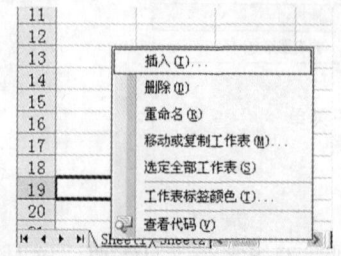
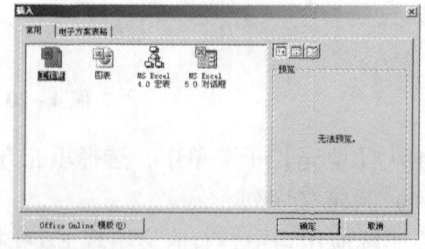

图 4-22 鼠标右击插入工作表的操作　　　　图 4-23 【插入】对话框

4.2.6 移动或复制工作表

移动工作表的含义是指调整工作表之间的排列次序。简单操作方法为：移动鼠标指针

第 4 章 电子表格软件 Excel 2003

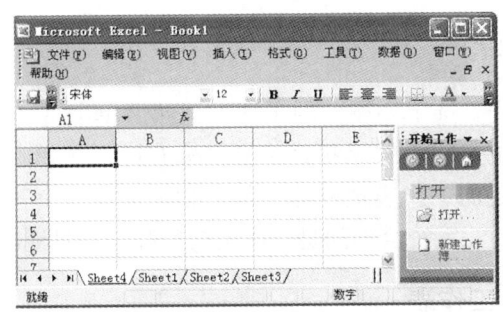

图 4-24 插入工作表

到需要移动的工作表标签处,按住鼠标左键,当鼠标指针变成形状时拖动鼠标,在拖动过程中,工作表标签位置会出现一个黑色的三角形,指示工作表要移动到的位置,当到达合适的位置后释放鼠标即可。

复制工作表是在移动工作表的同时按住【Ctrl】键。

通过【移动或复制工作表】命令可以实现更复杂的操作,具体操作方法如下。

1. 在同一个工作簿中移动或复制工作表

(1) 选中要移动或复制的工作表。

(2) 在【编辑】菜单中,选择【移动或复制工作表】命令;或鼠标右击工作表标签,在快捷菜单中选择【移动或复制工作表】命令,将弹出"移动或复制工作表"对话框,如图 4-25 所示。

(3) 在对话框的"下列选定工作表之前"列表框中,选择工作表的目标位置,若选择"建立副本"选项则为复制工作表,否则为移动工作表。

(4) 单击【确定】按钮,完成工作表的移动或复制。

2. 在不同工作簿中移动或复制工作表

(1) 打开两个以上工作簿文件,选择要移动或复制的工作表。

(2) 在【编辑】菜单中,选择【移动或复制工作表】命令;或鼠标右击工作表标签,在快捷菜单中选择【移动或复制工作表】命令,将弹出"移动或复制工作表"对话框。

图 4-25 "移动或复制工作表"对话框

(3) 在对话框的"工作簿"列表框中选择选定工作表要移动或复制到的工作簿,再在"下列选定工作表之前"列表框中,选择工作表的目标位置,若选择"建立副本"选项则为复制工作表,否则为移动工作表。

(4) 单击【确定】按钮,完成工作表的移动或复制。

4.2.7 删除工作表

删除一个工作表，先要选定要删除的工作表，然后单击【编辑】菜单中【删除工作表】命令，或在要删除的工作表的标签处单击鼠标右键，在弹出的快捷菜单中选择【删除】命令，就会看到选定的工作表被删除，与它相邻的下一个工作表变成了当前活动工作表。但在删除工作表前，系统会询问是否确定要删除，一旦删除将无法恢复。

4.2.8 重新命名工作表

在建立一个新的工作簿时，它所有的工作表都是以"Sheet1"、"Sheet2"……来命名的，这在实际工作中，很不方便记忆和进行有效的管理。为了便于记忆，我们可以为工作表重新命名。选择要重命名的工作表，选择【格式】→【工作表】→【重命名】命令，或在选定工作表位置右击，弹出快捷菜单，选择【重命名】命令，键入工作表的新名称，在新名称区域外任意处单击即可重新命名。

也可以双击需要重命名的工作表标签，然后键入工作表名称。

4.2.9 隐藏与取消隐藏工作表

有时，若不想让他人随意查看自己的工作表，可以将其隐藏。方法是：先选定要隐藏的工作表为当前工作表，单击【格式】→【工作表】→【隐藏】命令，这时当前工作表便从当前工作簿中消失。当需要再次出现时，单击【格式】→【工作表】→【取消隐藏】命令即可。

4.2.10 打印工作簿与工作表

1. 页面设置

在 Excel 中，单击【文件】菜单中【页面设置】命令，会弹出"页面设置"对话框，如图 4-26 所示。"页面设置"对话框中包括"页面"、"页边距"、"页眉/页脚"、"工作表"4 个选项卡。

(1) "页面"选项卡：用于设置纸张大小、打印方向及起始页码等。

(2) "页边距"选项卡：用于设置页面的页边距及对齐方式等，如图 4-27 所示。

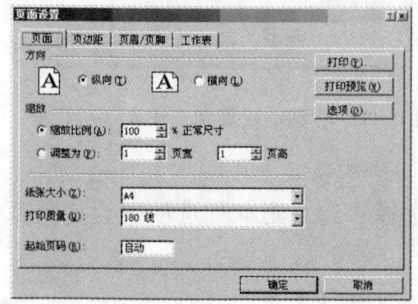

图 4-26 "页面设置"对话框

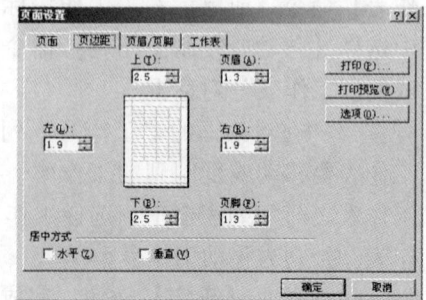

图 4-27 "页边距"选项卡

(3)"页眉/页脚"选项卡:用于设置打印页面的页眉/页脚文字,如图4-28所示。可以使用系统提供的页眉/页脚形式,也可以自定义页眉/页脚内容。

(4)"工作表"选项卡:用于设置打印区域以及是否打印网格线等,如图4-29所示。

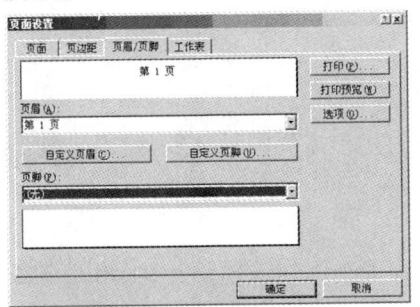

图4-28 "页眉/页脚"选项卡

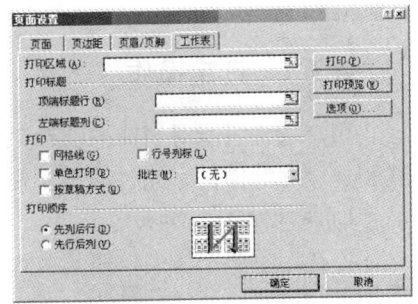

图4-29 "工作表"选项卡

2. 打印预览

打印预览是用来在屏幕上显示工作表打印的整体效果,可以使用以下2种方法实现打印预览功能。

(1)使用工具栏上的【打印预览】按钮。

(2)单击【文件】菜单中的【打印预览】命令。

打印预览窗口如图4-30所示,单击【上一页】、【下一页】按钮,显示要打印的上、下一页;单击【缩放】按钮,可以实现全页视图和放大视图之间的切换;单击【页边距】按钮后,可以用拖拽的方式调整页边距;单击【打印】按钮,可以打开"打印"对话框;单击【关闭】按钮返回原编辑窗口。

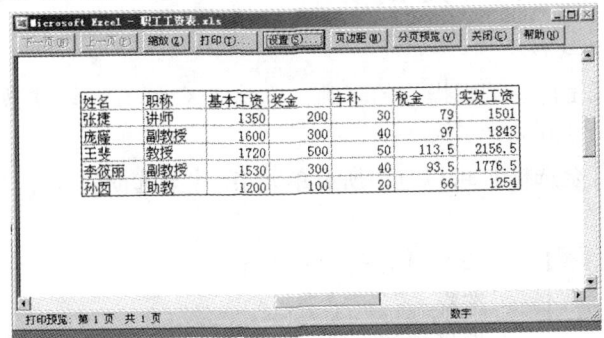

图4-30 打印预览窗口

3. 打印工作表

当对工作表的所有设置都完成后,就可以打印工作表了,方法有以下几种。

(1)单击常用工具栏中的【打印】按钮,这种方法快捷,但缺乏控制。

(2)单击【文件】菜单中的【打印】命令,弹出"打印"对话框,设置完成后就可以打印了。

(3)在"页面设置"对话框中,单击【打印】按钮,或在打印预览窗口中单击【打印】按钮，也可以实现工作表的打印。

表格的打印操作和文档的打印方法相似，简单操作即可完成打印工作。

4.3 编辑工作表

4.3.1 选定操作

用户通常只能对当前的活动工作表进行操作，但有时用户需要同时对多个工作表进行复制、删除等操作，此时就需要先选定工作表。

1. 选定单个工作表

要选定单个工作表，使其成为当前活动工作表，只需要在工作表标签上单击相应的工作表名即可。

2. 选定多个连续的工作表

单击要选定的第一个工作表标签，按住【Shift】键，再单击要选择的最后一个工作表标签，则可选定多个连续的工作表，此时工作簿窗口标题栏上会出现"工作组"字样，如图4-31所示。

3. 选定多个不连续的工作表

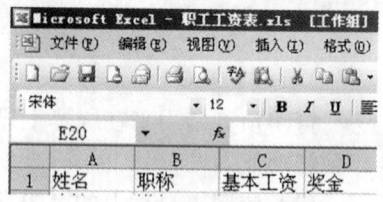

图4-31 选定多个工作表 出现工作组字样

单击要选定的第一个工作表标签，按住【Ctrl】键，然后依次单击每个要选定的工作表标签即可。此时工作簿窗口标题栏上也会出现"工作组"字样，如图4-31所示。

4.3.2 编辑行、列或单元格

1. 单元格区域的选择

选择单元格区域是许多编辑操作的基础，单元格区域的选择方法如下。

（1）选择工作表中所有单元格

单击工作表的【全选框】可以选中所有单元格。【全选框】位于A1单元格的左上角，如图4-32所示。

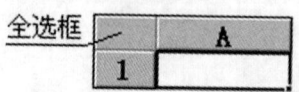

图4-32 全选框

（2）选择一行或多行

选择一行：单击行号。

选择相邻多行：可以在行号上拖动鼠标；或者单击连续多行中的第一行的行号，然后按住【Shift】键再单击最后一行的行号。

选择不相邻的多行：先单击其中一行的行号，然后按住【Ctrl】键，单击其他行的行号。

（3）选择一列或多列

选择一列：单击列标。

选择相邻多列：在列标上拖动鼠标；或者单击连续多列中的第一列的列标，然后按住

第 4 章　电子表格软件 Excel 2003

【Shift】键再单击最后一列的列标。

选择不相邻的多列：先单击其中一列的列标，然后按住【Ctrl】键，单击其他列的列标。

（4）选择一个或多个单元格

选择一个单元格：直接用鼠标单击该单元格即可。

选择一个矩形区域内多个相邻单元格：如果所有待选择单元格在窗口中可见，则可以在矩形区域的某一角位置按下鼠标左键，然后沿矩形对角线拖动鼠标进行选取操作；如果部分待选择单元格在窗口中不可见，则可以在矩形区域的第一个单元格上单击鼠标左键，然后拖动滚动条至矩形对角线位置的单元格可见，接着按住【Shift】键，并单击矩形对角线位置单元格即可完成区域的选取。

选择多个不相邻的单元格：首先选择一个单元格，然后按住【Ctrl】键，单击其他单元格。

2. 单元格内容的移动、复制

单元格内容的移动和复制，常用的方法有鼠标拖动和使用剪贴板两种。

（1）使用鼠标拖动进行移动、复制

① 选择要移动、复制的单元格。

② 如果要移动，将光标移动到单元格边框的下方或右侧，出现箭头状光标时用鼠标拖动单元格到新的位置即可；如果要复制，则需要按住【Ctrl】键的同时，拖动单元格到新位置（拖动过程中，光标旁会出现当前单元格区域的名称），释放鼠标键即可完成操作。

（2）使用剪贴板进行移动、复制

① 选择要移动、复制的单元格。

② 如果要移动，单击工具栏中的【剪切】按钮，如果要复制，单击工具栏中的【复制】按钮。所选内容周围会出现一个闪动的虚线框，表明所选内容已放入剪贴板上。

③ 单击新位置中的第一个单元格，单击工具栏中的【粘贴】按钮，即可完成移动或复制操作。

在操作过程中，如果想取消操作，按【Esc】键可取消选择区的虚线框，或双击任一非选择单元格，也可取消选择区域。

3. 单元格内容的删除

（1）选择要删除内容的单元格。

（2）单击【编辑】菜单中的【清除】命令，在子菜单中选择要删除的内容（包括"全部"、"内容"、"格式"或"批注"项）。若使用【Del】键，只相当于删除了单元格的文本内容，并没有对其格式进行清除。

4. 单元格的删除、插入

（1）删除单元格

如果用户需要删除单元格本身（并非单元格内容），则 Excel 会将其右侧或下方单元格的内容自动左移或上移。其操作方法如下。

① 选择所要删除的单元格。

②单击【编辑】菜单中的【删除】命令,弹出如图4-33所示的"删除"对话框,选择删除后周围单元格的移动方向,单击【确定】按钮,完成单元格的删除操作。

(2) 插入单元格

①选择所要插入的单元格的位置。

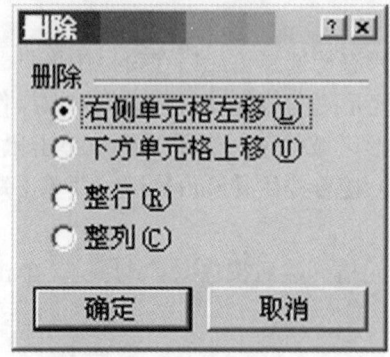
图4-33 删除单元格对话框

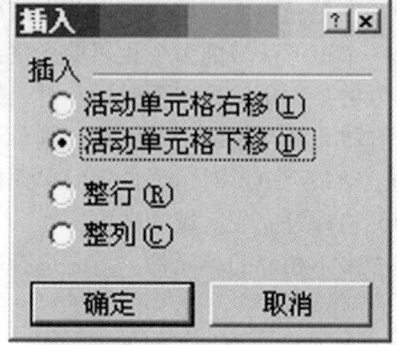
图4-34 插入单元格对话框

②单击【插入】菜单中的【单元格】命令,弹出如图4-34所示的"插入"对话框,选择插入单元格后周围单元格的移动方向,单击【确定】按钮,完成单元格的插入操作。

5. 行或列的删除、插入

(1) 删除行或列

①单击所要删除的行的行号或列的列标,选定该行或列。

②选择【编辑】菜单中【删除】命令,即可完成行或列的删除。

(2) 插入行或列

①单击要插入行或列所在任一单元格,或选定要插入行的行号或列的列标。

②单击【插入】菜单中的【行】或【列】命令,则当前行或列的内容自动下移或右移。

4.3.3 编辑修改数据

当用户在单元格中输入数据后,可以按【Enter】键(此时活动单元格向下移)、【Tab】键(此时活动单元格向右移)或用鼠标单击其他单元格以确认数据输入完成。但如果输入数据有错误时,就需要修改。修改数据的常用方法有如下两种。

(1) 选择需要修改的单元格,在编辑栏的编辑区单击鼠标,当插入点出现后修改数据。

(2) 双击需要修改的单元格,当插入点在单元格中出现后可以修改数据。

如果修改数据时出现错误,可以选择恢复修改前的状态,恢复的方法是单击常用工具栏中撤消按钮,或使用组合键【Ctrl】+【Z】。

4.3.4 查找与替换数据

查找与替换是编辑处理的常用操作。在Excel中,除了可以查找和替换文字之外,还可以查找和替换公式。人们可以在一个工作表所有单元格中，或者在工作表的一个选定区域中，或者在一个工作表或工作表组的当前选定区域中，用另一串字符替换现有的字符，也可寻找和选定具有同类内容的单元格。

1. 查找命令

当需要重新查看或修改工作表中的某一相同内容时，可以查找和替换所指定的任何数值，包括文本、数学、日期，或者查找一个公式。查找的操作步骤如下。

(1) 单击【编辑】菜单中的【查找】命令，屏幕显示对话框，如图 4-35 所示。

图 4-35 "查找"对话框

(2) 在"查找内容"框中，输入要查找的字符串。

(3) 然后，按需要选择相应按钮即可（选择【选项】按钮，可以进行更细致的查找）。

当 Excel 找到一个匹配的内容后，单元格指针就会指向该单元格。如果选择【查找下一个】按钮，可以继续查找，如果选择【关闭】按钮，退出"查找"对话框。

在"查找内容"文本框中，最多可输入 255 个英文字符，一个中文字相当于两个英文字符。

2. 替换命令

替换命令与查找命令类似，但可以更进一步将查找到的字符串替换成一个新的字符串，以便对工作表编辑。替换操作步骤如下。

(1) 单击【编辑】菜单中的【替换】命令，屏幕显示对话框，如图 4-36 所示。

图 4-36 "替换"对话框

(2) 在"查找内容"文本框中，输入要查找的字符串，在"替换为"文本框中，输入替换后的内容。

(3) 选择查找范围：【查找下一个】按钮或【全部替换】按钮。

如果选择【全部替换】按钮，则所有被查到的字符串都被新的字符串所取代。

与查找命令相同，在查找目标和替换框内最多可输入 255 个英文字或 127 个中文字的字符串，并可利用光标的移动，输入框内的字符串。

4.4 工作表的格式编排

4.4.1 单元格格式的设置

1. 设置单元格字体格式

单元格字体设置包括对单元格中数据的字体、字形、字号、下划线、颜色以及特殊效果的设置。在 Excel 中，可以在输入数据前设定单元格中使用的字体，也可以在完成输入后再改变单元格中数据的字体。Excel 系统默认的字体为"12 号、宋体、黑色正常体"，用户可以根据需要重新设置字体。其操作方法与在 Word 中进行字体设置相同，可以使用【格式】工具栏按钮进行设置；也可以使用【格式】菜单中【单元格】命令，在弹出的对话框中选择"字体"选项卡，如图 4－37 所示，在选项中对字体格式进行设置。

2. 设置单元格的数字格式

Excel 提供了多种数字格式。在对数字格式化时，可以设置不同的小数位数、百分号、货币符号等来表示同一个数。这时屏幕上单元格显示的是格式化后的数字，编辑栏中显示的是系统实际存储的数据。如果要取消数字的格式，可以使用【编辑】→【清除】→【格式】命令。对于单元格数字格式的设置可以使用以下方法。

（1）用工具栏按钮格式化数字，选定包含数字的单元格；利用【格式】工具栏中提供的【货币样式】按钮、【百分比样式】按钮、【千位分隔样式】按钮、【增加小数位数】按钮、【减少小数位数】按钮，来设置数字格式。其设置效果如图 4－38 所示。

（2）用菜单格式化数字，选定要格式化数字所在的单元格区域，单击【格式】→【单元格】命令，在弹出的对话框中选择"数字"选项卡，如图 4－39 所示。

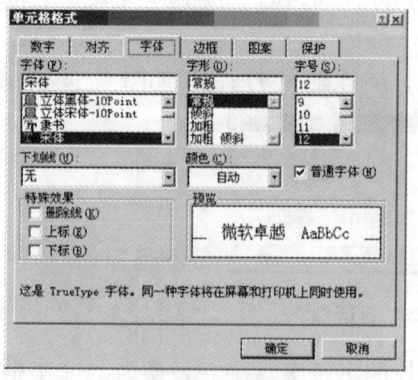

图 4－37 "单元格格式"对话框的"字体"选项卡

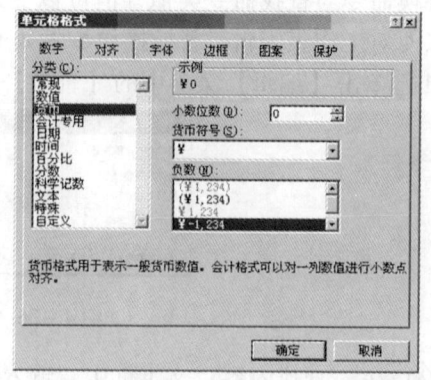

图 4－39 "单元格格式"对话框的"数字"选项卡

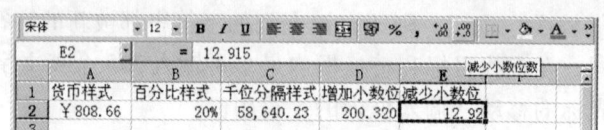

图 4－38 用工具栏按钮对数字进行格式化

(3) 在"分类"列表中选择一种分类格式,在对话框的右侧进行本类中的其他设置,同时,从【示例】栏中可以查看设置后的效果。

3. 设置单元格数据的对齐方式

Excel 中单元格数据的水平对齐方式默认是文本左对齐、数字右对齐、逻辑值居中对齐,垂直对齐方式默认为靠下对齐,即数据紧邻单元格的下边框排放。用户可以根据需要设置不同的对齐方式,以使版面更加美观。

(1) 用工具栏按钮改变数据的对齐方式

①选定要设置对齐方式的单元格。

②利用格式工具栏上的【左对齐】、【右对齐】、【居中对齐】、【合并及居中】、【减少缩进量】、【增加缩进量】按钮来设置对齐方式,如图 4-40 所示将所有文字居中对齐。

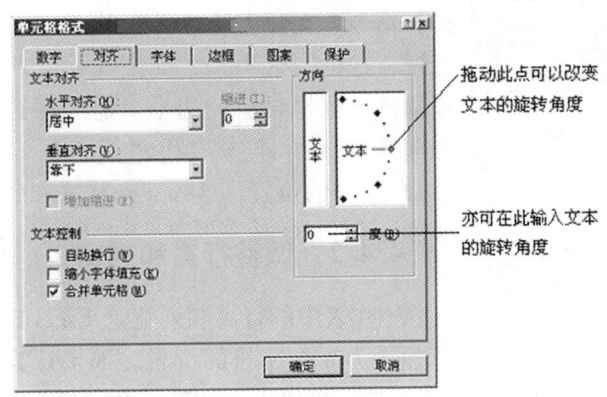

图 4-40 用工具栏按钮改变对齐方式

(2) 用菜单改变对齐方式

①选定要设置对齐方式的单元格区域。

②单击【格式】菜单中【单元格】命令,在弹出的对话框中选择"对齐"选项卡,如图 4-41 所示。

图 4-41 "单元格格式"对话框的"对齐"选项卡

(3) 在"文本对齐"栏下选择水平和垂直方向的对齐方式,其中,水平对齐方式包括"常规"、"靠左"、"居中"、"靠右"、"填充"、"两端对齐"、"跨列居中"、"分散对齐"等方式,垂直对齐方式包括"靠上"、"居中"、"靠下"、"两端对齐"、"分散对齐"等方式。在"方向"列表框中,可以改变单元格内容的显示方向;如果"自动换行"复选框被选中,则当单元格中的内容宽度大于列宽时,会自动换行(也可使用【Alt】+【Enter】键来强行换行)。如果"合并单元格"复选框被选中,则当前选择的单元格区域合并为一个单元格。

4. 网格线和边框线的设置

（1）网络线的隐藏与显示

Excel 工作表中显示的网格线是为输入、编辑方便而预设置的，如果需要可以将这些网格线隐藏起来，操作方法如下。

①单击【工具】菜单下的【选项】命令，在弹出的"选项"对话框中选择"视图"选项卡，如图 4-42 所示。

②在对话框的"窗口选项"栏，用鼠标单击"网格线"复选框（取消对号），即可隐藏工作表中的网格线。

（2）边框线的设置

在 Excel 中给表格加边框线，可强调、突出其中的数据，使表格显得更加美观。可使用以下方法给工作表加边框。

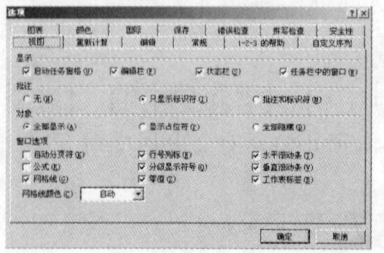

图 4-42 "选项"对话框中"视图"选项卡

①用工具栏按钮设置边框：选择要添加边框的单元格区域，单击格式工具栏上的【边框】

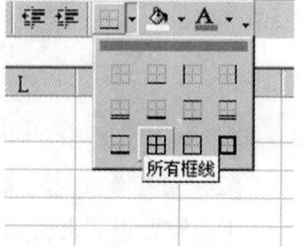

图 4-43 工具栏中的边框按钮

按钮，如图 4-43 所示。在弹出的下拉菜单中选择所需的边框线即可。

②用菜单设置边框：选择要添加边框的单元格区域，单击【格式】菜单中的【单元格】命令，在弹出的对话框中，选择"边框"选项卡，如图 4-44 所示。在边框、线型和颜色中选择合适的边框。需要注意的是，设置边框应先选择"线条样式"和"颜色"，再选择"预置"和"边框"中的位置，这样线条样式和颜色才能生效。

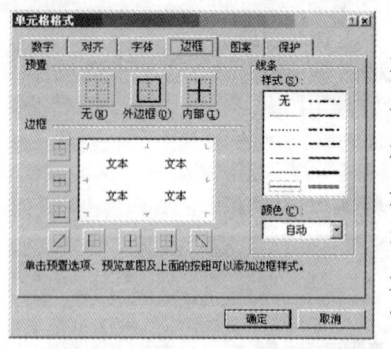

图 4-44 "边框"选项卡

4.4.2 调整行高和列宽

工作表中的行高和列宽是 Excel 默认设定的，行高自动以本行中最高的字符为准，列宽预设为 8 个字符的位置。如果计算结果超过了默认宽度，单元格会用"#"号填满。如果需要，可以手动调整，系统规定默认情况每行的高度或每列的宽度必须一致。

1. 调整行高

调整行高的常用方法有鼠标操作和菜单命令 2 种。

（1）把鼠标指针移动到该行与上下行的边界处，当鼠标指针变成"￪"形状时，拖动鼠标调整行高，这时 Excel 将会自动显示行的高度值。如果要同时更改多行的高度，可以先选定要更改的所有行，然后拖动其中一个行标题的下边界，即可调整所有已经选择的行的行高。

（2）选择需要调整的行或行所在的单元格，依次单击【格式】→【行】→【行高】

命令，在弹出的对话框中输入新的行高值，然后单击【确定】按钮即可，如图4-45所示。

2. 调整列宽

调整列宽和调整行高的方法相似，也可以通过鼠标操作和菜单命令2种方法来实现。

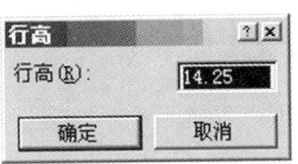

图4-45 调整"行高"对话框

（1）把鼠标指针移动到该列与左右列的边界处，当鼠标指针变成"+"形状时拖动鼠标调整列宽，这时Excel将会自动显示列的宽度值。

（2）选择需要调整的列或列所在的单元格，依次单击【格式】→【列】→【列宽】命令，在弹出的对话框中输入新的列宽值，然后单击【确定】按钮即可，如图4-46所示。

4.4.3 条件格式的设置

图4-46 调整"列宽"对话框

设置条件格式可以增强显示效果，增加可读性，给符合条件的单元格设置格式，具体方法如下。

①选择需要设置条件格式的单元格区域。

②单击【格式】菜单中【条件格式】命令，弹出"条件格式"对话框，如图4-47所示。

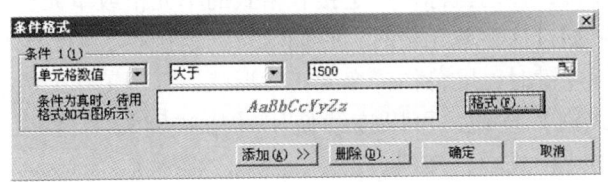

图4-47 "条件格式"对话框

③在"条件格式"对话框中，设置条件以及相应格式，可以单击【添加】按钮增加其他条件，然后单击【确定】按钮即可。

例如：在职工工资表中要求基本工资高于1 500元的工资以红色、加粗倾斜显示，那么可以这样设置"条件格式"对话框：在比较运算符下拉式列表框中选择"大于"选项，在数值框中输入1 500，单击【格式】按钮后，在"单元格格式"对话框中设置字体颜色为红色，字形为加粗倾斜，单击【确定】按钮即可。

4.4.4 自动套用格式的设置

自动套用格式是一种可以迅速应用于某一数据区域的格式设置集合，内含的格式包括数字、字体、边框、图案、对齐方式、列宽/行高。Excel提供了多种多样的自动套用格式，其操作方法如下。

（1）选择要格式化的单元格区域。

（2）单击【格式】菜单中的【自动套用格式】命令，弹出如图4-48所示的"自动套用格式"对话框。

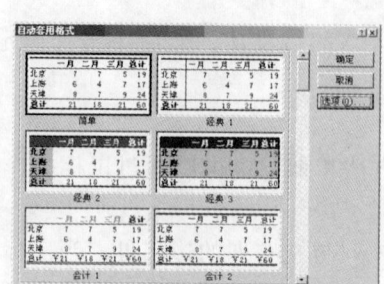

图 4-48 "自动套用格式"对话框

(3) 在对话框中选择需要使用的格式后,单击【确定】按钮即可。

4.4.5 用格式刷复制单元格格式

格式刷按钮被设计为从一个选定的单元格或单元格范围中拾取格式化信息,并把这个格式应用于另一个或一些单元格,所有依附于选定单元格的格式,包括数字、文字、背景和边框格式都被复制,所有复制工作就像刷油漆一样简单,只要在源单元格中蘸一下,然后刷过目标单元格即可。将源单元格格式复制给目标单元格,其操作步骤如下。

(1) 选定想要从中复制信息的单元格(源单元格)。
(2) 在工具栏上,单击【格式刷】按钮,鼠标指针变成"+"号和"刷子"形状。
(3) 按住鼠标左键,拖动鼠标,选定接收格式的单元格或单元格组(目标单元格)。
(4) 当鼠标指针扫过这些单元格时,它们就自动地接收了来自源单元格的格式。
(5) 当释放鼠标左键时,屏幕指针变回正常形状,复制工作完成。

如果双击【格式刷】按钮,可以连续使用【格式刷】,要恢复正常光标,可以按【Esc】键或再次单击【格式刷】按钮。

4.5 公式与函数

4.5.1 使用公式

1. 公式的输入

公式是对工作表数据进行分析与运算的等式。Excel 通过引进公式,增强了对数据的运算分析能力。在 Excel 中,公式在形式上是由等号开始的,其语法可表示为:=表达式。

其中表达式由运算数和运算符组成。运算数可以是常量数值、单元格或区域的引用、函数等;而运算符则是对公式中各运算数进行运算操作的符号。

例如:在图 4-49 所示职工工资表中,已知所有职工的各项工资额,现在需要知道每个职工的实发工资,则需要单击 G2 单元格,然后输入公式:= C2 + D2 + E2 - F2,按【Enter】键,此时,Excel 可自动计算出当前职工的实发工资额。

需要注意的是,当确认公式输入完成后,单元格显示的是公式的计算结果。如果用户需要查看或修改公式,则可以双击单元格,或者单击单元格,在编辑栏中查看或修改公式。

2. 运算符

Excel 包含 4 种类型的运算符：算术运算符、比较运算符、文本运算符和引用运算符，其中，引用运算符会在以后的章节中进一步详细的介绍。

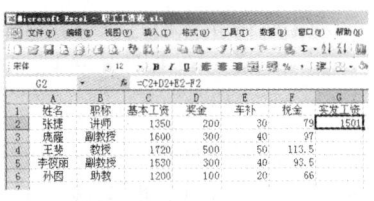

图 4-49　使用公式计算

（1）算术运算符

Excel 的算术运算符包括：加（＋）、减（－）、乘（＊）、除（/）、乘方（^）、百分比（％）、求负（－），其运算结果为数值型。

算术运算符的运算优先次序是：先做求负运算，再做百分比运算，然后做乘方运算，接着做乘除运算，最后做加减运算。相同级别运算符从左到右依次计算。

如果需要，可以使用"（）"更改运算符的运算次序。

例如：公式"＝（（2＋3）＊2）^（4－2）"的计算结果是 100。

（2）文本运算符

Excel 的文本运算符只有一个："&"运算符，该运算符用于字符数据的连接。

例如：公式"＝"abc"&"de""的计算结果是字符串"abcde"。

注意：如果在 Excel 的公式中含有字符型数据，则应该在该字符型数据的两端加上英文状态下的双引号或中文半角双引号。

（3）比较运算符

Excel 的比较运算符用于比较两个值的大小，产生的运算结果为逻辑值 TRUE（真）或 FALSE（假）。

Excel 的比较运算符包括：等于（＝）、大于（＞）、小于（＜）、大于等于（＞＝）、小于等于（＜＝）、不等于（＜＞）。

例如：公式"＝3＜＞4"的计算结果是 TRUE，公式"＝1＞2"的计算结果是 FALSE。

注意：以上三类运算符的优先级为：算术运算符最高，文本运算符次之，比较运算符最低。

（4）引用运算符

在 Excel 中，引用运算符用以对单元格进行合并运算，包括区域、联合和交叉。

区域（冒号）：表示对两个引用之间（包括两个引用在内）的所有单元格进行引用，例如：SUM（A1：F4）。

联合（逗号）：表示将多个引用合并为一个引用。例如：SUM（B5，B14，D6，D12）。

交叉（空格）：交叉运算符产生对两个引用共有的单元格的引用。例如：（B6：D6 C6：C8）。

3. 自动求和

求和计算是一种最常用的公式计算，使用工具栏上的【求和】按钮，将自动对活动单元格上方或左侧的数据进行求和计算。以职工工资表为例，在"税金"前插入一列"应发工资"，并求应发工资额，其操作步骤如下。

(1) 将光标放在求和结果单元格中。

(2) 单击常用工具栏上的【求和】按钮，Excel 将自动出现求和函数 SUM 以及求和数据区域，如图 4-50 所示。

(3) 用鼠标选定要求和的数据区域或直接用键盘重新输入要求和的数据区域以修改公式，单击【输入】按钮（对号√）确定公式。

注意：在计算连续单元格的数据之和时，如果在最后一个单元格的后面再新添加一条数据时，Excel 会自动地将自动求和公式内的数据范围往下延伸，包含新增的单元格。

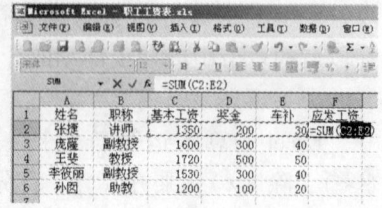

图 4-50 自动求和操作

4. 公式的自动填充

在一个单元格中输入公式后，如果相邻的单元格中需要进行同类型的计算（如数据行合计），可以利用公式的自动填充功能。其操作方法是：选择公式所在的单元格，移动鼠标到单元格的右下角"填充柄"处。当鼠标变成小黑十字时，按住鼠标左键，拖动"填充柄"经过目标区域，放开鼠标左键，公式自动填充完毕。

5. 公式的移动和复制

公式的移动是指把一个公式从一个单元格中移动到另一个单元格中，操作方法与单元格的数据移动方法相同。公式的移动不会改变其中单元格引用的信息，所以移动后公式的计算结果不会发生变化。

公式的复制是指一个公式从一个单元格中复制到其他单元格中。操作方法与单元格数据的复制方法相同。公式复制与单元格数据复制所不同的是当公式中含有单元格的相对引用、绝对引用或混合引用时，则复制后公式的计算结果会发生变化。

4.5.2 使用函数

函数是 Excel 中预先定义好的、经常使用的一些公式。Excel 提供了 200 多个内部函数，需要时，可按照函数的格式直接引用。

1. 函数的语法

函数由函数名和参数组成，其形式为：函数名（参数1，参数2……）。其中，函数名不区分大小写，当有两个以上的参数时，参数之间要用逗号隔开。参数可以是文本、数字、逻辑值或单元格引用等。例如：SUM（B2，C2），其中，SUM 就是函数名，B2、C2 是参数，表示函数运算的数据。

2. 函数的输入

(1) 手工输入

对于一些比较简单的函数，用户可以用输入公式的方法直接在单元格中输入函数。例如：在图 4-50 的 F2 单元格中直接输入"=SUM（C2：E2）"，然后按回车键确认即可得到职工的应发工资额。

(2) 使用函数向导输入

对于参数较多或比较复杂的函数，常采用函数向导来实现。它可以指导人们一步步地完成复杂运算。其操作步骤如下。

①选定要输入函数的单元格。

②单击【插入】菜单中的【函数】命令，或单击常用工具栏上【自动求和】右侧下拉列表框中的【其他函数】按钮，弹出如图4-51所示的"插入函数"对话框。

③从"函数类别"列表框中，选择要输入的函数类型，再从"选择函数"列表框中选择所需要的函数。

④单击【确定】按钮，弹出如图4-52所示的"函数参数"对话框。

⑤在对话框中，输入所选函数要求的参数（可以是数值、引用、名字、公式和其他函数）。如果要将单元格引用作为参数，可单击参数框右侧的【暂时隐藏对话框】按钮（数据区右侧带有向左上红箭头的按钮），这样只在工作表上方显示参数编辑框。再从工作表上选择单击相

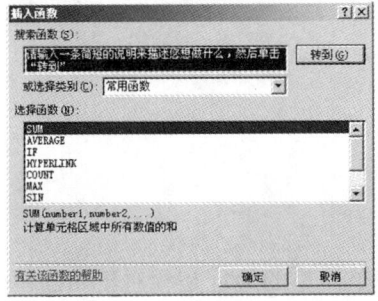

图4-51 "插入函数"对话框

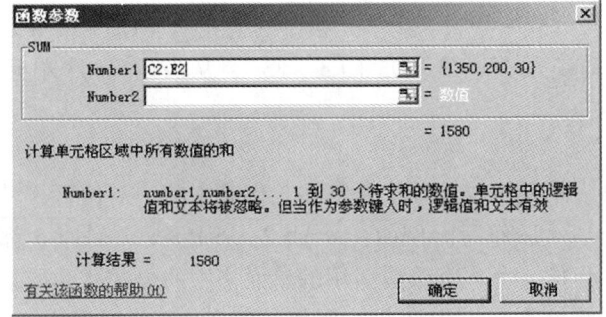

图4-52 "输入参数"对话框

应的区域，然后再次单击【暂时隐藏对话框】按钮，恢复"输入参数"对话框。

⑥单击【确定】按钮即可完成函数的功能，并得到相应的计算结果。

(3) 使用【编辑公式】按钮输入函数

①在编辑栏的编辑区内输入"="或单击编辑公式按钮，这时屏幕名称框内就会出现函数列表，如图4-53所示。

②从中选择相应的函数，输入参数，即可完成函数的功能，并得到相应的计算结果。

4.5.3 单元格引用

在图4-49中使用了"=C2+D2+E2-F2"来计算职工的实发工资，其中使用的C2、D2、E2、F2就是对单元格的引用。

单元格引用用于标志工作表中单元格或单元格区域，它在公式中指明了公式所使用数据的位置。在Excel中有相对引用、绝对引用和混合引用，它们适用于不同的场合。

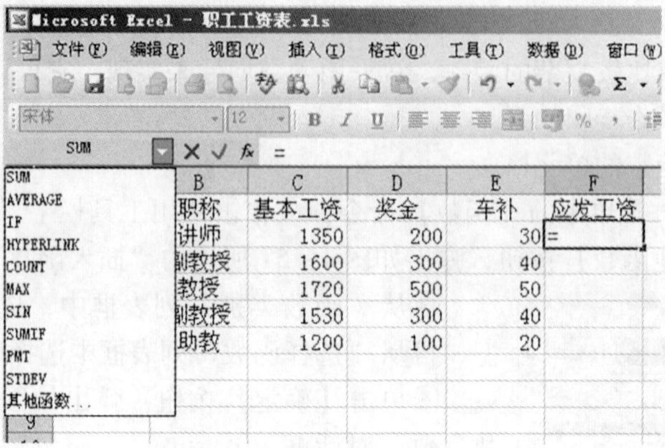

图 4-53 名称框中的函数列表

(1) 相对引用

Excel 默认的单元格引用为相对引用。相对引用指某一单元格的地址是相对于当前单元格的相对位置。其在组成形式上，是由单元格的行号和列号构成。例如：A1，B2，E5等。在相对引用中，当复制或移动公式时，Excel 会根据移动的位置自动调节公式中引用单元格的地址。例如：图 4-49 中 G2 单元格中的公式 "=C2+D2+E2-F2"，在被复制到 G3 单元格时会自动变为 "=C3+D3+E3-F3"，从而使得 G3 单元格中也能得到正确的计算结果。

(2) 绝对引用

绝对引用是指某一单元格的地址，是其在工作表中的绝对位置，其构成形式是在行号和列号前面各加一个 "$" 符号。例如：$A$2、$B$4、$H$5 都是对单元格的绝对引用。其特点在于，当把一个含有绝对引用的单元格中的公式移动或复制到一个新的位置时，公式中的单元格地址不会发生变化。例如：若在 G2 单元格中有公式 "=$C$2+$D$2+$E$2-$F$2"，如果将其复制到 G3 单元格中，则 G3 单元格中的公式还是 "=$C$2+$D$2+$E$2-$F$2"。绝对引用可以用于分数运算时，固定分母。

(3) 混合引用

在公式中同时使用相对引用和绝对引用，称为混合引用。例如：E$5 表示 E 是相对引用，$5 是绝对引用。

(4) 在当前工作簿中引用其他工作表中的单元格

为了指明此单元格属于哪个工作表，可在该单元格坐标或名称前加上其所在的工作表名称和感叹号分隔符 "!"。例如：Sheet 5！B5 表示对 Sheet 5 工作表中的 B5 单元格的引用。

(5) 引用其他工作簿中的单元格

当引用其他工作簿中的单元格时，需要指明此单元格属于哪个工作簿的哪个工作表，因此，其引用格式为：［工作簿名称］工作表名！单元格名称。例如：［Book1］Sheet 2！B5 表示引用了文件名为 Book1 的工作簿的 Sheet 2 工作表中的 B5 单元格的数据。

4.6 数据管理

4.6.1 用记录单管理数据

在创建数据清单之前先介绍几个相关的概念。

(1) 数据清单：是工作表中某一范围内的数据。它是一种以记录为数据管理单位的数据管理模式。在 Excel 中一张工作表只包含一个数据清单。

(2) 字段：数据清单中的每一列称为一个字段。每个字段的数据类型必须一致。

(3) 字段名：数据清单中的第一行称为字段名。例如："姓名"、"职称"、"奖金"等。字段名一般用字母或汉字书写。

(4) 记录：数据清单中字段名（第一行）以下的各行，每一行称为一个记录。

数据清单的组成如图 4-54 所示。

创建数据清单比较简单，常用的有两种方法：一种是作为工作表建立，一般一个工作表放置一份数据清单。另一种方法是先输入数据清单的结构，即标题行（字段名），然后选择标题行下面的一个单元格，最后用【数据】菜单的【记录单】命令进行输入。两种方法中前一种比较简单快捷。

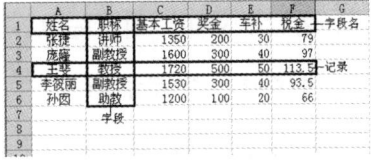

图 4-54 数据清单组成

4.6.2 数据清单的管理

1. 增加、修改和删除记录

在数据清单中增加、修改和删除记录的方法有两种：一种是直接在工作表中的数据区进行；另一种是通过记录单进行。

通过记录单进行数据的增、删、改记录的步骤如下。

(1) 在数据清单中选定任一单元格。

(2) 单击【数据】菜单中【记录单】命令，弹出"记录单"对话框。

(3) 若要增加记录，可以单击【新建】按钮，屏幕上会出现一个新的空白的记录项，如图 4-55 所示的，依次输入各项即可；若要删除记录，可以单击【上一条】或【下一条】按钮找到相应的记录，然后单击【删除】按钮，此时 Excel 会提醒用户以确认删除操作；若要修改记录，可以用【上一条】或【下一条】按钮找到相应的记录，然后对其进行修改。

需要说明的是，用"记录单"对话框进行增加和修改记录时，公式项是不能被输入或修改的。第一条记录的公式必须在工作表中输入，此后当使用【记录单】对话框增加或修改记录时，Excel 会自动显示公式的计算结果。例如：工资表中税金为前三项的 5%。

2. 查找记录

当数据清单中含有大量记录时，使用浏览的方式查找记录显然不太合适。在记录单中 Excel 提供了按条件查找记录的查找方式。具体的操作方法如下。

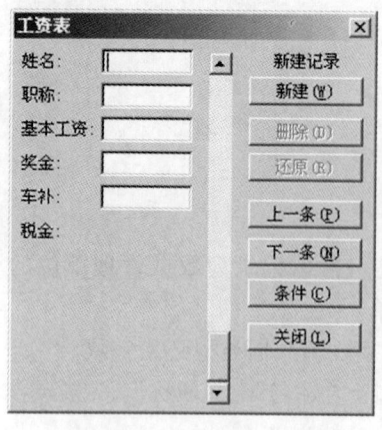

图 4-55 "新建记录"对话框

（1）单击数据清单中含有数据的任一单元格。

（2）单击【数据】菜单的【记录单】命令，弹出"记录单"对话框。

（3）单击【条件】命令按钮，记录单对话框将变成如图 4-56 所示对话框。

（4）在条件对话框中，输入查找的记录需要满足的条件，例如：在"奖金"处输入 300，则表示要查找奖金额为 300 的人员。

（5）单击【上一条】、【下一条】命令按钮即可找到符合条件的记录，并显示在"记录单"对话框中。

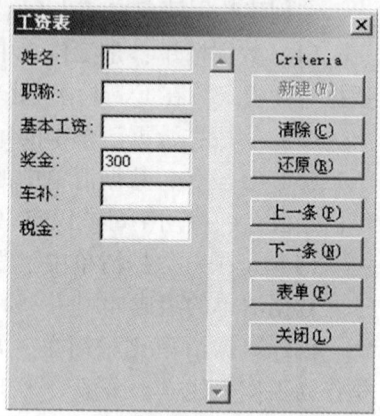

图 4-56 "记录查找"对话框

4.6.3 数据排序

在 Excel 中经常需要对工作表中的某列数据进行排序，以方便使用。Excel 对数据的排序依据是：如果字段是数值型或日期时间型数据，则 Excel 按照数据大小进行排序。如果字段是字符型数据，则英文字符按照 ASCII 码排序，汉字按照汉字机内码或者笔画排序。

1. 单列数据的排序

对单列数据的排序其操作步骤如下。

（1）将光标放在工作表区域中需要排序字段的任一单元格内。

（2）单击常用工具栏上的【升序】按钮或【降序】按钮，数据清单中的记录就会按要求重新排列，效果如图 4-57 所示。

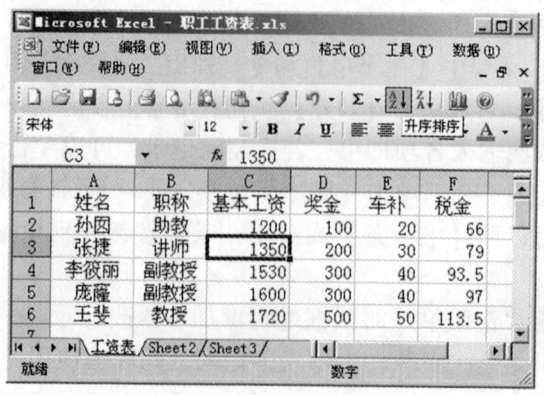

图 4-57 利用【升序】按钮排序

2. 多列内容的组合排序

有时候需要对工作表中的多列数据进行排序，比如：当两个职工的职称相同时需要依

第 4 章　电子表格软件 Excel 2003

据他们的基本工资排序，其操作步骤如下。

（1）单击数据清单中的任一单元格。

（2）选择【数据】菜单中的【排序】命令，Excel 会自动选择整个记录区域，弹出"排序"对话框，如图 4-58 所示。

（3）在"排序"对话框中选择三级排序关键字，并设置排序方式（"递增"或"递减"），最后单击【确定】按钮完成排序；"排序"对话框中的【选项】按钮可以设置字符型数据排序的规则，"排序选项"对话框如图 4-59 所示。

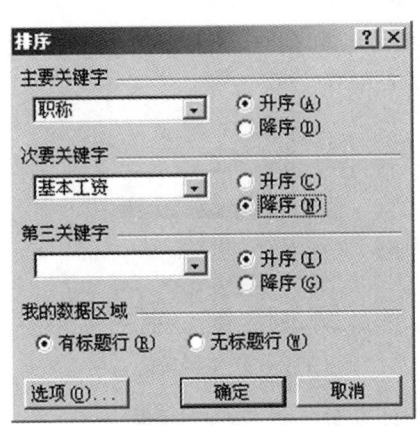

图 4-58　"排序"对话框

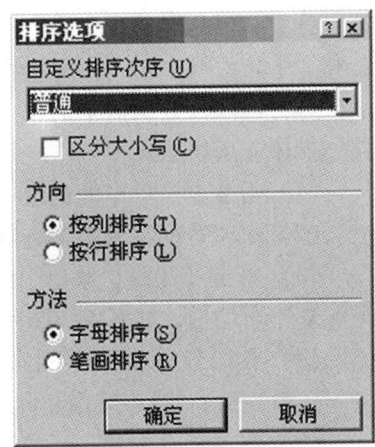

图 4-59　"排序选项"对话框

4.6.4　数据筛选

数据筛选的含义是只显示符合条件的记录，隐藏不符合条件的记录。数据筛选分自动筛选和高级筛选，在此主要介绍自动筛选的操作，具体步骤如下。

（1）选中数据清单中含有数据的任一单元格。

（2）依次单击【数据】→【筛选】→【自动筛选】命令，这时工作表标题行上增加了下拉式箭头按钮，如图 4-60 所示。

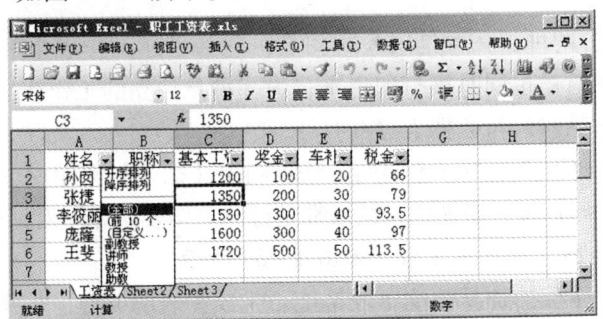

图 4-60　自动筛选过滤器的使用

（3）单击某数据列的下拉式箭头按钮，设置筛选条件。这时 Excel 就会根据设置的筛选条件，隐藏起不满足条件的记录。如果对所列记录还有其他筛选要求，则可以重复上述

· 171 ·

步骤（3）继续筛选。在设置筛选条件时，可以选择"自定义"条件来设置复杂的条件，如图 4-61 所示。要取消筛选，只需再次选择【自动筛选】命令，取消命令前的"√"即可。

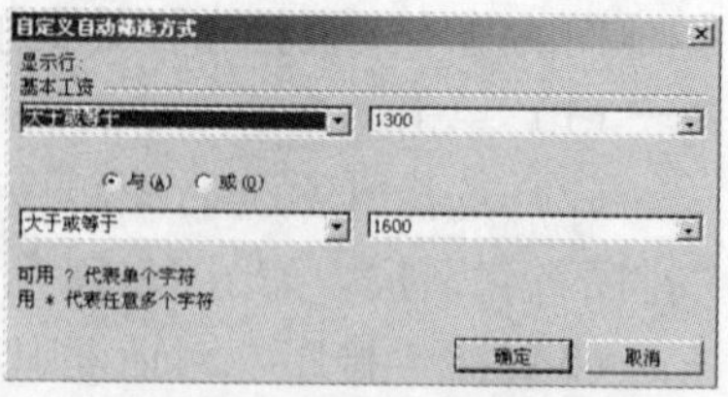

4.6.5 分类汇总

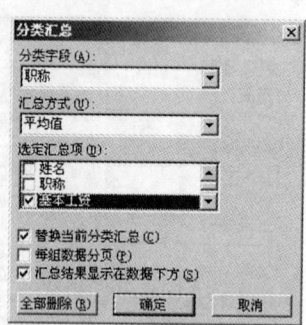

图 4-61 "自定义自动筛选方式"对话框

分类汇总的含义是首先对记录按照某一字段的内容进行分类，然后计算每一类记录指定字段的汇总值，如总和、平均值等。在进行分类汇总前，应先对数据清单按分类字段进行排序，数据清单的第一行必须有字段名。分类汇总的具体操作方法如下。

（1）对数据清单中的记录按需要分类汇总的字段进行排序。

（2）单击数据清单中含有数据的任一单元格。

（3）单击【数据】菜单中的【分类汇总】命令，弹出"分类汇总"对话框，如图 4-62 所示。

（4）在"分类字段"下拉列表中，选择进行分类的字段名（所选字段必须与排序字段相同）。

图 4-62 "分类汇总"对话框

（5）在"汇总方式"下拉列表中，单击所需的用于计算分类汇总的方式，如求平均值等。

（6）在"选定汇总项"下拉列表中，选择要进行汇总的数值字段（可以是一个或多个）。

（7）单击【确定】按钮，完成汇总操作。

4.7 图表的创建与编辑

4.7.1 创建图表

Excel 中的图表分两种：一种是嵌入式图表，它和创建工作表上的数据源放置在同一张工作表中，打印的时候也同时被打印出来；另一种是独立的工作表图表，它是一张独立的图表工作表，打印的时候与数据表分开打印。

用户在创建图表时可使用两种不同的方法：利用【插入】菜单中的【图表】命令或是常用工具栏【图表向导】按钮来创建，结果都是打开"图表向导"对话框。具体操作如下。

（1）选定要创建图表的数据区域，如图 4-63 所示

需要说明的是，正确的选择数据区域是能否生成图表的关键。如果希望数据的行列标志也显示在图表中，则选定区域也应包含有这些单元格。

（2）选择图表类型

单击【插入】菜单中的【图表】命令，或单击常用工具栏中的【图表向导】按钮，将打开【图表向导-4 步骤之 1-图表类型】对话框，如图 4-64 所示。

第 4 章 电子表格软件 Excel 2003

图 4-63 选定要创建图表的数据区域

在"图表类型"对话框中选择图表类型和子图表类型。选择子图表类型时，系统会给出各子图表的提示信息，提示信息中显示相关图表的特点，方便使用。

(3) 设置图表数据源

单击"图表类型"对话框的【下一步】按钮，可得到【图表向导-4 步骤之 2-图表源数据】对话框，如图 4-65 所示。

图 4-64 图表类型对话框

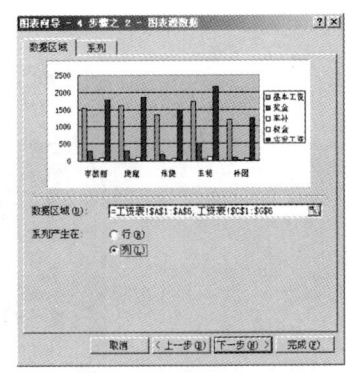

图 4-65 图表数据源对话框

在该对话框的"数据区域"选项卡中，可重新设置用于制作图表的数据区域以及系列产生在"行"或者"列"。

"系列"选项是用来展示各数据的标题名称，也可以在"系列"文本框中添加或删除数据系列，此时预览框中的图表会随之变动，但这不会影响到工作表中的数据。

(4) 设定图表选项

单击"图表源数据"对话框的【下一步】按钮，可得到【图表向导-4 步骤之 3-图表选项】对话框，不同类型的"图表选项"选项卡不同，以柱状图为例，如图 4-66 所示。对话框包括"标题"、"坐标轴"、"网格线"、"图例"、"数据标志"和"数据表"共 6 个选项卡，可以根据需要分别进行设置。例如：可将横轴（X 轴）设为姓名，将纵轴（Y 轴）设为额度，整个图表的名称设为职工工资表。

(5) 设置图表位置

单击"图表选项"对话框的【下一步】按钮，得到【图表向导-4 步骤之 4-图表位置】对话框，如图 4-67 所示。在"图表位置"对话框中用户可以选择建立嵌入式图表

· 173 ·

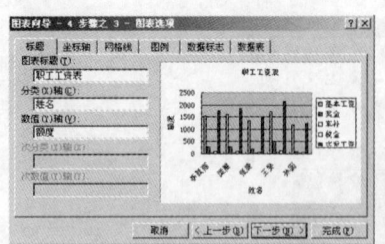

图4-66 图表选项对话框

或者建立新的工作表图表。

(6) 完成图表的创建

单击"图表位置"对话框中的完成按钮,完成图表的创建,其效果如图4-68所示。

4.7.2 图表的组成

创建好图表后,可以看到图表包括绘图区、图例、分类名称、坐标值、图表标题、分类轴标题、数值轴标

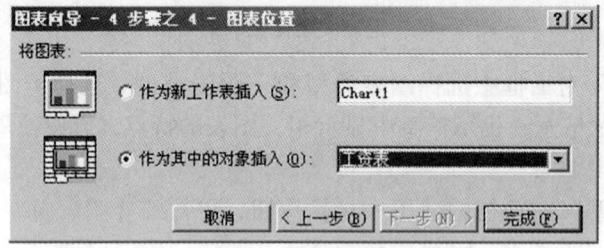

图4-67 图表位置对话框

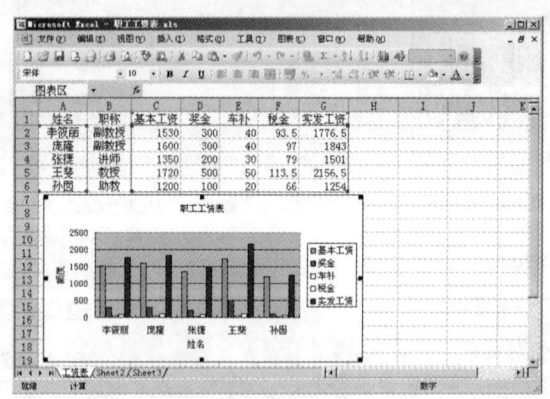

图4-68 嵌入式图表

题,如图4-69所示。

4.7.3 编辑图表

1. 移动图表和改变图表大小

(1) 移动图表:移动鼠标指针到图表中空白区域,拖动鼠标即可实现图表的移动操作。

(2) 改变图表大小:首先选中图表,移动鼠标到图表四周的控点处,此时鼠标指针呈双向箭头形状,然后拖动鼠标即可实现改变图表大小。也可以在拖动控点的同时按住【Alt】键,此时图表的边线和单元格的边框线精确重合。

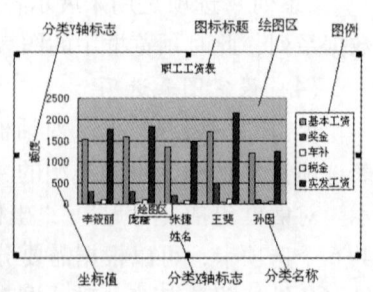

图4-69 表的组成

2. 删除图表

选择图表后，单击鼠标右键，打开快捷菜单，选择【清除】命令或按【Delete】键即可删除图表。

3. 改变图表类型

选择图表后，单击【图表】菜单中【图表类型】命令，或右击图表，在弹出的快捷菜单中选择【图表类型】命令，打开"图表类型"对话框，选择合适的图表类型即可。

4. 更改图表中的选项

选中图表后，单击【图表】菜单或右击图表弹出快捷菜单，从中选择【图表选项】命令，在打开的"图表选项"对话框中按要求依次修改各选项卡内容即可。

5. 修改图表中的数据

选中图表后，单击【图表】菜单或右击图表弹出快捷菜单，从中选择【源数据】命令，在打开的"源数据"对话框中重新进行数据区域的选择即可。

6. 修改图表中的位置

选中图表后，单击【图表】菜单或右击图表弹出快捷菜单，从中选择【位置】命令，在打开的"图表位置"对话框中重新选择图表位置即可。

本章小结

通过本章的学习，可以了解到 Excel 的优势在于表格计算、数据管理、图表分析 3 个方面。其中，表格计算是通过公式和系统所提供的丰富的函数功能实现的。数据清单使 Excel 具备了初步的数据库管理功能，图表分析能够生动直观的表现统计和分析的结果以及对趋势的预测。另外，在使用过程中，可以利用 Excel 与其他应用程序之间良好的数据交换功能，实现数据的交换和共享。

第5章 演示文稿制作软件 PowerPoint

【学习目标】
理解 PowerPoint 2003 的特点及主要功能
掌握创建、保存、处理、放映演示文稿的方法
掌握演示文稿打包的方法
掌握打印演示文稿的方法
了解发布网页的方法

5.1 PowerPoint 2003 概述

5.1.1 PowerPoint 2003 的特点及主要功能

PowerPoint 2003 是 Microsoft Office 2003 系列软件包中的一个重要组件。它可在 Microsoft Windows 操作系统下运行，是一个专门用于编制电子文稿和幻灯片的软件。利用它可以方便地制作图文并茂、主次分明、感染力强的幻灯片演示文稿，它是一种用来表达观点、演示成果、传达信息的强有力的工具。

PowerPoint 2003 的主要功能。
- 创建演示文稿
- 幻灯片设计
- 动作设置
- 添加多媒体数据：声音、图形、图像等
- 打包成 CD

5.1.2 PowerPoint 2003 的启动与退出

1. PowerPoint 2003 启动

运行 PowerPoint 2003。
方法一：利用【开始】菜单运行中文 PowerPoint 2003。
方法二：利用 Windows 桌面上的快捷方式运行中文 PowerPoint 2003。
方法三：利用已有的演示文稿运行中文 PowerPoint 2003。双击已有的中文 PowerPoint 演示文稿（扩展名为 ppt）。
方法四：通过【我的电脑】或【资源管理器】运行中文 PowerPoint 2003。打开【我的电脑】或【资源管理器】，找到中文 PowerPoint 2003 的安装路径，在 Office 子目录中找到 PowerPoint 2003.exe 文件，双击该文件，便可运行中文 PowerPoint 2003。

2. PowerPoint 2003 退出

方法一：选择【文件】菜单，单击【退出】命令。

第 5 章　演示文稿制作软件 PowerPoint

方法二：单击窗口标题栏右端的【关闭】按钮。
方法三：双击窗口标题栏的控制图标。
方法四：单击窗口标题栏的控制图标，选择【关闭】命令。

如果在中文 PowerPoint 2003 中打开的文档没有保存，退出时系统会提示是否要保存文件。如果要保存，单击【是】按钮；如果该文件在上一次保存之后所做的修改没有保存价值，单击【否】按钮，则不保存文件，然后退出程序。

5.1.3　PowerPoint 2003 的窗口组成及操作

启动 PowerPoint 2003，在屏幕上看到如图 5–1 所示的窗口，称为 PowerPoint 2003 的应用程序窗口。

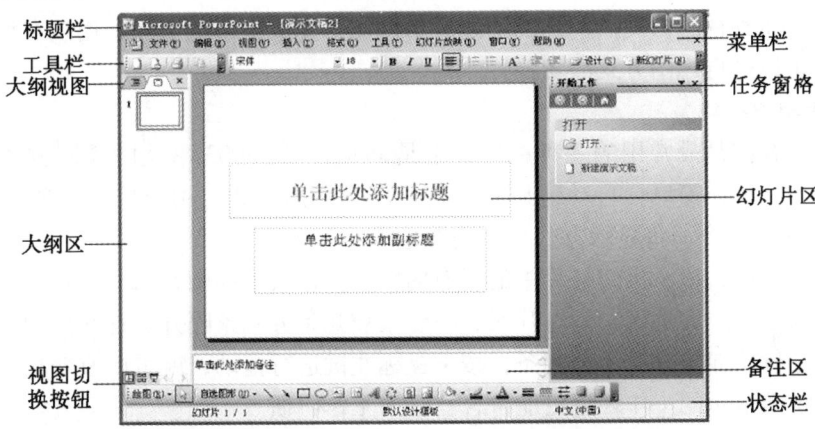

图 5–1　Powerpoint 2003 窗口

从上图中可以看到，PowerPoint 2003 窗口由标题栏、菜单栏、工具栏、大纲区、幻灯片区、备注区和状态栏等部分组成。

1. 标题栏

位于屏幕的最上方，用来指示当前应用程序名和所编辑的演示文稿名称。

2. 菜单栏

包括了中文 PowerPoint 2003 操作的绝大部分命令，是由【文件】、【编辑】、【视图】、【插入】、【格式】、【工具】、【幻灯片放映】、【窗口】和【帮助】等 9 个菜单组成的。单击某一菜单名，首先在下拉菜单下显示常见的命令，如果单击菜单下方的双向箭头，会显示该菜单中的所有命令。菜单栏功能非常强大，通过这些命令几乎可以实现中文 PowerPoint 2003 的所有功能。

3. 工具栏

工具栏由很多个命令按钮组成，每个命令按钮都对应一个图标。常见的菜单操作命令在工具栏中都可以找到对应的图标按钮。启动 PowerPoint 2003 时，窗口中自动出现"常用"工具栏和"格式"工具栏。如果要执行某一个操作，只要单击相应的命令按钮即可。

4. 幻灯片区

进行演示文稿的编辑、修饰及各种动画效果设置的主要区域。

5. 大纲区

进行幻灯片的插入、删除或指定某一页幻灯片的操作。

6. 备注区

用来输入演示文稿放映时，演讲者的备注信息。

7. 状态栏

状态栏位于窗口的底部，用于显示当前窗口的操作信息。用户可以在设计过程中观察状态栏中显示信息的变化。

5.1.4 PowerPoint 2003 的视图方式

PowerPoint 2003 中有普通用户视图、幻灯片浏览视图和幻灯片放映视图、备注页视图等视图方式。每种视图都提供不同的功能并帮助用户完成不同的工作，用户在编辑演示文稿过程中，可以进行视图方式的切换。

1. 普通用户视图

普通用户视图是最常用的一种视图，也是 PowerPoint 2003 默认的视图方式，打开或新建一个演示文稿，窗口会自动地显示为普通用户视图方式。用户也可以通过选择【视图】→【普通】命令，将显示方式切换到普通视图方式。

在普通视图中，显示出幻灯片中的所有内容及其格式，如图 5-2 所示。

在普通视图中，大纲区、幻灯片区、备注区被几条分割条隔开。这些分割条是可以移动的。鼠标指针指向任意一个分割条，按下鼠标左键进行拖动，就可以改变相应区域的大小，从而使屏幕显示的工作环境更能符合自己的工作习惯。

大纲区有"大纲"和"幻灯片"两个选项卡。单击"大纲"选项卡，在大纲区中以大纲的形式显示每一页幻灯片，如图 5-3 所示。单击"幻灯片"选项卡，大纲区则以缩略图的方式显示演示文稿中的所有幻灯片，如图 5-4 所示。

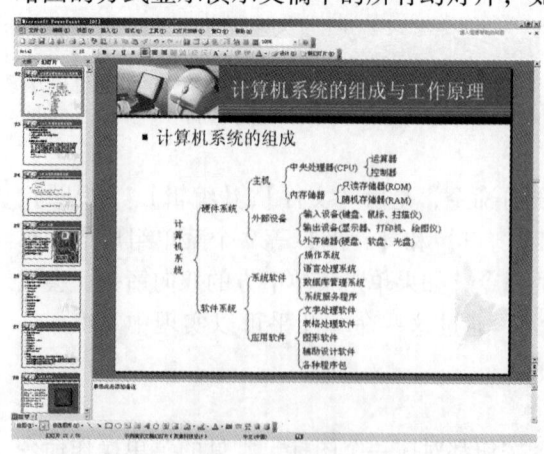

图 5-2 普通视图   图 5-3 大纲视图

2. 幻灯片浏览视图

选择【视图】→【幻灯片浏览】命令，将演示文稿的显示方式切换到幻灯片浏览视图上，如图 5-4 所示。幻灯片浏览视图是一个幻灯片整体展示的环境，在幻灯片浏览视

第 5 章 演示文稿制作软件 PowerPoint

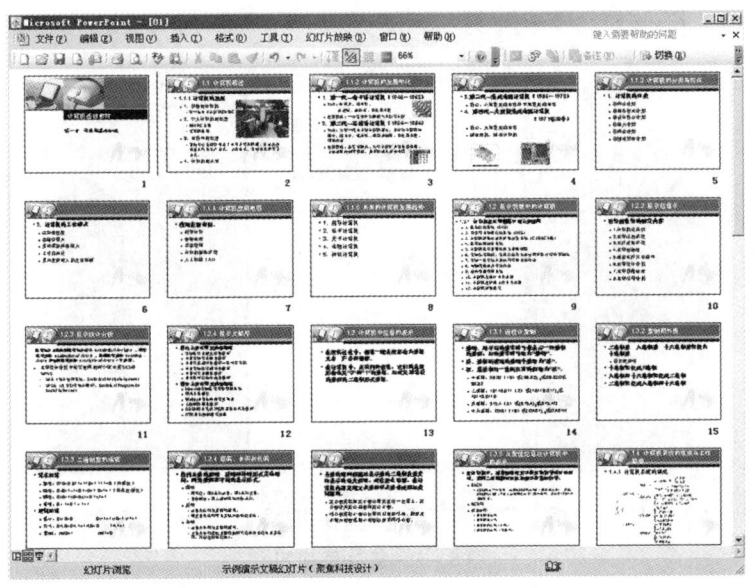

图 5-4 幻灯片视图

图方式下，演示文稿中的所有幻灯片以缩略图的方式在幻灯片区按顺序排列显示，便于插入、删除、移动幻灯片及定位某一页幻灯片。当幻灯片较多，一屏显示不下时，可以通过拖动滚动条进行浏览。

3. 幻灯片放映视图

选择【视图】→【幻灯片放映】命令，将演示文稿的显示方式切换到了"幻灯片放映"视图。放映视图下，将演示文稿中的幻灯片全屏幕展示，并可以观察到幻灯片所设置的各种放映效果。首先显示第一页幻灯片，接下来会按设定的切换方式显示后续的幻灯片。可以按下键盘上的【Esc】键退出放映。

4. 备注页视图

备注页也有自己独立的视图，选择【视图】→【备注页】命令就可以切换到备注页视图，如图 5-5 所示。在备注页视图中，上方是当前幻灯片的缩略图，在视图下方有一个文字输入框，可以在这里输入对当前幻灯片的一些说明文字，作为幻灯片的备注。

5.2 演示文稿的基本操作

5.2.1 创建演示文稿

1. 自动创建演示文稿

启动 PowerPoint 2003 后，系统会自动创建一个新的演示文稿。

2. 新建演示文稿

（1）选择【文件】→【新建】命令，在主窗口的右侧显示"新建演示文稿"任务窗格，如图 5-6 所示。

（2）选择【空演示文稿】命令，创建了一个空演示文稿，任务窗格变成了"幻灯片

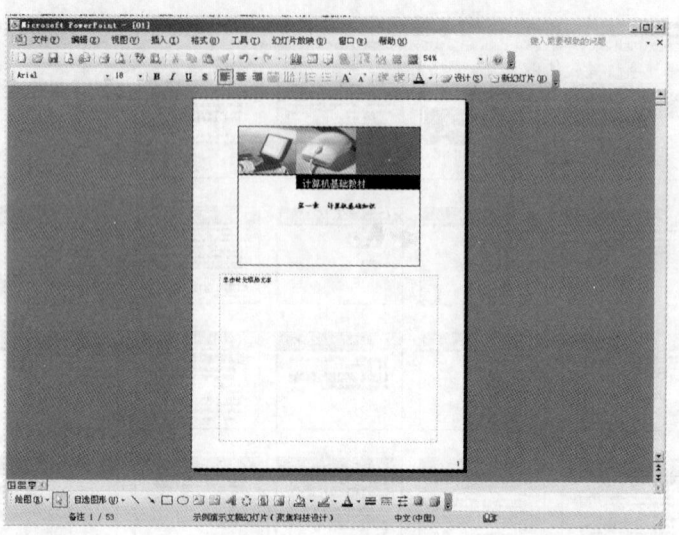

图 5-5　备注页视图

版式"任务窗格,如图 5-7 所示,从中选择一个版式,单击右侧的箭头按钮,从弹出的快捷菜单中选择【应用于选定幻灯片】命令如图 5-8 所示,即将所选的版式应用于幻灯片。

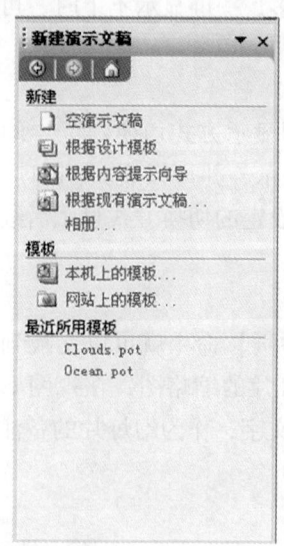
图 5-6　新建演示
文稿窗格

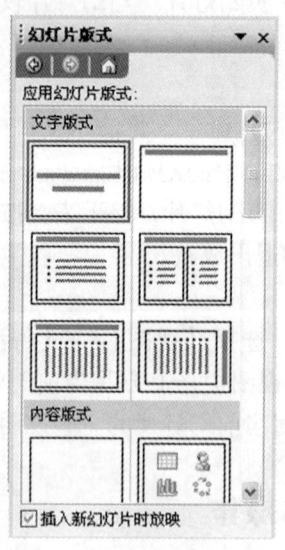
图 5-7　幻灯片
版式窗格

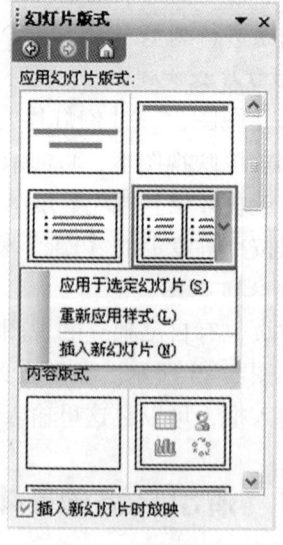
图 5-8　选择幻
灯片版式

(3) 选择【根据设计模板】命令,创建了一个空演示文稿,在"幻灯片版式"任务窗格中选择一个应用设计模板样式,单击右侧的箭头按钮,从弹出的快捷菜单中选择相应命令如图 5-9 所示,即将所选的模板应用于幻灯片。

第 5 章　演示文稿制作软件 PowerPoint

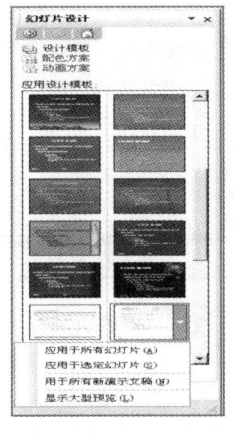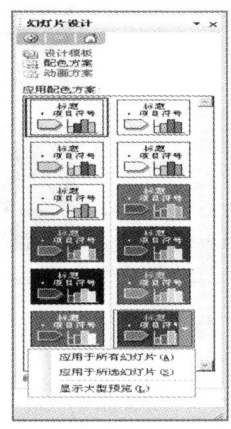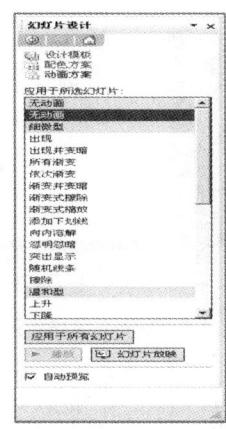

图 5－9　幻灯片设计

（4）选择【配色方案】命令，在"应用配色方案"列表中列出了各种配色方案，从中选择一种配色方案，单击右侧的箭头按钮，将选定的配色方案应用于幻灯片。

（5）选择【动画方案】命令，在"动画"列表中列出了各种动画效果的名称，从中选择一种动画方案，单击右侧的箭头按钮，将选定的动画方案应用于幻灯片。选择【应用于所有幻灯片】按钮，选定的动画方案应用于演示文稿中的所有幻灯片。选择【播放】按钮，在幻灯片区可以预览当前幻灯片的放映效果。选择【幻灯片放映】按钮，以全屏幕的方式放映演示文稿，从第一页幻灯片开始连续播放。

3. 根据内容提示向导创建演示文稿

PowerPoint 提供了一种快捷创建演示文稿的方法——内容提示向导，可以帮助用户迅速建立符合某种需要的演示文稿，操作步骤如下。

（1）选择"新建演示文稿"任务窗格中的【根据内容提示向导】命令，会弹出如图 5－10 所示的对话框，对话框的左边是内容提示向导的步骤，右边是对应的选项栏。

（2）内容提示向导创建演示文稿共 5 个操作步骤，单击【下一步】按钮，进行下一步的选项设置，单击【上一步】按钮可以返回上一步进行重新设置，各操作步骤分别如图 5－11、图 5－12、图 5－13、图 5－14 所示。

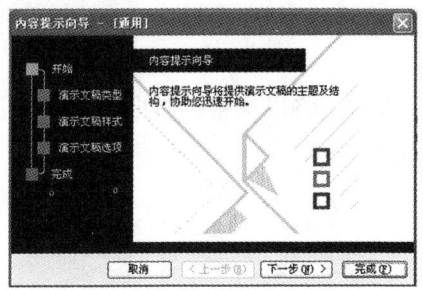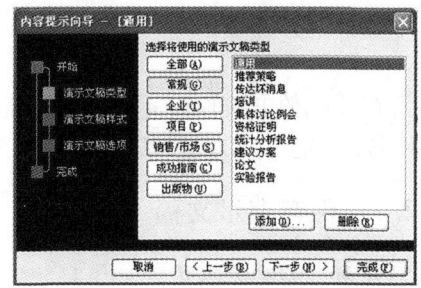

图 5－10　内容提示向导对话框　　　　图 5－11　演示文稿类型设置对话框

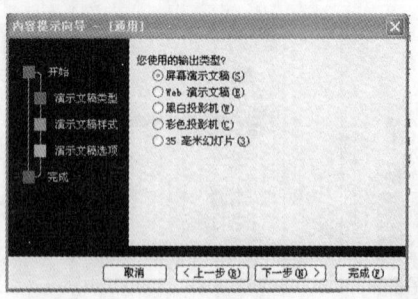

图 5-12 演示文稿样式设置对话框

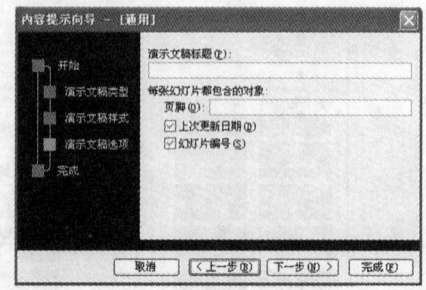

图 5-13 演示文稿选项设置对话框

(3) 通过内容提示向导创建的演示文稿如图 5-15 所示,实际上是按用户设置的选项建立了一个演示文稿的框架,可以在此基础上对演示文稿进行填充内容和进一步的设置。

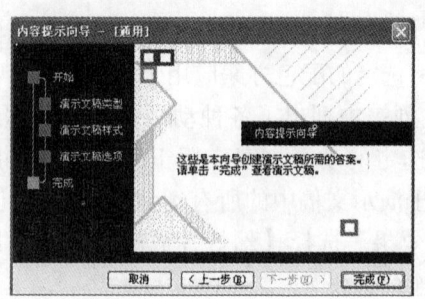

图 5-14 完成对话框

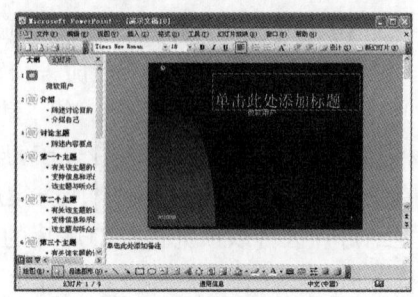

图 5-15 内容提示向导建立的演示文稿框架

5.2.2 打开演示文稿

常见的打开演示文稿的方法有 3 种。

(1) 选择【文件】→【打开】命令,在"打开"对话框中选择要打开的演示文稿所在的磁盘路径及所要打开的文件名。

(2) 启动 PowerPoint 后,在【文件】菜单的下方记录着最近使用过的 4 个演示文稿,要打开其中的某个文件,用鼠标单击该文件,或者从键盘输入该文件名所对应的数字即可。

(3) 在【我的电脑】或【资源管理器】中可以直接将鼠标指针指向要打开的演示文稿的文件名,双击鼠标左键,即可打开这个演示文稿。

5.2.3 保存演示文稿

1. 保存新建的演示文稿

选择【文件】→【保存】命令,打开"另存为"对话框,在"保存位置"所对应的列表框中选择保存路径;在文件名所对应的文本框中输入演示文稿的文件名后,单击【保存】按钮。演示文稿的扩展名为".ppt"。

2. 保存已有的演示文稿

选择【文件】→【保存】命令,直接将更新的演示文稿以原文件名存储在原路径下。

5.2.4 打印演示文稿

打印演示文稿,首先选择【文件】→【页面设置】命令进行页面设置,"页面设置"对话框如图 5-16 所示。

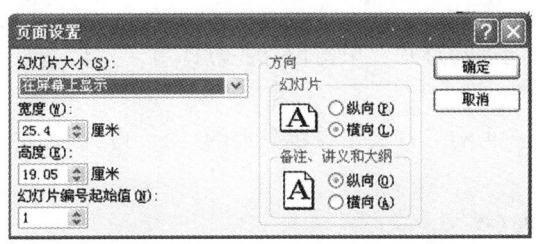

图 5-16 "页面设置"对话框

在"幻灯片大小"所对应的列表框中选择打印输出演示文稿所用的纸张大小,其中,包含有标准的纸张大小"A3"、"A4"、"B5"等。如果所用的纸张大小不包含在列表框中,用户也可以自定义大小,在"宽度"和"高度"所对应的文本框中分别输入或调整纸张的尺寸。在"幻灯片编号起始值"列表中设置首页幻灯片的页号。幻灯片、备注、讲义和大纲的方向分别在"幻灯片"和"备注、讲义和大纲"选项中设置。

接下来就可以选择【文件】→【打印】命令进行演示文稿的打印,"打印"对话框中的各项设置和 Word 类似,这里不再叙述。

5.2.5 关闭演示文稿

选择【文件】→【关闭】命令,可以关闭演示文稿。

如果关闭的是已经保存过的演示文稿,系统没有任何提示,自动关闭文件。

如果关闭的是未经保存过的演示文稿,系统将显示如图 5-17 所示的提示框,确认是否保存文件,选择【是】按钮,显示"另存为"对话框,保存文件后演示文稿自动关闭;选择【否】按钮,不需要保存文件,而关闭演示文稿。

图 5-17 关闭演示文稿提示框

5.3 编辑演示文稿

5.3.1 选定操作

幻灯片的选定操作在"大纲区"中进行,操作方法如下。

1. 选定一页幻灯片

鼠标指针指向要选定的幻灯片,单击鼠标左键即可。

2. 选定连续的幻灯片

先选定要选择的第一页幻灯片,按住键盘上的【Shift】键,再选定最后一页要选择的幻灯片。

3. 选定不连续的幻灯片

先选定要选择的第一页幻灯片,按住键盘上的【Ctrl】键,再分别选定要选择的幻灯片。

4. 选定所有页的幻灯片

可以按照选定连续幻灯片的方法选择,也可以选择第一页幻灯片后,按下键盘上的组合键【Ctrl】+【A】。

5.3.2 编辑与输入文本

1. 输入文本

(1) 在占位符中输入文本

占位符就是幻灯片上的示例文本框或项目符号。单击占位符的任何位置,在当前位置会出现一个闪烁的光标,即文本的插入点如图 5-18 所示,这时可以输入文本。输入文本后,在未选定状态下,占位符的边框线并不显示。

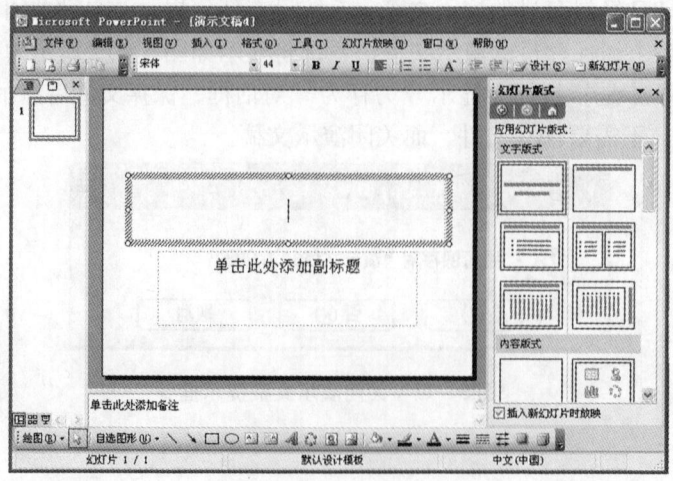

图 5-18 占位符

(2) 利用文本框输入文本

可以选择【插入】→【文本框】命令,插入文本框来实现在占位符以外的位置输入文本,如图 5-19 所示。文本框分水平和垂直两种,根据需要进行选择。

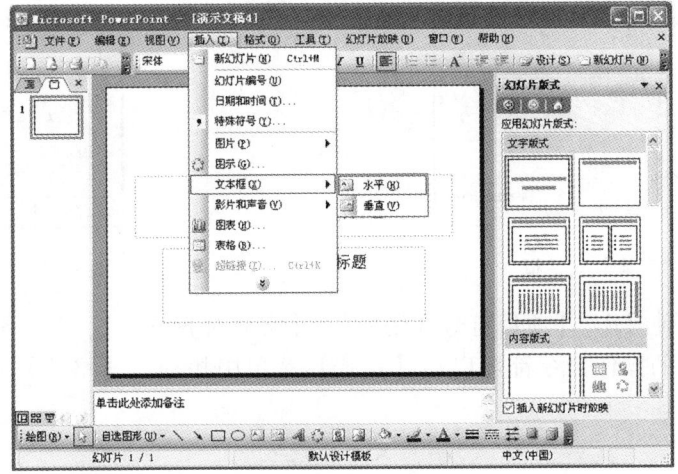

图 5-19 插入文本框

选择插入文本框命令后,按住鼠标左键,在需要输入文本的位置进行鼠标的拖动操作,在幻灯片上会出现一个矩形框,根据输入的文本内容将矩形框拖动适当大小后释放鼠标键,在幻灯片上即出现了一个文本框且处于选定状态,光标在文本框中闪烁,此时便可输入文本。

2. 编辑文本

在输入文本过程中,难免会出现一些错误,或者觉得某些词语不当,这时可以进行修改,修改文本最简单的方法就是在要修改的文字位置设置插入点,然后按【BackSpace】键或【Delete】键删除错误文字。【BackSpace】删除插入点左边的文字,【Delete】键删除插入点右边的文字,编辑文本的其他方式如下。

(1) 选择文本

选择文本,常用方法有以下 2 种。

① 用鼠标拖动要选择文本,可以选择多行文本。

② 选定了文本框即选择了文本框中的所有文本,此时进行各种设置均作用于文本框中的所有文本。

(2) 移动和复制文本等操作

文本的移动、复制、查找和替换、拼写检查等操作方法与 Word 相同,不再讲解。

(3) 格式化文本操作

文本在演示文稿中占了很大的比重,所以文本的外观是否得体就显得特别重要,至于要选择哪种字体,就要看个人喜好和审美观了,还要注意使文本外观与幻灯片背景相协调,以达到最好的视觉效果。

① 改变文字效果,选择【格式】→【字体】命令,显示"字体"对话框,如图 5-20 所示,可以对文字的字体、字号、外观和颜色等进行设置。

② 改变行距和段落间距,选择【格式】→【行距】命令,显示"行距"对话框,如图 5-21 所示,可以设置行距、段落前后间距。

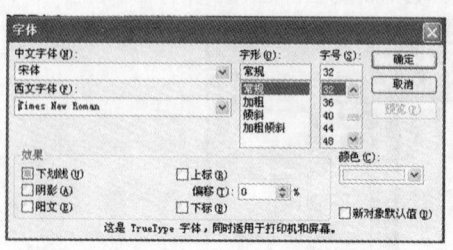

图 5-20 "字体"对话框

图 5-21 "行距"对话框

③ 文本的其他操作,【项目符号和编号】、【字体对齐方式】、【对齐】、【更改大小写】等对于文本的操作命令都可以在【格式】菜单中找到,【格式】菜单如图 5-22 所示。

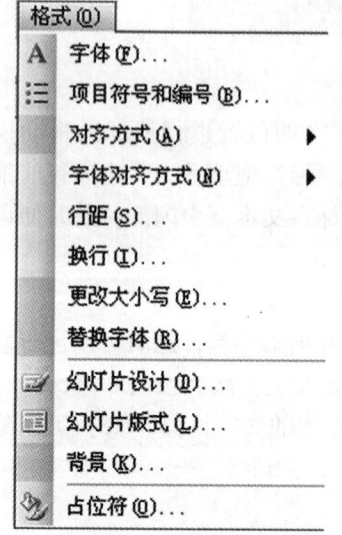

图 5-22 格式菜单

(4) 文本框设置

对于插入的文本框进行设置,首先选定文本框,然后选择【格式】→【文本框】命令,显示"设置文本框格式"对话框,如图 5-23 所示。"设置文本框格式"对话框包括"颜色和线条"、"尺寸"、"位置"、"图片"、"文本框"、"Web"等选项卡,可以对文本框有关的文本格式进行设置。

5.3.3 插入图片、声音和影片

1. 插入图片

(1) 插入剪贴画

剪贴画是指 PowerPoint 2003 系统自带的一些图形文件。选择【插入】→【图片】→【剪贴画】命令,在"剪贴画"列表框中选择所要插入的剪贴画,单击其右侧所对应的向下的箭头,从快捷菜单中选择相应的命令即可。"剪贴画"对话框如图 5-24 所示。

插入到幻灯片中的剪贴画可以通过鼠标的拖动操作移动其位置。

如果幻灯片的版式为"文本、标题与剪贴画",可以直接双击"剪贴画",打开"选择图片"对话框,如图 5-25 所示,选择所要添加的剪贴画后,单击【确定】按钮即可。

(2) 插入图片文件

在幻灯片中还可以插入磁盘上已存在的图片文件,选择【插入】→【图片】→【来自文件】命令,会弹出"插入图片"对话框,如图 5-26 所示。选择所要插入的图片文件所在的磁盘路径及文件名,单击【插入】按钮即可。

2. 插入声音和影片

选择【插入】→【影片和声音】命令,显示如图 5-27 所示的子菜单,可以在幻灯

第 5 章　演示文稿制作软件 PowerPoint

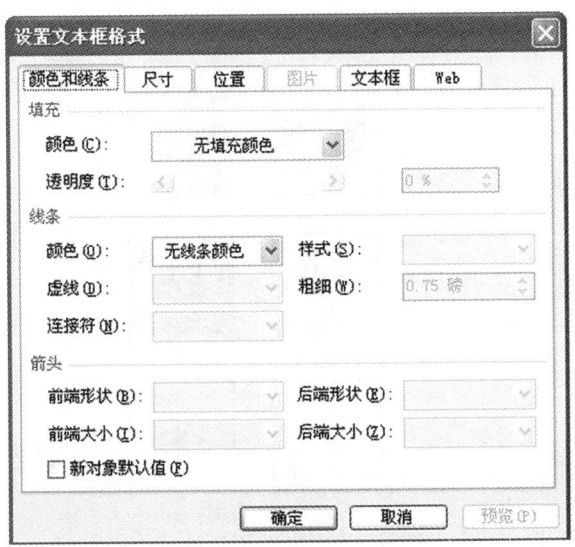

图 5-23　"设置文本框格式"对话框

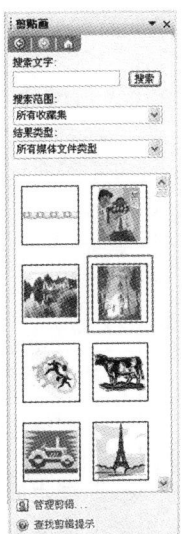

图 5-24　"剪贴画"对话框

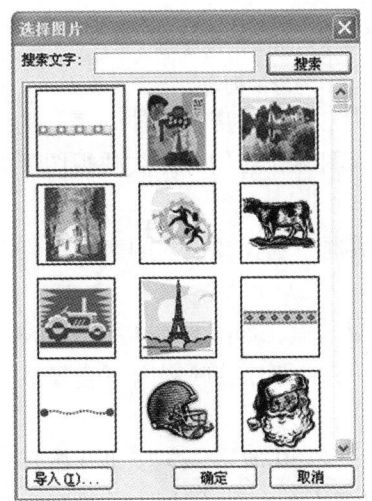

图 5-25　"选择图片"对话框

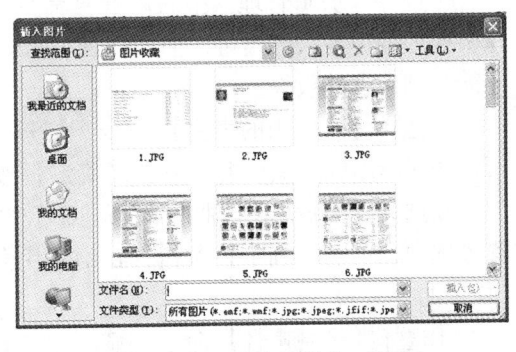

图 5-26　"插入图片"对话框

片中插入影片和声音。

（1）插入影片

①选择【剪辑管理中的影片】命令，在右侧会显示系统自带的影片，如图 5-28 所示，选择要插入的影片，可以在幻灯片中插入影片，插入的影片在幻灯片放映视图中才能看到影片的内容。

②选择【文件中的影片】命令，显示"文件中的影片"对话框，选择磁盘路径和影片文件名，再单击【确定】按钮，即将磁盘存在的影片文件插入到幻灯片中。

（2）插入声音

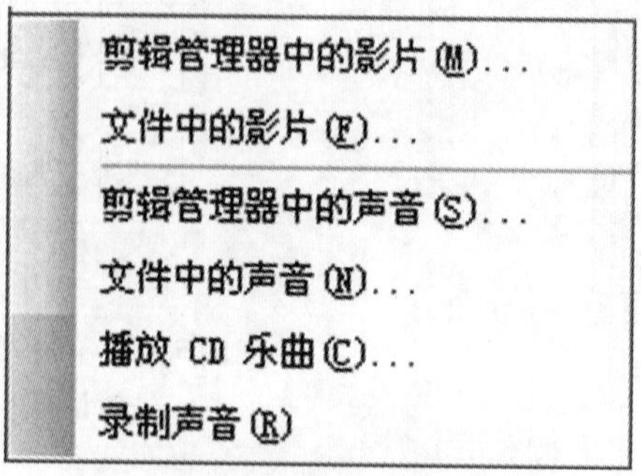

图 5-27　影片和声音子菜单

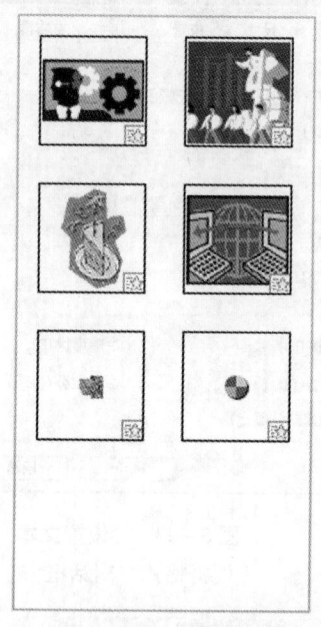

图 5-28　系统自带的影片列表

①选择【剪辑管理器中的声音】命令，在右侧会显示系统自带的声音文件列表，选择要插入的声音文件即可，插入声音后，幻灯片上会有一个图标，在幻灯片放映视图下才能听到声音的效果。

②选择【文件中的声音】命令，打开"插入声音"对话框，选择要插入的声音文件所在的磁盘路径和文件名，单击【确定】按钮即可。

③选择【播放CD乐曲】命令，显示"插入CD乐曲"对话框，如图5-29所示，设置各选项，单击【确定】按钮，在幻灯片会有一个图标，在幻灯片放映视图下会播放CD乐曲。

④选择【录制声音】命令，显示"录音"对话框，如图5-30所示，按钮开始录音，按钮结束录音，播放录音。单击【确定】按钮，幻灯片上出现图标，即录音文件插入到了幻灯片中，在幻灯片放映视图下会播放录音。

5.3.4　插入图表、表格和组织结构图

1. 插入图表

图表即数据的图形表示，图表可以更直观、清晰地显示数据之间的关系。在幻灯片中插入图表的步骤如下。

（1）将幻灯片的版式选择为包含"图表"的相关版式，如图5-31所示，选择幻灯片版式为"标题、图表与文本"版式。

（2）双击幻灯片上的添加图表图标，在幻灯片上会插入一个系统默认的图表，另外，还有该图表所对应的数据表，数据表的格式为Excel工作表，如图5-32所示。

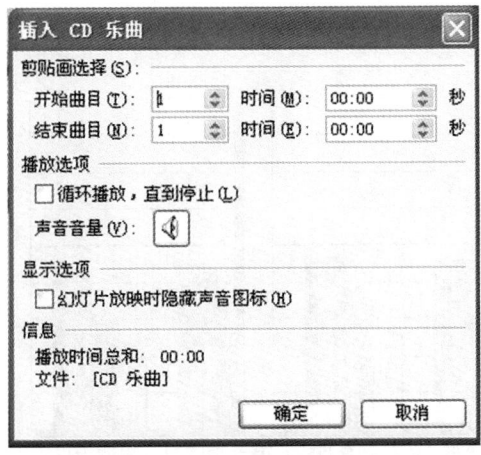

图 5-29 "插入 CD 乐曲"对话框

图 5-30 "录音"对话框

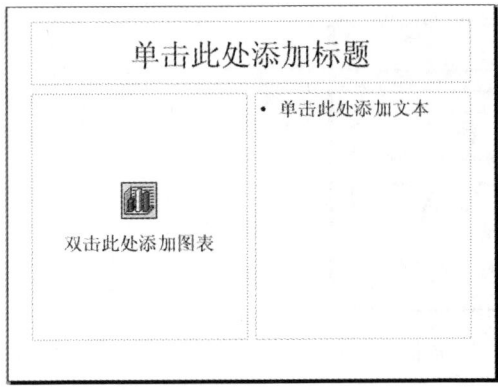

图 5-31 标题、图表与文本版式

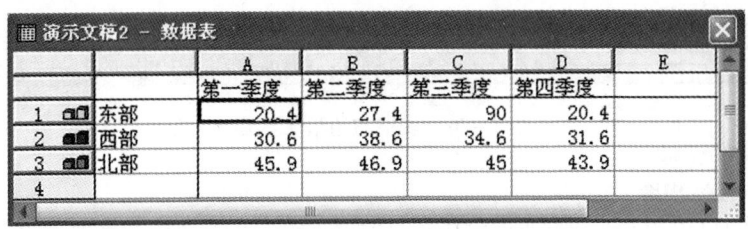

图 5-32 Excel 工作表

(3) 在数据表窗口，可以根据需要更改数据项目的名称及数据值。

（4）编辑好数据后，单击图表以外的区域，图表即插入到了幻灯片中，如图 5-33 所示。

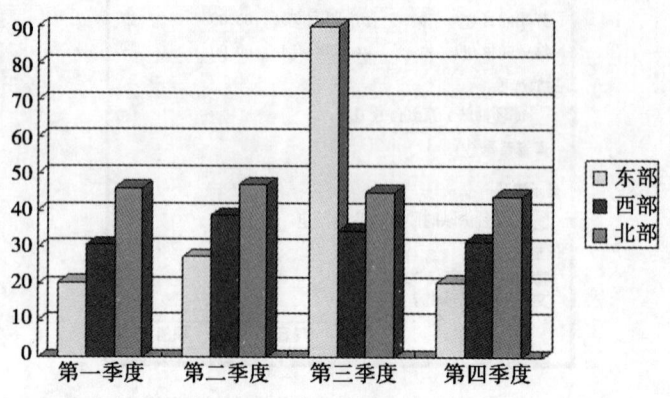

图 5-33 图表

插入到幻灯片中的图表可以根据需要移动其位置。

2. 插入表格

将幻灯片的版式选择为"表格"相关版式，单击表格图标或直接选择【插入】→【表格】命令，会出现"插入表格"对话框，如图 5-34 所示。在行和列所对应的文本框中分别输入行与列的数目，单击【确定】按钮，在幻灯片中即插入了对应的表格，如图 5-35 所示。

图 5-34 "插入表格"对话框

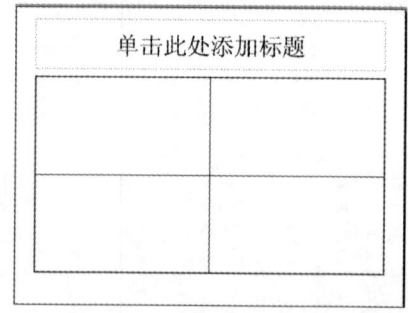

图 5-35 插入到幻灯片中的表格

单击表格可以弹出如图 5-36 所示"表格与边框"工具栏，可以根据需要进一步的设置。

图 5-36 表格与边框工具栏

3. 插入组织结构图

组织结构图可以用来显示各种组织或机构的层次，表述关系更直观。将幻灯片的版式选择为"图示或组织结构"相关版式，单击表格图标或直接选择【插入】→【图示】命令，会弹出"图示库"对话框，如图 5-37 所示。选择一种图示，单击【确定】按钮，所选择的组织结构图就会出现在幻灯片中，然后再根据需要在对应的占位符中输入文字内容，如图 5-38 所示。

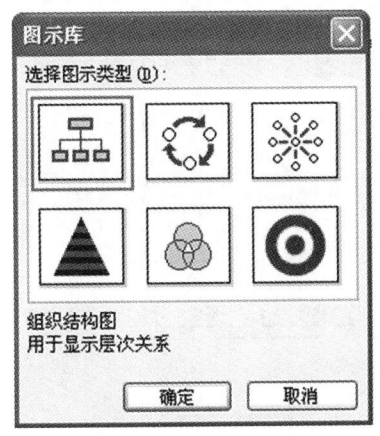

图 5-37　图示库

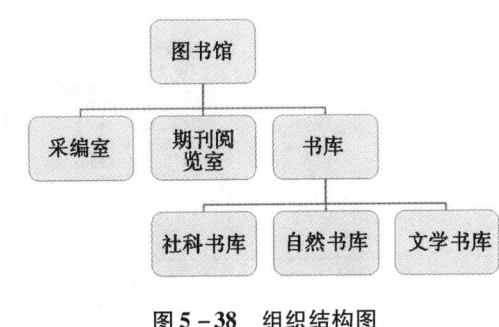

图 5-38　组织结构图

单击插入到幻灯片中的组织结构图，会出现"组织结构图"工具栏，通过该工具栏可以对组织结构图进行进一步的修饰或更改。如图 5-39 所示。

图 5-39　组织结构图工具栏

5.3.5　插入对象和超级链接

1. 插入对象

在幻灯片中还可以插入日历、Word 文件、Excel 工作表等文件，可以选择【插入】→【对象】命令，在弹出的"插入对象"对话框中选择要插入的文件类型，文件可以是已经存在的磁盘文件，也可以新建。

2. 插入超级链接

幻灯片中的对象文本、图形等均可以设置超级链接，与相关内容进行关联。

选定要设置超链接的对象，选择【插入】→【超级链接】命令，打开"插入超级链接"对话框，如图 5-40 所示，在"链接到"列表中设置相关联的文件类型。常用的操作是链接到当前演示文稿的某一页幻灯片，即选择"链接到"列表中的"本文档中的位置"，在"请选择文档中的位置"所对应的列表中选择要链接到的哪一页幻灯片，单击【确定】按钮。

超级链接的效果在幻灯片放映视图中才可以看到。

选定设置超链接的对象，单击鼠标右键，在弹出的快捷菜单中选择【编辑超链接】【打开超链接】或【删除超链接】命令，可以修改超级链接。

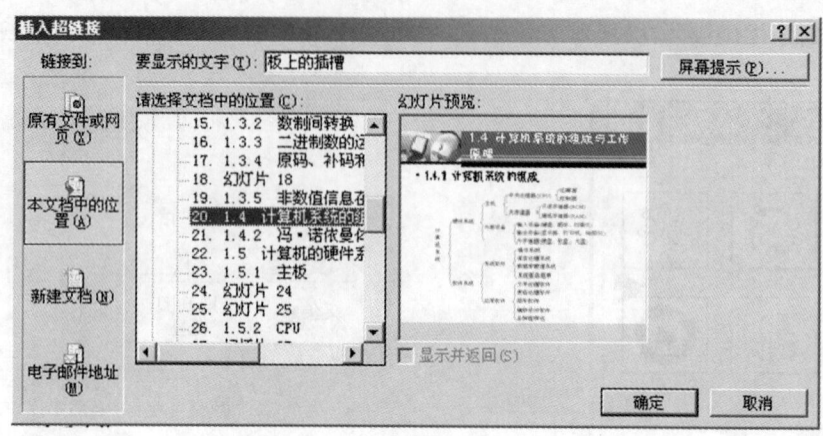

图 5-40 "插入超链接"对话框

5.3.6 移动幻灯片

演示文稿中幻灯片的顺序是可以移动的,有以下几种操作方法。

1. 在大纲窗格中

鼠标指针指向要移动的幻灯片所对应的图标■,按下鼠标左键进行拖动,拖动到目标位置后释放鼠标左键,即完成了幻灯片的移动操作。

在大纲窗格中,也可以指向要移动的幻灯片所对应的图标■后,单击鼠标右键,从快捷菜单中选择【剪切】命令,再将鼠标指针指向目标位置,单击鼠标右键,从快捷菜单中选择【粘贴】命令。

2. 在幻灯片浏览视图中

选择【视图】→【幻灯片浏览】命令,切换到幻灯片浏览视图,鼠标指针指向要移动的幻灯片所对应的缩略图,按下鼠标左键进行拖动,拖动到目标位置释放鼠标左键,即完成了幻灯片的移动操作。

5.3.7 复制幻灯片

在编辑演示文稿时,如果有多张相似的幻灯片,不必逐张建立,可以通过复制幻灯片的方法制作出多张类似的幻灯片,操作方法如下。

1. 在大纲窗格中

鼠标指针指向要复制的幻灯片所对应的图标■,按下键盘上的【Ctrl】键的同时进行鼠标的拖动操作,拖动到目标位置释放鼠标左键。

在大纲窗格中,也可以指向要复制的幻灯片所对应的图标■后,单击鼠标右键,从快捷菜单中选择【复制】命令,再将鼠标指针指向目标位置,单击鼠标右键,从快捷菜单单中选择【粘贴】命令。

2. 在幻灯片浏览视图中

选择【视图】→【幻灯片浏览】命令,切换到幻灯片浏览视图,鼠标指针指向要复制的幻灯片所对应的缩略图,按下键盘上的【Ctrl】键的同时进行鼠标的拖动操作,拖动

第 5 章　演示文稿制作软件 PowerPoint

到目标位置释放鼠标左键。

也可以通过【复制】和【粘贴】命令实现。

3. 插入幻灯片副本

选择【插入】→【幻灯片副本】命令，会在当前幻灯片之后复制了一张与当前幻灯片相同的幻灯片。

5.3.8　删除幻灯片

删除幻灯片的方法如下。

在大纲窗格中，选定要删除的幻灯片所对应的图标■；在幻灯片浏览视图下，选定要删除的幻灯片所对应的缩略图；按下键盘上的【Delete】键或【BackSpace】键或选择【编辑】→【删除幻灯片】命令即可。

5.3.9　设置页眉和页脚

页眉和页脚主要是对幻灯片做出标记，页眉和页脚主要包括时间、日期、幻灯片编号等。添加页眉和页脚的信息使演示文稿更易于浏览。

选择【视图】→【页眉和页脚】命令，弹出"页眉和页脚"对话框，默认打开"幻灯片"选项卡，如图 5-41 所示。

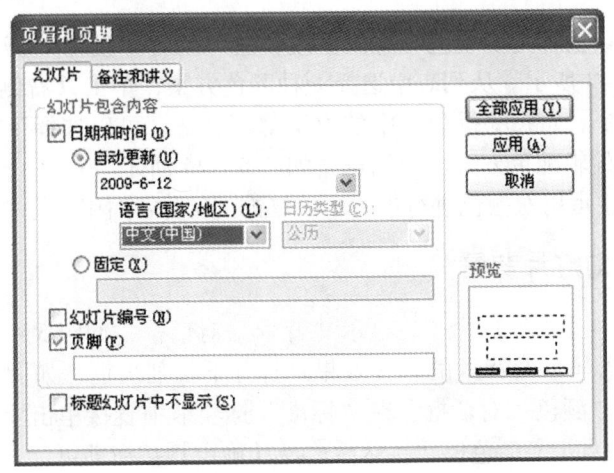

图 5-41　"页眉和页脚"对话框

（1）选择"自动更新"选项，系统会自动地插入当前的日期和时间，日期和时间的格式可以从对应的下拉列表框中选择。选择"固定"选项，用户可以在对应的文框中输入日期和时间，格式用户自定。

（2）"幻灯片编号"复选框，选中此项，演示文稿会自动地为幻灯片添加连续的编号。

（3）"页脚"复选框，选中此项，可以在对应的文本框中输入一些附加说明的信息。

（4）"标题幻灯片中不显示"复选框，选中此项，则在标题幻灯片中不显示日期和时间、幻灯片编号和页脚的信息。

5.4 设置幻灯片外观

5.4.1 应用幻灯片版式

每一页幻灯片都是由一些文本、图形、图表等对象组成,对象的排列方式不同从而组成了不同的版式。通常新建一页幻灯片时,进行版式选择。每一页幻灯片的版式在工作过程中也可以进行更换,并不会影响幻灯片中的内容。操作方法是:将鼠标指针指向幻灯片的空白处,单击鼠标右键,选择【幻灯片版式】命令,任务窗格变成了"幻灯片版式"任务窗格,如图5-7,选择版式方法详见第二节。

5.4.2 应用幻灯片设计模板

设计模板决定了幻灯片的外观显示,包括:颜色、背景图案、配色方案等。PowerPoint 2003中包含一些固定样式的模板。选择【格式】→【幻灯片设计】命令,右侧"幻灯片设计"窗格中,显示"应用设计模板"列表框,如图5-42所示。从列表中选择一个模板,单击其右侧的箭头,从快捷菜单中选择相应的命令即可。

5.4.3 配色方案

幻灯片的背景颜色、文字颜色等可以更改,在"幻灯片设计"任务窗格中选择"配色方案",如图5-43所示。从列表中选择一种配色方案,单击其右侧的箭头,从快捷菜单中选择相应的命令。如果觉得列表中的方案都不合适,可以选择下方的【编辑配色方案】命令,显示"编辑配色方案"对话框,如图5-44所示。在"自定义"选项卡中可以添加其他颜色,也可以对颜色进行进一步的修饰,例如:"阴影"、"强调"等。

5.4.4 设置幻灯片背景

选择【格式】→【背景】命令,显示"背景"对话框,如图5-45所示,在这个对话框中可以设置背景颜色及背景的填充效果。打开下拉列表框,如图5-46所示,选择"其他颜色",打开"颜色"对话框,在"标准"选项卡中直接单击要选择的颜色,或在"自定义"选项卡中自定义颜色模式,然后选择【确定】按钮即可。

在下拉列表框中,选择"填充效果"选项,可打开"填充效果"对话框,如图5-47所示,"填充效果"对话框包括"渐变"、"纹理"、"图案"、"图片"4个选项卡,"渐变"、"纹理"、"图案"3个选项卡包含着对应的一些效果,直接选择即可。"图片"选项卡,如图5-48所示,选择【选择图片】命令,可以打开"选择图片"对话框,选择一个要作为幻灯片背景的图片,单击【插入】按钮即可。

设置好颜色及填充效果后,如果将设置的效果应用于所有幻灯片,选择【全部应用】按钮;如果只将设置的效果应用于当前幻灯片,则选择【应用】按钮。

5.4.5 使用母版

母版是一种特殊的模板,在母版中可以设置幻灯片中的字体、字形、字号及颜色等,

第 5 章　演示文稿制作软件 **PowerPoint**

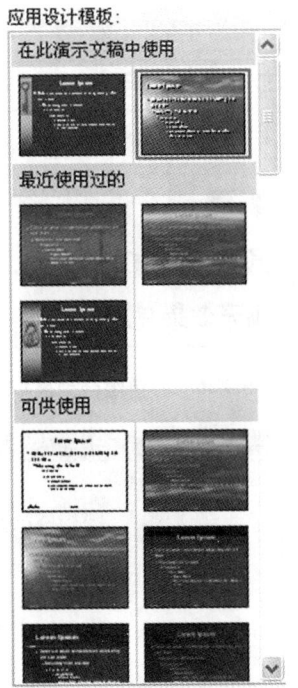

图 5-42　应用设计模板列表

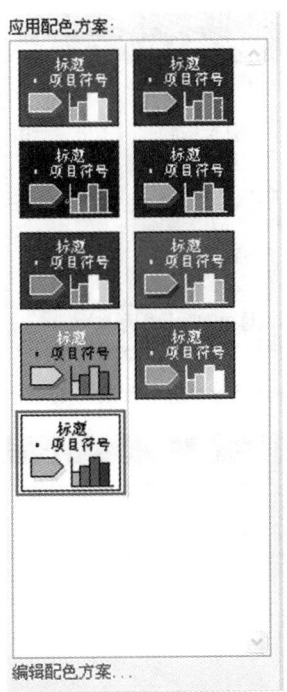

图 5-43　配色方案列表

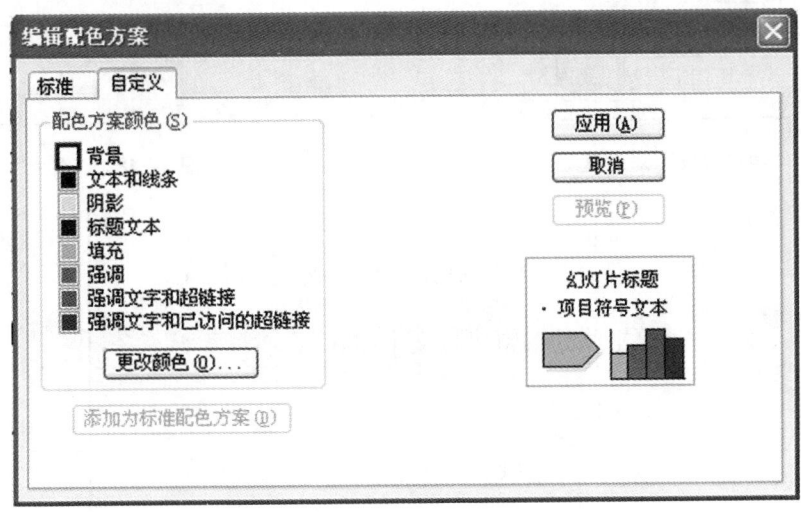

图 5-44　"编辑配色方案"对话框

还可以设置文本及占位符的大小和位置，设置项目符号的样式、背景及配色方案等。母版包括幻灯片母版、讲义母版和备注母版，每一种母版都可以相对应的幻灯片视图进行格式化。

选择【视图】→【母版】→【幻灯片母版】命令，切换到幻灯片母版视图状态，如图 5-49 所示。

在幻灯片母版视图中，包括：标题区、对象区、日期区、数字区、页脚区，在各个区

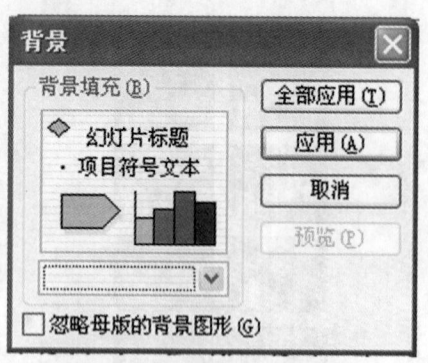

图 5-45 "背景"对话框

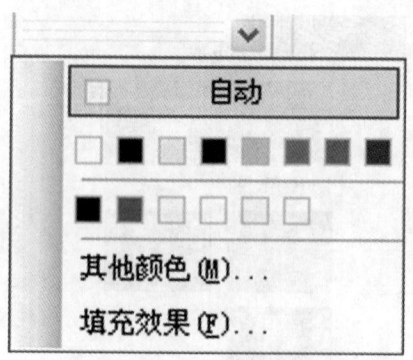

图 5-46 颜色组合列表框

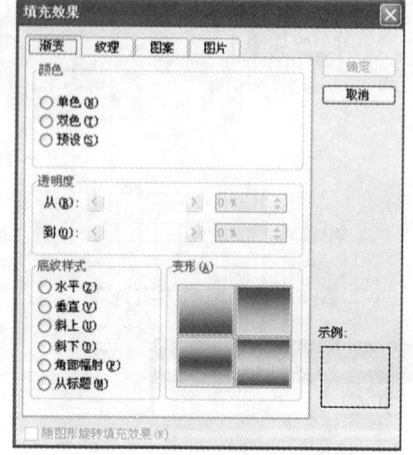

图 5-47 "填充效果"对话框

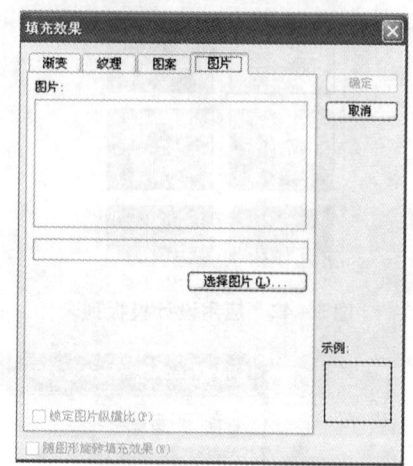

图 5-48 "图片"选项卡

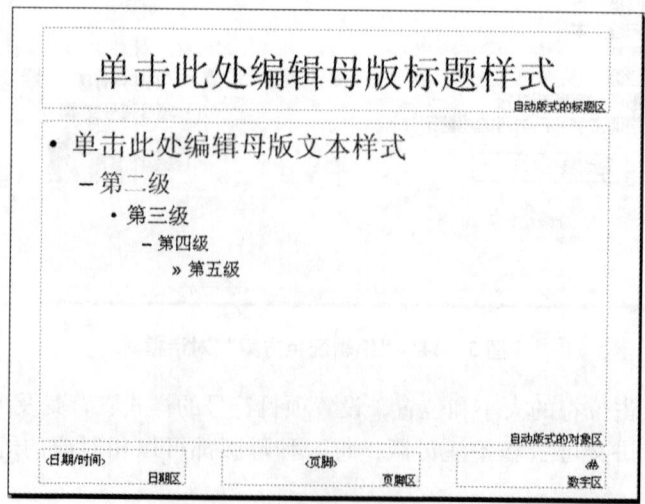

图 5-49 "幻灯片母版"视图

域分别设置格式、位置及特征，设置好后，选择【视图】→【普通】命令，切换到普通视图状态即可。切换后幻灯片的内容没有改变。

选择【视图】→【母版】→【讲义母版】或【备注母版】命令,分别设置讲义母版和备注母版。

5.5 幻灯片的放映

5.5.1 幻灯片的放映

1. 幻灯片放映

选择【幻灯片放映】→【观看放映】或者选择"大纲窗格"底部的命令,切换到幻灯片放映视图。

在幻灯片放映时,可以随时定位到某一页幻灯片。在幻灯片放映视图中,单击鼠标右键选择【定位至幻灯片】命令,从下一级菜单中选择一张幻灯片即可。

单击鼠标右键选择【指针选项】命令,在下一级菜单中包含【箭头】、【圆珠笔】等命令,可以根据需要进行选择。

在放映视图下,可以边放映边用笔在幻灯片上做标注。

退出幻灯片放映视图,可以单击鼠标右键选择【结束放映】命令或按下键盘上【Esc】键。

2. 放映方式

选择【幻灯片放映】→【设置放映方式】命令,会弹出"设置放映方式"对话框,如图 5-50 所示。

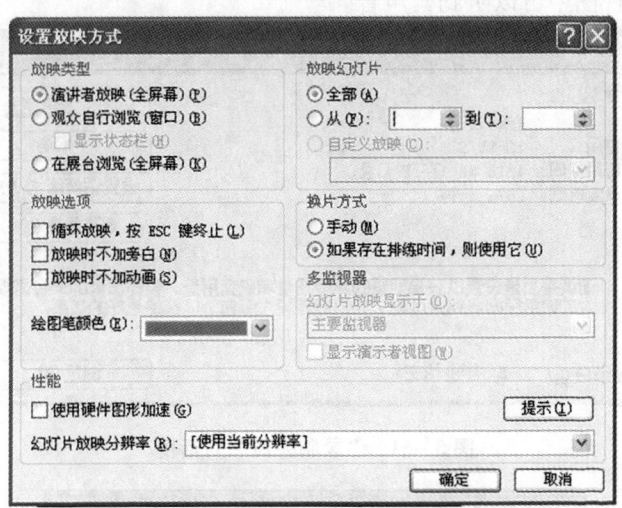

图 5-50 "设置放映方式"对话框

(1) 放映类型

①演讲者放映

以全屏幕方式放映演示文稿,可以自动放映,也可以人工干预放映,放映过程中可以添加旁白或会议记录等。

②观众自行浏览

以窗口方式放映演示文稿，在放映过程中可以对幻灯片进行编辑、移动、复制和打印操作。

③在展台浏览

以全屏幕方式自行放映演示文稿，但在放映过程中对幻灯片的所有操作都屏蔽，不可以人工干预，只能按下键盘上的【Esc】键才可以退出放映视图。

（2）放映选项

①"循环放映，按 ESC 键终止"：选择此项，幻灯片视图有循环播放的作用。

②"放映时不加旁白"：在放映幻灯片放映时不加旁白。

③"放映时不加动画"：在放映幻灯片放映时不显示动画效果。

（3）设置放映的幻灯片

幻灯片默认的放映状态为"全部"，如果只想放映演示文稿中的一部分幻灯片，可以选择"从…到…"单选项，从列表中自定义要放映的幻灯片。

3. 录制旁白

可以为演示文稿中的幻灯片添加旁白，录制旁白的方法是选择【幻灯片放映】→【录制旁白】命令，如图 5-51 所示，单击【确定】按钮，幻灯片切换到放映状态，通过麦克为当前幻灯片添加旁白，接下来切换到下一页或者切换到某一页幻灯片，为其录制旁白。旁白录制结束后，会显示如图 5-52 所示的对话框，选择【保存】命令，即保存了旁白，此时回到普通视图状态，添加旁白的幻灯片会出现一个 图标。添加到幻灯片中的旁白在幻灯片放映视图中可以听到其声音。

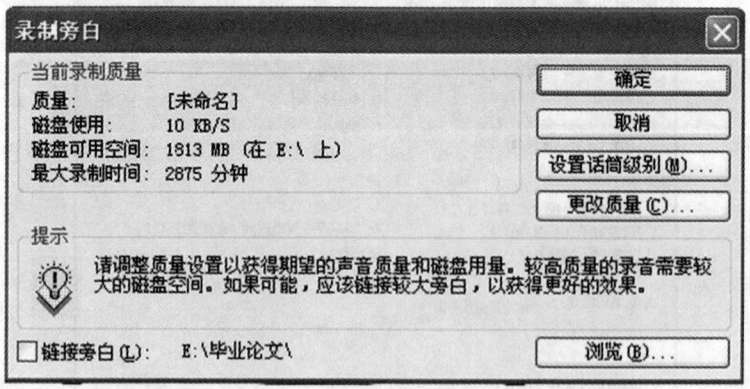

图 5-51 "录制旁白"对话框

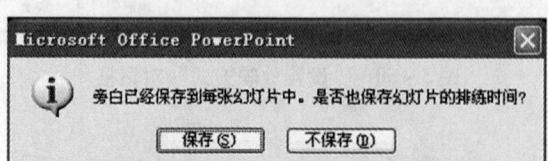

图 5-52 录制旁白结束提示对话框

第 5 章 演示文稿制作软件 PowerPoint

4. 排练计时

演讲者可以事先播放演示文稿并进行排练计时，以达到演讲时的最佳效果。选择【幻灯片放映】→【排练计时】命令，切换到幻灯片放映视图，同时，屏幕上方会显示一个"预演"工具栏，如图 5-53 所示。第一个文本框中显示的是播放当前幻灯片所需的时间，第二个文本框中显示的是播放演示文稿所需要的时间。当幻灯片结束放映时，会弹出一个对话框，显示放映所有幻灯片所需的时间。

图 5-53 预演工具栏

5.5.2 制作动作按钮

在演示文稿中可以添加一些特殊按钮和设置，控制演示文稿的放映过程，这些特殊按钮就是"动作按钮"。在幻灯片中添加动作按钮的步骤如下。

（1）切换到普通视图下，选择【幻灯片放映】→【动作按钮】命令，在下一级菜单中显示动作按钮组，如图 5-54 所示。

（2）选择其中一个按钮，鼠标指针变成"十"字形状。在幻灯片中的适当位置拖动鼠标，绘制动作按钮。

（3）绘制动作按钮结束后，弹出如图 5-55 所示的对话框，在"超级链接到"选项所对应的列表中选择一个链接目的地。

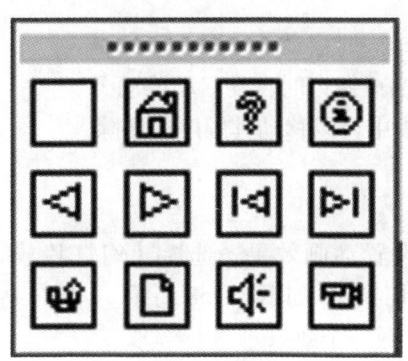

图 5-54 动作按钮

图 5-55 "动作设置"对话框

（4）单击【确定】按钮，完成操作。

动作按钮的效果在幻灯片放映视图下才可以看到。

5.5.3 动作设置

幻灯片中的所有对象都可以设置动作，其步骤如下。

(1) 选定要进行动作设置的对象。

(2) 选择【幻灯片放映】→【动作设置】命令，弹出如图 5 – 55 所示的"动作设置"对话框，在【超级链接到】选项所对应的列表中选择一个链接目的地。

(3) 单击【确定】按钮。

动作效果在幻灯片放映视图下才可以看到。

5.5.4 动画方案

动画方案是指系统已经定义好的文本动画效果。选择【幻灯片放映】→【动画方案】命令，"任务窗格"中显示动画方案列表，如图 5 – 56 所示。从列表中选择一个效果，幻灯片中的文字会显示动画的预览效果。

5.5.5 自定义动画的设置

选择【幻灯片放映】→【自定义动画】命令，任务窗格显示为"自定义动画"窗格，如图 5 – 57 所示。在幻灯片上选定一个对象，选择【添加效果】按钮，从弹出的下一级菜单中选择一个效果，在幻灯片中会显示设置动画的预览效果。同时，在下面的列表中会显示对象的名称及设置的动画效果的标识，选定标识，在"开始"列表框中可设置如何启动动画。

"单击"：选择该选项，在幻灯片放映时，单击鼠标左键启动动画。

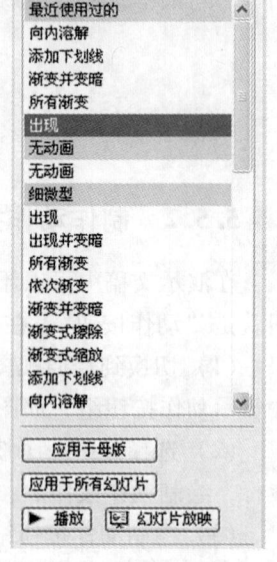

图 5 – 56　动画方案列表

"之前"：选择该选项，在幻灯片放映时，与上一动画同时启动该动画。

"之后"：选择该选项，在幻灯片放映时，前一动画播放结束时自动启动该动画。

如果在幻灯片中有多个对象设置了动画效果，在列表中可以移动其顺序或删除。

5.5.6 幻灯片的切换方式

在演示文稿放映视图中，幻灯片之间的切换可以设置动画效果。选择【幻灯片放映】→【幻灯片切换】命令，任务窗格显示为"幻灯片切换"，如图 5 – 58 所示。

"应用于所选幻灯片"列表包含切换效果，可从中选择一个效果。

"速度"下拉列表框中，可以选择幻灯片切换速度。

"声音"下拉列表框中，可以选择幻灯片切换的声音效果。

"换片方式"复选框中，选择"单击鼠标"选项，单击鼠标左键切换幻灯片；选择"每隔"选项，在后面的文本框中输入数值，幻灯片则以设置的时间间隔自动切换。

第 5 章 演示文稿制作软件 PowerPoint

图 5-57 自定义动画窗格

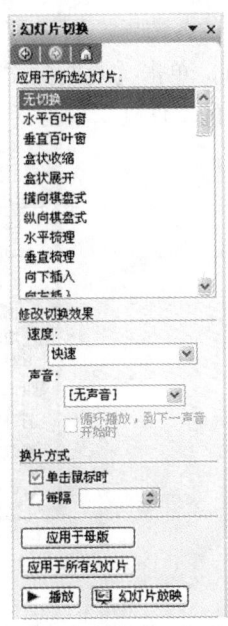

图 5-58 幻灯片切换窗格

5.6 演示文稿的打包与网络发布

5.6.1 演示文稿的打包

当我们把自己制作的演示文稿拿到其他机器上使用时，必须把演示文稿拷贝下来。当演示文稿比较小时，直接拷贝就可以了，如果演示文稿比较大时，可以使用"打包"工具将演示文稿压缩。

(1) 选择【文件】→【打包成 CD】命令，打开"打包成 CD"对话框，如图 5-59 所示。

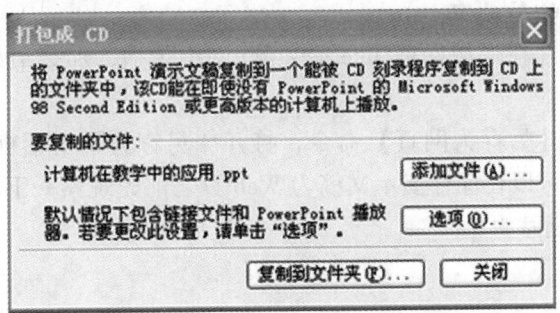

图 5-59 "打包成 CD"对话框

(2) 单击【添加文件】按钮，可以从"添加文件"对话框中选择要添加文件。
(3) 单击【选项】按钮，打开"选项"对话框，如图 5-60 所示，在该对话框中设

· 201 ·

置打包的各选项。

（4）单击【复制到文件夹】按钮，打开"复制到文件夹"对话框，设置输出打包文件输出的文件夹；单击【复制到 CD】按钮，演示文稿将被打包到 CD。

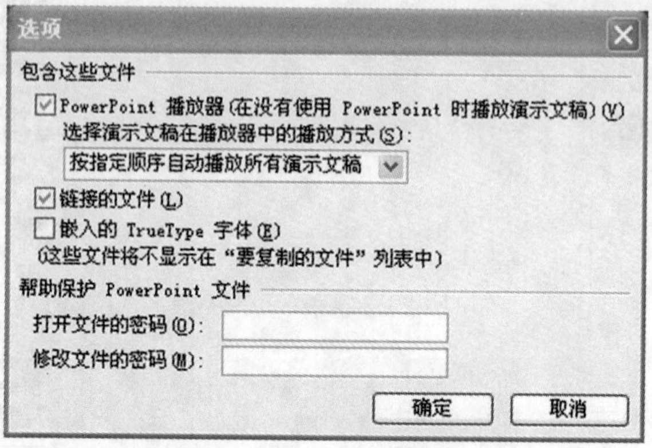

图 5-60 "打包成 CD 选项"对话框

5.6.2 演示文稿的网络发布

PowerPoint 2003 可以把正在制作的演示文稿保存成 HTML 格式的文件以便于在互联网或局域网上发布。

1. Web 工具栏

PowerPoint 2003 提供了 Web 工具栏，通过该工具栏可以进行一系列的与 Internet 有关的操作。

单击【视图】→【工具栏】→【Web】命令，可以打开"Web"工具栏，如图 5-61 所示。在 Web 工具栏中集成了常用的 Internet 应用工具。

图 5-61 Web 工具栏

2. 创建演示文稿的 Web 页

如果需要把幻灯片在局域网或 Internet 互联网中传播，那么最好把演示文稿保存成 Web 页的形式。

选择【文件】→【另存为网页】命令，打开"另存为"对话框，如图 5-62 所示。通过"Web 页预览"可以在保存演示文稿为 Web 页之前先观察一下转换后的效果，然后再修改直到我们认为满意为止。

（1）默认设置

按照默认设置，我们只需要在文件名对话框中输入要保存成网页的文件名字，用鼠标单击【保存】按钮就可以了，此时文件被保存到"My Documents"目录中。

（2）更改页标题

单击【更改标题】按钮，打开"设置页标题"对话框，在对话框中输入的页标题即

第 5 章　演示文稿制作软件 PowerPoint

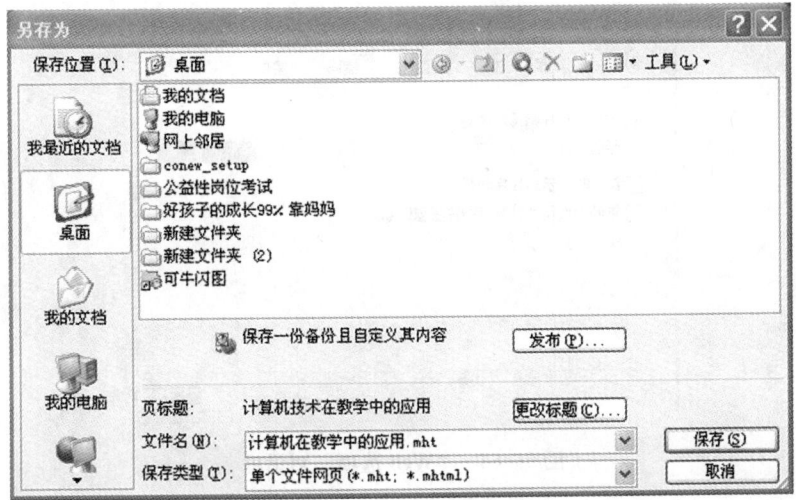

图 5-62　"另存为"对话框

可作为网页的标题。

(3) 发布为 Web 页

单击"另存为"对话框中的【发布】按钮打开如图 5-63 所示的"发布为网页"对话框。

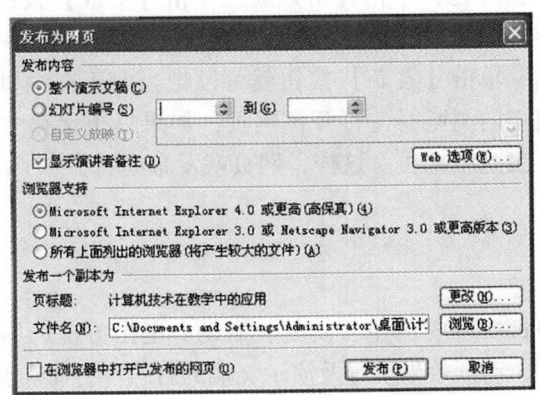

图 5-63　"发布为网页"对话框

在该对话框中有三个选区，分别是"发布内容"、"浏览器支持"和"发布一个副本为"。

在"发布内容"选区中可以设置发布内容为整个文档或者是选定的幻灯片，同时，还可以选择是否显示演讲备注。

单击【Web 选项】按钮打开如图 5-64 所示的对话框，可以进行一些 Web 页显示时的格式设置，共分为"常规"、"浏览器"、"文件"、"图片"、"编码"和"字体"6 个选项卡。

"常规"选项卡中可设置 Web 页显示时的外观，"浏览器"选项卡可以设置当前的浏览器，"文件"选项卡中可设置文件的名称和位置的一些属性，"图片"选项卡中可设置

· 203 ·

计算机应用基础

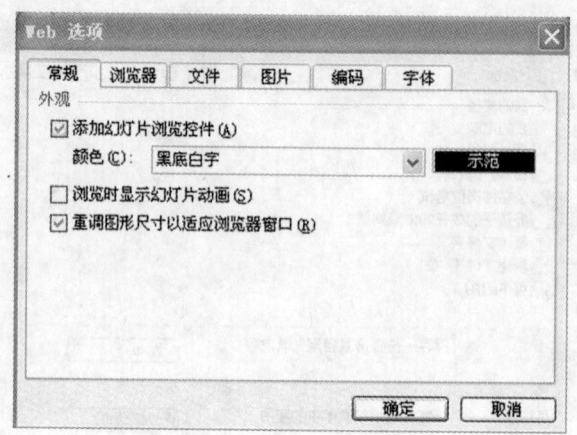

图 5-64 "Web 选项"对话框

图片的格式以及目标浏览器的默认值,"编码"选项卡可以设置字体编码,"字体"选项卡中可以实现不同语言文件之间的存储。

在"浏览器支持"选区中我们可以设置完整的浏览本网页所需要的浏览器的最低版本,可以是 IE 或者 Netscape Navigator 或者其他的浏览器,选择不同的浏览器支持生成的 Web 页文件的大小也不一样。

在"发布一个副本为"选区中同样可以通过单击【更改】按钮改变网页的标题,同时在该选区中可以设定存储网页的文件名称及路径。

当已经设置完成后,单击【发布】按钮就可以把当前正在编辑的文件保存为网页格式的文件。启动计算机中的浏览器并打开该网页,如果只想保存文件,取消"在浏览器中打开已发布的网页"复选框即可。这样,网页就发布成功了。

本章小结

本章介绍了 PowerPoint 2003 的主要功能、启动、退出方法、界面组成、演示文稿制作的过程、幻灯片设计、动画效果设置及演示文稿的打包、打印和网络发布等内容。

通过对 PowerPoint 2003 的功能和运行环境的学习。掌握制作幻灯片、美化幻灯片的方法,为以后的工作和学习打下基础。

第6章 网络基础与 Internet 应用

【学习目标】
明确计算机网络的发展、基本概念、分类及组成
理解 Internet 的基本概念
掌握网络协议以及网络的接入方式
熟悉浏览器和电子邮件的使用

6.1 计算机网络基础

6.1.1 计算机网络概述

1. 计算机网络的定义

计算机网络是现代计算机技术和通信技术密切结合的产物,是随着社会对信息的共享和信息传递的要求而发展起来的。所谓的计算机网络就是利用通信设备和线路将地理位置不同的、功能独立的多个计算机系统相互连起来,以功能完善的网络软件(如网络通信协议、信息交换方式以及网络操作系统等)来实现网络中信息传递和资源共享的系统。

2. 计算机网络的发展

世界上公认的、最成功的第一个远程计算机网络是在 1969 年,由美国高级研究计划署(Advanced Research Projects Agency,ARPA)组织研制成功的。该网络称为 ARPA-NET,它就是现在 Internet 的前身。随着计算机网络技术的蓬勃发展,计算机网络的发展大致可划分为 4 个阶段。

第一阶段:计算机技术与通信技术相结合(诞生阶段)

20 世纪 60 年代末,是计算机网络发展的萌芽阶段。该系统又称终端——计算机网络,是早期计算机网络的主要形式,它是将一台计算机经通信线路与若干终端直接相连。终端是一台计算机的外部设备,包括显示器和键盘,无 CPU 和内存,其主要特征是:为了增加系统的计算能力和资源共享,把小型计算机连成试验性的网络。

第二阶段:计算机网络具有通信功能(形成阶段)

第二代计算机网络是以多个主机通过通信线路互联起来,为用户提供服务,主机之间不是直接用线路相连,而是由接口报文处理机(IMP)转接后互联的。IMP 和它们之间互联的通信线路一起负责主机间的通信任务,构成了通信子网。通信子网互联的主机负责运行程序,提供资源共享,组成了资源子网。这个时期,网络概念为"以能够相互共享资源为目的互联起来的具有独立功能的计算机之集合体",形成了计算机网络的基本概念。

两个主机间通信时对传送信息内容的理解、信息表示形式以及各种情况下的应答信号都必须遵守一个共同的约定,称为协议。

计算机应用基础

第三阶段：计算机网络互联标准化（互联互通阶段）

计算机网络互联标准化是指具有统一的网络体系结构并遵循国际标准的开放式和标准化的网络。ARPANET 兴起后，计算机网络发展迅猛，各大计算机公司相继推出自己的网络体系结构及实现这些结构的软硬件产品。由于没有统一的标准，不同厂商的产品之间互联很困难，人们迫切需要一种开放性的标准化实用网络环境，这样两种国际通用的最重要的体系结构应运而生了，即 TCP/IP 体系结构和国际标准化组织的 OSI 体系结构。

第四阶段：计算机网络高速和智能化发展（高速网络技术阶段）

20 世纪 90 年代初至今是计算机网络飞速发展的阶段，其主要特征是：计算机网络化，协同计算能力发展以及全球互联网络（Internet）的盛行。计算机的发展已经完全与网络融为一体，体现了"网络就是计算机"的口号。目前，计算机网络已经真正进入社会各行各业。另外，虚拟网络 FDDI 及 ATM 技术的应用，使网络技术蓬勃发展并迅速走向市场，走进平民百姓的生活。

6.1.2 计算机网络的功能

计算机网络的功能主要体现在 3 个方面：资源共享、信息交换、协同处理。

1. 资源共享

依靠功能完善的网络系统能实现网络资源共享。这里资源是指构成系统的所有要素，包括计算机处理能力、数据、应用程序、硬盘、打印机等。资源共享也就是共享网络中所有硬件、软件和数据。在全网范围内提供对硬件资源的共享，尤其是对一些昂贵的设备，如大型机、高分辨率打印机、大容量外存实行资源共享，可节省投资和便于集中管理；而对软件和数据资源的共享，可允许网上用户远程访问各种类型的数据库及得到网络文件传送服务，可以进行远程终端仿真和远程文件传送服务，避免了在软件方面的重复投资。

2. 信息交换

利用计算机网络提供的信息交换功能，用户可以在网上传送电子邮件、发布新闻消息、进行远程电子购物、电子金融贸易、远程电子教育等。

3. 协同处理

协同处理是指计算机网络在网上各主机间均衡负荷，把在某时刻负荷较重的主机的任务传送给空闲的主机，利用多个主机协同工作来完成靠单一主机难以完成的大型任务。

6.1.3 计算机网络的分类

我们可以使用几种不同分类的方法从不同的角度对计算机网络进行分类。

1. 从网络的交换方式进行分类

网络按照其交换方式，可以分为电路交换网络和存储/转发交换网络。

早期的面向终端的计算机网络，借助于公用电话网，其原理类似于我们打电话，采用的是电路交换方式，我们称之为电路交换网。

20 世纪 60 年代，一种新的计算机通信技术试验成功，其工作原理类似于邮政通信，采用的是存储/转发方式，我们称之为存储/转发交换通信网。

第6章　网络基础与 Internet 应用

2. 从网络的作用范围进行分类

（1）广域网 WAN（Wide Area Network）：广域网的作用范围通常为几十千米至几千千米，因而有时也称为远程网（long haul network）。广域网是因特网的核心部分，其任务是通过长距离（例如，跨越不同的国家）运送主机所发送的数据。连接广域网各结点交换机的链路一般都是高速链路，具有较大的通信容量。

（2）局域网 LAN（Local Area Network）：局域网一般用微型的计算机或是工作站通过高速通信线路连接，速率通常在 10MB/S 以上，但地理上则局限在较小的范围，如 1 千米左右。在局域网发展的初期，一个学校或是工厂往往只拥有一个局域网，但现在局域网已被广泛使用，一个学校或是企业大都拥有许多局域网。因此，又出现了校园网和企业网的名词。

（3）城域网 MAN（Metropolitan Area Network）：城域网的作用范围在广域网和局域网之间，例如：作用范围是一个城市，可跨越几个街区，几个城市。城域网可以为一个或几个单位所拥有，但也可以是一种公用设施，用来将很多个局域网进行连接。城域网的传送速率比局域网的更高，作用距离约为 5～50 千米。

（4）接入网 AN（Access Network）：接入网又称为本地连接入网或居民接入网，它是近年来由于用户对高速上网需求的增加而出现的一种网络技术。

3. 从网络的使用者进行分类

（1）公用网（pubic network）这是指国家的电信公司（国有或私有）出资建造的大型网络。"公用"的意思就是所有愿意按电信公司的规定交纳费用的人都可以使用。因此，公用网也可称为公众网。

（2）专用网（private network）这是以某个部门为单位的特殊业务工作需要而建造的网络。这种网络不向本单位以外的人提供服务。例如：军队、铁路、电力等系统均有本系统的专用网。

6.1.4　计算机网络的拓扑结构

计算机网络的拓扑结构，即是指网上计算机或设备与传输媒介形成的结点与线的物理构成模式。网络的结点有两类：一类是转换和交换信息的转接结点，包括结点交换机、集线器和终端控制器等；另一类是访问结点，包括计算机主机和终端等。线则代表各种传输媒介，包括有形的和无形的。

计算机网络的拓扑结构主要有：总线型结构、星型结构、环型结构、树型结构和混合型结构，分别如图 6-1、图 6-2、图 6-3、图 6-4 所示。

1. 总线型结构：由一条高速公用主干电缆即总线连接若干个结点构成网络。网络中所有的结点通过总线进行信息的传输。这种结构的特点是结构简单灵活，建网容易，使用方便，性能好。其缺点是主干总线对网络起决定性作用，总线故障将影响整个网络。

2. 星型结构：由中央结点集线器与各个结点连接组成。这种网络各结点必须通过中央结点才能实现通信。星型结构的特点是结构简单、建网容易，便于控制和管理。其缺点是中央结点负担较重，容易形成系统的"瓶颈"，线路的利用率也不高。

3. 环型结构：环型结构由各结点首尾相连形成一个闭合环型线路。环型网络中的信

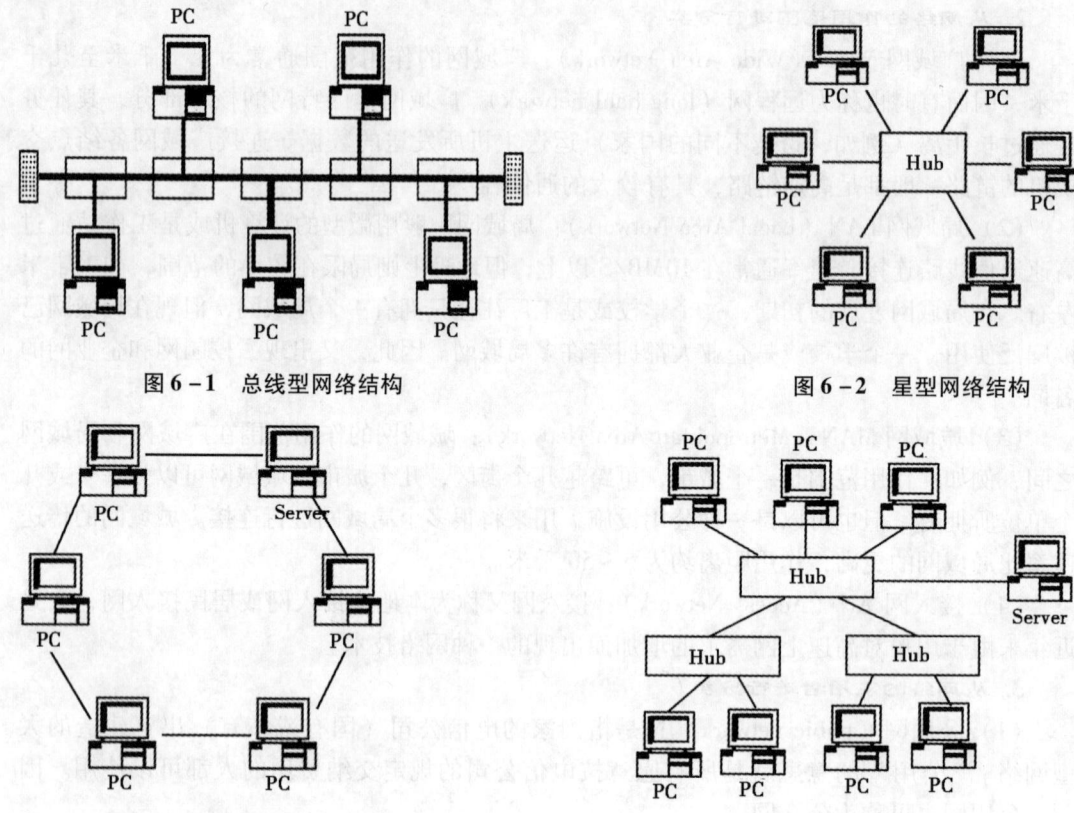

图6-1 总线型网络结构　　　　图6-2 星型网络结构

图6-3 环型网络结构　　　　图6-4 树型网络结构

息传送是单向的,即沿一个方向从一个结点传到另一个结点;每个结点需安装中继器,以接收、放大、发送信号。这种结构的特点是结构简单,建网容易,便于管理。其缺点是当结点过多时,将影响传输效率,不利于扩充。

4. 树型结构:是一种分级结构。在树型结构的网络中,任意两个结点之间不产生回路,每条通路都支持双向传输。这种结构的特点是扩充方便、灵活,成本低,易推广,适合于分主次或分等级的层次型管理系统。

5. 混合型结构:可以是不规则型的网络,也可以是点—点相连结构的网络。

局域网中常见的结构为总线型、星型和环形结构。

6.1.5 计算机网络的体系结构

计算机网络系统通常采用结构化的分层设计方法,将网络的通信子系统分成一组功能分明、相对独立和易于操作的层次,依靠各层之间的功能组合来提供网络的通信服务,从而减少网络系统的设计、修改和更新的难度。

由于历史的原因,计算机和通信工业界的组织机构和厂商,在网络产品方面制定了各种不同的协议和标准。为了协调这些协议和标准,提高网络行业的标准化水平,并能适应不同网络系统的相互通信,CCITT(国际电报电话咨询委员会)和ISO(国际标准化组织)联合组织制定了OSI参考模型。

第 6 章 网络基础与 Internet 应用

OSI 模型是国际标准化组织推荐的一个网络系统结构——七层参考模型,即开放系统互连模型(Open System Interconnection)。由于这个标准模型的建立,使得各种计算机网络向它靠拢,大大推动了网络通信的发展。七层包括:物理层、数据链路层、网络层、传输层、会话层、表示层、应用层,如图 6-5 所示。各层的功能如下。

图 6-5 OSI 的体系结构

1. 应用层:是 OSI 模型的最高层,它为用户服务,负责两个应用进程之间的通信,为网络用户之间的通信提供专用的程序。

2. 表示层:直接面对应用层,与应用层的关系非常密切。这一层的主要功能是定义数据格式及加密。例如:FTP 允许选择以二进制或 ASCII 格式传输。如果选择二进制,那么发送方和接收方不改变文件的内容。如果选择 ASCII 格式,发送方将把文本从发送方的字符集转换成标准的 ASCII 后发送数据。在接收方将标准的 ASCII 转换成接收方计算机的字符集。

3. 会话层:介于传输层和表示层之间。提供的服务可使应用建立和维持会话,并能使会话获得同步。会话层使用校验点可使通信会话在通信失效时从校验点继续恢复通信。这种能力对于传送大的文件极为重要。

4. 传输层:位于网络层和会话层之间。是 OSI 中最重要,最关键的一层,是唯一负责总体的数据传输和数据控制的一层。传输层提供端到端的交换数据的机制,传输层对会话层等高三层提供可靠的传输服务,对网络层提供可靠的目的地站点信息。这层的功能包括是否选择差错恢复协议还是无差错恢复协议,以及在同一主机上对不同应用的数据流的输入进行复用,还包括对收到的顺序不对的数据包的重新排序功能。

5. 网络层:是通信子网与资源子网之间的接口,对端到端的包传输进行定义。定义了能够标识所有结点的逻辑地址,以及路由实现的方式和学习的方式。为了适应最大传输单元长度小于包长度的传输介质,网络层还定义了如何将一个包分解成更小的包的分段方法。

6. 数据链路层:数据链路层最基本的服务是将源计算机网络层来的数据可靠的传输到相邻结点的目标计算机的网络层。为达到这一目的,数据链路层分成了两个子层:LLC 逻辑链路子层和 MAC 介质访问控制子层。LLC 逻辑链路子层的功能包括数据链路的建立、链路的维持和释放 3 个主要方面。当网络中的两个结点要进行通信时,数据的发送方必须确知接收方是否处在准备接受的状态,为此通信双方必须先要交换一些必要的信息,以建立一条基本的数据链路;在传输数据时要维持数据链路;在通信完毕时要释放数据链路。MAC 介质访问控制子层的主要功能是 MAC 寻址,这里所说的"寻址"是计算机网卡的 MAC 地址,也称"物理地址"、"硬件地址",而不是 IP 地址。在以太网中,采用媒体访问控制地址进行寻址,MAC 地址被烧入每个以太网网卡中,以此可以保证在多点连接的情况下,将每一帧都能准确地送到正确的地址,接收方也能知道发送方的确切地址。

7. 物理层:物理层是 OSI 模型的最低层或第一层,主要完成相邻结节之间的比特流的传输。同时,本层还定义了一些有关网络的物理特性,包括物理联网媒介,如:电缆连线和连接器。

物理层的协议产生并检测电压以便发送和接收携带数据的信号。PC 上插入网络接口卡，就建立了计算机联网的基础。换言之，即提供了一个物理层。尽管物理层不提供纠错服务，但它能够设定数据传输速率并监测数据出错率。

IEEE 已制定了物理层协议的标准，特别 IEEE 802 规定了以太网和令牌环网应如何处理数据。术语"第一层协议"和"物理层协议"，均是指描述电信号如何被放大及通过电线传输的标准。

除了不同的传输介质自身的物理特性外，物理层还对通信设备和传输媒体之间使用的接口作了详细的规定。

6.1.6 计算机网络的系统组成

计算机网络系统是一个集计算机硬件设备、通信设施、软件系统及数据处理能力为一体的，能够实现资源共享的现代化综合服务系统。计算机网络系统的组成可分为 3 个部分，即硬件系统、软件系统及网络信息系统。

1. 硬件系统

硬件系统是计算机网络的基础。硬件系统有计算机、通信设备、连接设备及辅助设备组成，硬件系统中设备的组合形式决定了计算机网络的类型。下面介绍几种网络中常用的硬件设备。

（1）服务器

服务器是一台速度快，存储量大的计算机，它是网络系统的核心设备，负责网络资源管理和用户服务。服务器可分为文件服务器、远程访问服务器、数据库服务器、打印服务器等，是一台专用或多用途的计算机。在互联网中，服务器之间互通信息，相互提供服务，每台服务器的地位是同等的。服务器需要专门的技术人员对其进行管理和维护，以保证整个网络的正常运行。

（2）工作站

工作站是具有独立处理能力的计算机，它是用户向服务器申请服务的终端设备。用户可以在工作站上处理日常工作，并随时向服务器索取各种信息及数据，请求服务器提供各种服务（如传输文件、打印文件等）。

（3）网卡

网卡又称为网络适配器，它是计算机与计算机之间直接或间接传输介质互相通信的接口，如图 6-6 所示，它插在计算机的扩展槽中。一般情况下，无论是服务器还是工作站都应安装网卡。网卡的作用是将计算机与通信设施相连接，将计算机的数字信号转换成通信线路能够传送的电子信号或电磁信号。网卡是物理通信的瓶颈，它的好坏直接影响用户将来的软件使用效果和物理功能的发挥。目前，常用的有 10Mbps、100Mbps 和 10Mbps/100Mbps 自适应网卡，网卡的总线形式有 ISA 和 PCI 两种。

（4）调制解调器

调制解调器（Modem）是一种信号转换装置。它可以把计算机的数字信号"调制"成通信线路的模拟信号，将通信线路的模拟信号"解调"回计算机的数字信号。调制解

第 6 章 网络基础与 Internet 应用

调器的作用是将计算机与公用电话线相连接，使得现有网络系统以外的计算机用户，能够通过拨号的方式利用公用电话网访问计算机网络系统。这些计算机用户被称为计算机网络的增值用户，增值用户的计算机上可以不安装网卡，但必须配备一个调制解调器。

（5）集线器

集线器（Hub）是局域网中使用的连接设备。它具有多个端口，可连接多台计算机，如图 6-7 所示。在局域网中常以集线器为中心，用双绞线将所有分散的工作站与服务器连接在一起，形成星形拓扑结构的局域网系统。这样的网络连接，在网上的某个结点发生故障时，不会影响其他结点的正常工作。

图 6-6 网卡

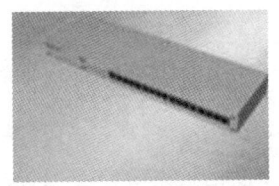

图 6-7 集线器

集线器分为普通型和交换型（Switch），交换型的传输效率比较高，目前用的较多。集线器的传输速率有 10Mbps、100Mbps 和 10Mbps/100Mbps 自适应的。

（6）网桥

网桥（Bridge）也是局域网使用的连接设备。网桥的作用是扩展网络的距离，减轻网络的负载。在局域网中每条通信线路的长度和连接的设备数都是有最大限度的，如果超载就会降低网络的工作性能。对于较大的局域网可以采用网桥将负担过重的网络分成多个网络段，当信号通过网桥时，网桥会将非本网段的信号排除掉（即过滤），使网络信号能够更有效地使用信道，从而达到减轻网络负担的目的。由网桥隔开的网络段仍属于同一局域网，网络地址相同，但分段地址不同。

（7）路由器

路由器（Router）是互联网中使用的连接设备。它可以将两个网络连接在一起，组成更大的网络。被连接的网络可以是局域网也可以是互联网，连接后的网络都可以称为互联网。路由器不仅有网桥的全部功能，还具有路径的选择功能。路由器可根据网络上信息拥挤的程度，自动地选择适当的线路传递信息。

在互联网中，两台计算机之间传送数据的通路会有很多条，数据包（或分组）从一台计算机出发，中途要经过多个站点才能到达另一台计算机。这些中间站点通常是由路由器组成的，路由器的作用就是为数据包（或分组）选择一条合适的传送路径。用路由器隔开的网络属于不同的局域网。

（8）传输介质

网络传输介质主要有两类：一类是有线介质，如：双绞线、同轴电缆、光纤等，另一类是无线传输介质，如：无线电、微波等。

2. 软件系统

计算机网络中的软件按其功能可以划分为数据通信软件、网络操作系统和网络应用软件。

· 211 ·

(1) 数据通信软件

数据通信软件是指按着网络协议的要求，完成通信功能的软件。

(2) 网络操作系统

网络操作系统是指能够控制和管理网络资源的软件。网络操作系统的功能作用在两个级别上，在服务器机器上，为任务提供资源管理；在每个工作站机器上，向用户和应用软件提供一个网络环境的"窗口"。这样，向网络操作系统的用户和管理人员提供一个整体的系统控制能力。网络服务器操作系统要完成目录管理、文件管理、安全性、网络打印、存储管理、通信管理等主要服务。工作站的操作系统软件主要完成工作站任务的识别和与网络的连接。即首先判断应用程序提出的服务请求是使用本地资源还是使用网络资源，若使用网络资源则需完成与网络的连接。常用的网络操作系统有：Netware、Windows NT、Unix 和 Linux 等。

(3) 网络应用软件

网络应用软件是指网络能够为用户提供各种服务的软件。如：浏览查询软件、传输软件、远程登录软件、电子邮件等。

3. 网络信息系统

计算机网络上存储、传输的信息称为网络信息。网络信息是计算机网络中最重要的资源，它存储于服务器上，由网络系统软件对其进行管理和维护。

6.1.7 数据通信基础知识

1. 数据通信的构成原理、交换方式及适用范围

(1) 数据通信的构成原理

数据终端有分组型终端和非分组型终端两大类。分组型终端有计算机、数字传真机、智能用户电报终端、用户分组装拆设备、用户分组交换机、专用电话交换机、可视图文接入设备、局域网等各种专用终端设备；非分组型终端有个人计算机终端、可视图文终端、用户电报终端等各种专用终端。

数据电路由传输信道和数据电路终端设备组成，如果传输信道为模拟信道，通常就是调制解调器，它的作用是进行模拟信号和数字信号的转换；如果传输信道为数字信道，数据电路终端的作用是实现信号码型与电平的转换，以及线路接续控制等。

传输信道除有模拟和数字的区分外，还有有线信道与无线信道、专用线路与交换网线路之分。交换网线路要通过呼叫过程建立连接，通信结束后再拆除；专线连接由于是固定连接就无需上述的呼叫建立与拆线过程。

计算机系统中的通信控制器用于管理与数据终端相连接的所有通信线路。中央处理器用来处理由数据终端设备输入的数据。

(2) 数据通信的交换方式

①电路交换

电路交换是指两台计算机或终端在相互通信时，使用同一条实际的物理链路，通信中自始至终使用该链路进行信息传输，且不允许其他计算机或终端同时共享该电路。

②报文交换

报文交换是将用户的报文存储在交换机的存储器中（内存或外存），当所需输出电路空闲时，再将该报文发往需接收的交换机或终端。这种存储——转发的方式可以提高中继线和电路的利用率。

③分组交换

分组交换是将用户发来的整份报文分割成若干个定长的数据块（称为分组或打包），将这些分组以存储——转发的方式在网内传输。第一个分组信息都连有接收地址和发送地址的标志。在分组交换网中，不同用户的分组数据均采用动态复用的技术传送，即网络具有路由选择，同一条路由可以有不同用户的分组在传送，所以线路利用率较高。

（3）各种交换方式的适用范围

①电路交换方式通常应用于公用电话网、公用电报网及电路交换的公用数据网（CSPDN）等通信网络中。其优点是实时性强，延迟很小，交换成本较低；其缺点是线路利用率低。电路交换适用于一次接续后，长报文的通信。

②报文交换方式适用于实现不同速率、不同协议、不同代码终端的终端间或一点对多点的报文为单位进行存储转发的数据通信。由于这种方式网络传输时延大，并且占用了大量的内存与外存空间，因而不适用于要求系统安全性高、网络时延较小的数据通信。

③分组交换是在存储——转发方式的基础上发展起来的，但它兼有电路交换及报文交换的优点。它适用于对话式的计算机通信，如：数据库检索、电子邮件传递和计算机间通信等各方面，传输质量高，成本较低，并可在不同速率终端间通信。其缺点是不适宜于实时性要求高、信息量很大的业务使用。

2. 数据通信的分类

（1）有线数据通信

①数字数据网（DDN）由用户环路、DDN 节点、数字信道和网络控制管理中心组成。DDN 是利用光纤或数字微波、卫星等数字信道和数字交叉复用设备组成的数字数据传输网。也可以说 DDN 是把数据通信技术、数字通信技术、光纤通信技术以及数字交叉连接技术结合在一起的数字通信网络。数字信道应包括用户到网络的连接线路，即用户环路的传输也应该是数字的，但实际上也有普通电缆和双绞线，但传输质量不如前者。

②分组交换网（PSPDN）是以 CCITTX.25 协议为基础的，所以又称为 X.25 网。它是采用存储——转发方式，将用户送来的报文分成具有一定长度的数据段，并在每个数据段上加上控制信息，构成一个带有地址的分组组合群体在网上传输。分组交换网最突出的优点是在一条电路上同时可开放多条虚拟通路为多个用户同时使用，网络具有动态路由选择功能和先进的误码检错功能，但网络性能较差。

③帧中继网络通常由帧中继存取设备、帧中继交换设备和公共帧中继服务网 3 部分组成。帧中继网是从分组交换技术发展起来的。帧中继技术是把不同长度的用户数据组均包封在较大的帧中继帧内，加上寻址和控制信息后在网上传输。

（2）无线数据通信

无线数据通信也称移动数据通信，它是在有线数据通信的基础上发展起来的。

有线数据通信依赖于有线传输，因此，只适合于固定终端与计算机或计算机之间的通信；而移动数据通信是通过无线电波的传播来传送数据的，因而有可能实现移动状态下的移动通信。

计算机应用基础

狭义地说,移动数据通信就是计算机间或计算机与人之间的无线通信。它通过与有线数据网互联,把有线数据网路的应用扩展到移动和便携用户。

6.2 Internet 基础

计算机网络技术在20世纪60年代问世后,曾出现过各种各样不同的网络技术组建起来的局域网和广域网,将各种不同的网络互联起来的解决方案有两个:一是选择一种网络技术,然后以强制方式让所有非使用这种网络技术的组织拆除其原有网络而重新组建新的网络;二是允许各个部门和组织根据各自的需求和经济预算选择自己的网络,然后再寻求一种方法将所有类型的网络互联起来。第一种方法听起来要简单易行些,但实际上却是不可能做到的。第二种解决方法就是Internet,已经被实践证明是一种很好的方法。

Internet的中文译名目前没有统一,国际互联网、全球互联网、互联网、因特网等都是指Internet。

6.2.1 Internet 的发展

因特网的英文名称是Internet,它起源于ARPANET的广域网,最初只连接了位于不同地区的为数不多的几台计算机,其目的是在不同类型的计算机之间通信,寻求一种连接不同局域网和广域网的新方法,实现一个网络中的网络,即网际网。由于ARPANET采用分布式的控制与处理,因此,它的一个或多个站点被破坏时,其他站点间的连接不受影响,它所具有的高可靠性使它得到了迅速发展,不断有新团体的网络加入,该网变得越来越大,功能也逐步完善起来,1983年正式命名为Internet,我国将其翻译为"因特网"。

在因特网的发展过程中,不断有其他国家的计算机网络加入,先是加拿大,然后是欧洲各国、日本,我国也于1989年接入因特网。目前,因特网已经覆盖了全球大部分地区,而且不断有新成员加入其中。现在,Internet已有约100多万个网络,超过1亿台计算机,网上用户已达约10亿,并且每年还以1 000多万新用户的速度递增。

近年来,Internet的普及推动了全球范围内"三网合一"的进程,即将计算机网络、电信通信网络与有线电视网络合并成一个网络。因特网不属于任何个人,也不属于任何组织。世界上的每一台计算机都可以通过ISP(英文Internet Service Provider的缩写,即因特网服务提供商)与之连接。ISP是进入因特网的关口,它们为用户提供了接入因特网的通道和相关的技术支持。

6.2.2 Internet 的相关术语

1. WWW:也称万维网,是World Wide Web的缩写。在WWW中可以以多媒体的形式传送各种各样的信息,也就是说,在WWW中可以传送声音、图形、图像、动画,而且这些媒体可以同步出现。

2. Hyperlink:超链接,就是在编写过程中,编写者预先设定一些关键字,然后再提供这些关键字想要链接的目的地,这些目的地可以是一段文字、一张图片、一个网页或一个网站,这取决于文件编写者如何去达到其文件的表现形式。在网页设计上,大量使用这种超链接，使得网页变成一种立体化的文件，并更加生动有趣，这些都是传统文字、书籍做不到的。

3. Web Page：网页，主要由文字和图形构成，使用者通过浏览器观看图文并茂的网上作品，这和传统书籍的表现形式极为相似，但其实不只是如此，网页还可以结合动画、音乐构成一页页活动的电子图书。实际上，Internet 的广受欢迎和使用者可以看到丰富多彩的网页有着密切的关系。

4. Web Site：网站，是那些放置网页供用户登录浏览的电脑。

5. Homepage：主页，当浏览某个网站的时候，通常会看到这个网站的首页，这个首页被称为这个网站的主页。

6. TCP/IP 协议：传输控制/网际协议，它是 Internet 的基础。TCP/IP 是网络中使用的基本的通信协议。

7. IP 地址：所谓 IP 地址就是给每个连接在 Internet 上的主机分配的一个 32bit 地址。Internet 上的每台主机（Host）都有一个唯一的 IP 地址。IP 协议就是使用这个地址在主机之间传递信息，这是 Internet 能够运行的基础。IP 地址的长度为 32 位，分为 4 段，每段 8 位，用十进制数字表示，每段数字范围为 0～255，段与段之间用句点隔开。例如：159.226.1.1。IP 地址分为网络地址和主机地址两部分。IP 地址分为 A、B、C、D、E 5 类，常用的是 B 和 C 两类。A 类 IP 地址由 1 字节的网络地址和 3 字节主机地址组成，网络地址的最高位必须是"0"，地址范围从 0.0.0.1 到 126.0.0.0。B 类 IP 地址由 2 个字节的网络地址和 2 个字节的主机地址组成，网络地址的最高位必须是"10"，地址范围从 128.0.0.0 到 191.255.255.255。C 类 IP 地址由 3 字节的网络地址和 1 字节的主机地址组成，网络地址的最高位必须是"110"。范围从 192.0.0.0 到 223.255.255.255。D 类地址用于多点广播（Multicast），第一个字节以"1110"开始，它是一个专门保留的地址，并不指向特定的网络，多点广播地址用来一次寻址一组计算机，它标识共享同一协议的一组计算机。E 类 IP 地址以"11110"开始，为将来使用保留。全零（"0.0.0.0"）地址对应于当前主机。全"1"的 IP 地址（"255.255.255.255"）是当前子网的广播地址。

8. 域名：企业、政府、非政府组织等机构或者个人在互联网上注册的名称，是互联网上企业或机构间相互联络的网络地址。网络中的地址方案分为两套：IP 地址系统和域名地址系统。这两套地址系统其实是一一对应的关系。由于 IP 地址是数字标识，使用时难以记忆和书写，因此在 IP 地址的基础上又发展出一种符号化的地址方案，来代替数字型的 IP 地址。每一个符号化的地址都与特定的 IP 地址对应，这样网络上的资源访问起来就容易得多了。这个与网络上的数字型 IP 地址相对应的字符型地址，就被称为域名。有时用国家代码表示顶级域名，如：.cn（中国）、.uk（英国）、.ca（加拿大）和 .jp（日本）称为国家代码顶级域名。以 .cn 结尾的二级域名简称为国内域名。注册国家代码顶级域名下的二级域名的规则和不同国家的政策有关。有时用特殊字母表示顶级域名，如：COM（商业机构）、EDU（教育机构）等。

9. URL：统一资源定位（Uniform Resource Locator），也被称为网页地址，是因特网上标准的资源的地址，是用于完整地描述 Internet 上网页和其他资源的地址的一种标识方法。

10. HTML：Hyper Text Markup Language，超文本标记语言，一种专门的编程语言，用于创建存储在 WWW 服务器上的文件，并能通过浏览器进行浏览，也可以用它来建立主页。

11. Browser：浏览器，是浏览 Internet 上的文本、图像、声音的主要工具，Netscape Navigator 和 Microsoft Internet Explore 是 WWW 中流行的浏览器。

12. SMTP 和 POP3：Simple Mail Transfer Protocal，简单邮件传输协议，它是基于 TCP/IP 网络的协议，用于主机与主机之间的电子邮件交换。Internet 是最大的 TCP/IP 网络，几乎 Internet 上的每一台主机都运行着遵循 SMTP 的邮件软件，而且几乎所有的主机的电子邮件都支持 SMTP。SMTP 邮件系统由两个部分组成，MTA（报文传送代理）和 UA（用户代理），MTA 负责完成邮件的寻址发送等功能，UA 负责用户的界面交互功能。由于用户不可能把 PC 机与计算机网络长时间相连，为此，在提供 MTA 服务的节点上增加了存放邮件的服务 POP3（Post Office Protocol—version3，邮局协议），允许 PC 机访问服务器主机上存放的邮件。使用 PC 机的用户可以选用基于 POP3 协议的客户软件，这种软件利用了 PC 机用户界面友好的特点，易于使用。POP3 可以让用户在任何地点任何时候使用不同的机器访问到邮件并且保证邮件的安全。

6.2.3 Internet 的基本功能

1. 万维网 WWW

万维网 WWW（World Wild Web），是一个集文本、图像、声音、影像等多种媒体的最大信息发布服务，同时，具有交互式服务功能，是目前用户获取信息的最基本手段。Internet 的出现产生了 WWW 服务，反过来，WWW 的产生又促进了 Internet 的发展。目前，Internet 上已无法统计 Web 服务器的数量，越来越多的组织机构、企业、团体、甚至个人，都建立了自己的 Web 站点和页面。

2. 电子邮件 E-mail

作为 Internet 用户，可以向 Internet 上的任何人发送和接收消息，同样可以包括各种形式的媒体，都可以被快速传送。

3. 文件传输 FTP

FTP（File Transfer Protocol）是"文件传输协议"的缩写。FTP 服务允许用户从一台计算机向另一台计算机复制文件。在通常情况下，我们登录远程主机的主要限制就是要取得进入主机的授权许可，然而匿名（Anonymous）FTP 是专门将某些文件供大家使用的系统。用户可以通过匿名用户名使用这类计算机，不要求口令。匿名 FTP 是最重要的 Internet 服务之一。

4. 远程登录 Telnet

Telnet 是 Internet 为用户所提供的原始服务之一。Telnet 允许用户通过本地计算机登录到远程计算机中，不论远程计算机是在隔壁，还是远在千里之外，只要用户拥有远程计算机的账号，就可以使用远程计算机的各种资源，包括程序、数据库及其各种设备。

Telnet 目前使用的不是很多，主要是由于允许 Telnet 的计算机一般都为 UNIX 系统，这对初学者来说是很困难的。Telnet 在 Internet 的电子公告板 BBS 中的应用相当广泛。

第6章 网络基础与 Internet 应用

5. 电子商务

电子商务，简称 EC（Electronic Commerce）。通常是指是在全球各地广泛的商业贸易活动中，在因特网开放的网络环境下，基于浏览器/服务器应用方式，买卖双方不谋面地进行各种商贸活动，实现消费者的网上购物、商户之间的网上交易和在线电子支付以及各种商务活动、交易活动、金融活动和相关的综合服务活动的一种新型的商业运营模式。

6.2.4 Internet 的接入方式

对于不同的用户或单位链接到 Internet 可采用不同的方式，常用的方法有以下几种。

1. 拨号上网

家庭用户常用的接入方式是拨号上网，也就是使用调制解调器经过电话线与 Internet 服务提供商相连接。拨号上网的特点是操作简单、使用方便、灵活性强，但上网速度较慢，连接时稳定性较差。随着更先进的 Internet 接入方式的推出，拨号上网的用户在逐渐减少。

2. ISDN 上网

ISDN（Integrated Service Digital Network）综合业务数字网，就是俗称的"一线通"，它的主要特点就是在上网的同时，用户可以任意接收电话，而且它的速度更快，实际速度可以达到 100～128Kbps。但 ISDN 上网费用较电话接入要高，而且用户使用 ISDN 需要专用的终端设备，主要由网络终端 NT1 和 ISDN 适配器组成。

3. ADSL 宽带上网

ADSL（Asymmetrical Digital Subscriber Line）非对称数字用户环路，是一种能够通过普通电话线提供宽带数据业务的技术。ADSL 支持上行速率 640kbps～1Mbps，下行速率 1～8Mbps，其有效的传输距离在 3～5 千米范围以内。在 ADSL 接入方案中，每个用户都有单独的一条线路与 ADSL 局端相连，数据传输带宽是由每一个用户独享的。相较前两种上网接入方式，ADSL 实际速度可以达到 400～512Kbps，快速了许多。

4. Cable – modem 有线宽带上网

Cable – Modem（线缆调制解调器）是近两年开始试用的一种超高速 Modem，它利用现成的有线电视 CATV 网进行数据传输，已是一种比较成熟的技术。随着有线电视网的发展壮大和人们生活质量的不断提高，通过 CableModem 利用有线电视网访问 Internet 已成为越来越受业界关注的一种高速接入方式。

Cable – Modem 连接方式可分为两种：即对称速率型和非对称速率型。前者数据上传速率和数据下载速率相同，都在 500kbps～2Mbps；后者的数据上传速率在 500kbps～10Mbps，数据下载速率为 2～40Mbps。

由于采用共享结构，随着用户的增多，个人的接入速率会有所下降，安全保密性也欠佳。最关键的是广电系统没有自己的互联网出口，而且各地的有线网自成一体，没有联网形成整体，都租用各地的电信、网通、联通的互联网出口。

5. PON 光纤入户

PON（无源光网络）技术是一种点对多点的光纤传输和接入技术，下行采用广播方式，上行采用时分多址方式。PON 包括 ATM – PON（APON，即基于 ATM 的无源光网络）

和 Ethernet-PON（EPON，即基于以太网的无源光网络）两种，PON 每个用户使用的带宽可以从 64kbps 到 155Mbps 灵活划分。

6. LMDS 无线通信

目前可用于社区宽带接入的一种无线接入技术。每个终端用户的带宽可达到 25Mbps。但是由于带宽总容量为 600Mbps，每基站下的用户共享带宽，因此，一个基站如果负载用户较多，那么每个用户所分到带宽就很小了。

6.3 Internet Explorer 6.0 浏览器

6.3.1 Internet Explorer 6.0 的窗口组成

单击桌面上的 IE6.0 的图标即可启动 IE6.0，如图 6-8 所示，其窗口除了保持其他 Windows 应用程序窗口的风格外，还具有特定的窗口组成部分。

图 6-8 IE6.0 窗口

1. 标题栏

在窗口的最上方，左上角显示所打开页面的名称，右上角是窗口控制按钮。

2. 菜单栏

包括【文件】、【编辑】、【查看】、【收藏】、【工具】、【帮助】等 6 个菜单。通过菜单栏可实现对网页的保存、复制、设置等多项功能。

3. 工具栏

IE 浏览器提供了对频繁使用菜单中的一些功能的快速访问，其中，比较常用的按钮功能有以下几个。

（1）"后退"、"前进"：前者用于返回到在浏览当前网页之前的网页；后者可以转到当前显示页的下一页。

（2）"停止"：用于中止某个正在进行的连接请求。

（3）"刷新"：用于即时刷新网页的常用按钮，也常用于某一时刻不能显示的网页，刷新可以重新连接到服务器，并读取新的内容。

（4）"收藏夹"：可以向其中添加特定的用户感兴趣的网页和文件名。在添加以后，当用户需要重新访问该网页时，只需单击此按钮，再单击相应的链接即可。

（5）"主页"：浏览器启动后显示的第一个网页，可以在菜单【工具】→【Internet 选项】中进行设置。

4. 地址栏

该项所显示的是当前页面的标准 URL 地址，用户可以在框中输入所需的网址后，按回车键打开该网页，也可以通过地址栏的下拉框选择以前曾经输入过的网址。

5. 工作区

Web 页浏览区，用于显示一个网页的全部信息，包含图片、文本和超级链接。

6. 状态栏

显示当前操作的状态信息，包括打开网页、搜索 Web 页、指示下载的进度等。

6.3.2 浏览网页

1. 普通浏览

浏览网页的方法有两种：输入地址访问网站浏览和通过超级链接访问浏览。

在地址栏中直接输入网页的 URL 地址并确定，IE 浏览器会连接到服务器显示出网页内容，并可以将该输入的地址保存下来，等待下次访问时使用。这种地址可以通过选择地址栏下拉列表中选项即可。

网页上都提供了很多具体的超链接，用以链接相关的信息。此时，我们可以通过鼠标单击相应的超链接地址，实现一个页面跳转到另一个页面，而不用事先知道其具体的 URL 地址。

2. 快速浏览网页

对于经常要访问的网站，可以通过设置主页、使用历史记录和收藏夹的方法来实现快速访问。

（1）设置主页

如果用户希望 IE 浏览器打开的时候就显示某一网页的话，可以将其放在 Internet 的主页中，操作方法如下。

单击【工具】→【Internet 选项】命令，将弹出"Internet 选项"对话框，如图 6-9 所示。在"主页"栏的"地址"文本框中输入所需的网页地址，点击【确定】按钮后重新打开 IE 浏览器，就可以看到所需的主页了。

（2）使用历史记录

使用历史记录可以更方便、快速的打开以前浏览过的网页，其操作方法如下。

单击工具栏中的【历史记录】按钮，浏览器左边将出现如图 6-10 所示的"历史记录"任务窗格，其中可以查看以前日期所访问过的网页，此时单击某个记录就可以链接到相应的网页。

清除历史记录可以通过单击【工具】→【Internet 选项】命令，选择"常规"选项卡

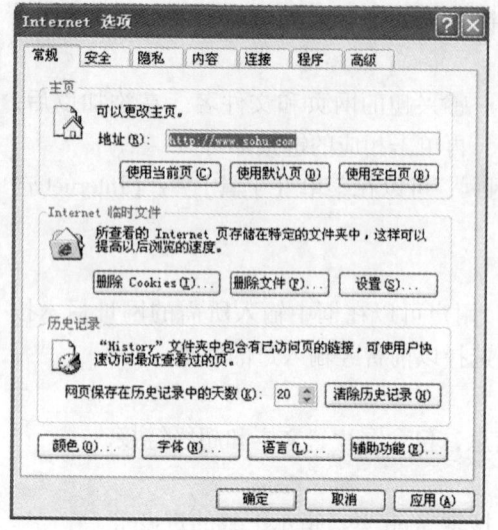

图6-9 "Internet 选项"对话框

图6-10 "历史记录"任务窗格

中的【清除历史记录】按钮来实现。也可以通过"历史记录"栏来设置网页保存的天数。

（3）使用收藏夹

当遇到感兴趣的网页时，可以将其保存在收藏夹中，以便下次可以快速的访问。具体的操作方法将在6.3.4中详细介绍。

6.3.3 网页的保存与打印

如果有需要的图片、文章或整个网页，则可以将这些内容保存到本地计算机中。对于需要在纸张中查看或分析的网页内容，可以将其通过打印机打印输出。

1. 保存网页

可以将需要长期保存的网页直接保存到电脑中，以便随时浏览。其操作过程如下。

（1）打开要保存的网页，选择【文件】→【另存为】命令。

（2）打开"保存网页"对话框，在"文件名"文本框中输入网页保存后的名称，在"保存类型"下拉列表框中选择网页保存的格式，单击【保存】按钮即可将网页保存到电脑中，如果在"保存类型"下拉列表框中选择"网页，全部"选项，则可以将网页中的图片也保存到电脑中。

（3）单击【浏览文件夹】按钮，将打开"保存网页"对话框，从中可以选择保存位置，然后单击【保存】按钮即可将网页保存到指定位置。

2. 保存图片

如果要保存图片，则可以用右键单击要保存的图片，在弹出的快捷菜单中选择【图片另存为】命令，在打开的"保存图片"对话框中设置图片的保存文件名和保存位置等，将图片保存即可。

6.3.4 收藏网页

1. 网页收藏

收藏网页的具体操作方法如下。

(1) 在 IE 浏览器中打开需要添加到收藏夹的网页。

(2) 单击工具栏中的【收藏夹】按钮,在打开的"收藏夹"任务窗格中单击【添加】按钮,或者单击【收藏】→【添加到收藏夹】命令,弹出如图 6-11 所示的"添加到收藏夹"对话框。

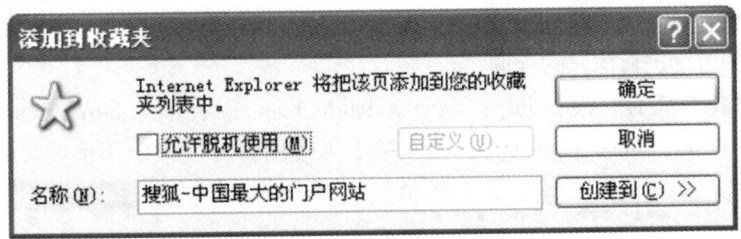

图 6-11 "添加到收藏夹"对话框

(3) 在"名称"文本框中会显示当前打开的网页默认标题,也可以根据网页的内容自己重新命名,单击【确定】按钮即可。

2. 整理收藏夹

当收藏夹中的网页过多时,可以对收藏夹进行整理和分类。具体的操作方法如下。

单击【收藏】→【整理收藏夹】命令,弹出"整理收藏夹"对话框,如图 6-12 所示。

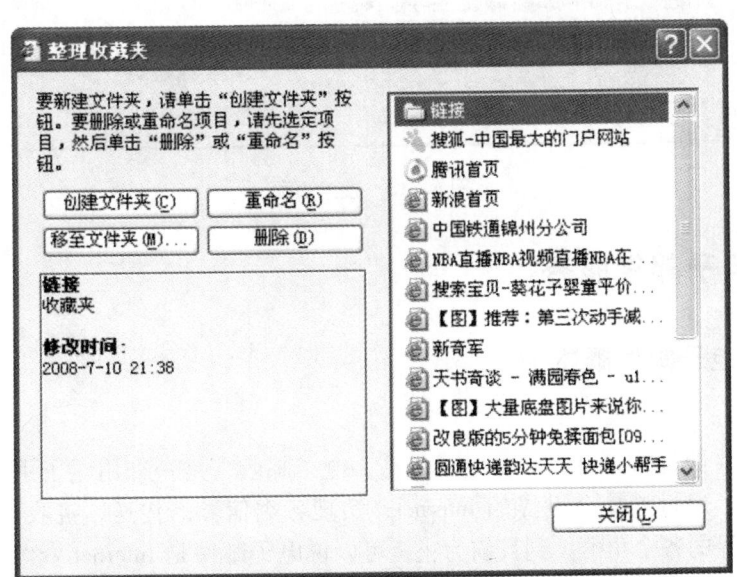

图 6-12 "整理收藏夹"对话框

其中,【创建文件夹】按钮可创建新的文件夹来保存网页;【重命名】按钮可以对收藏夹中的文件夹和网页进行重新命名；【移至文件夹】按钮可以将以前放入收藏夹中的网页移入到目标文件夹中；【删除】按钮可以删除不再需要的网页。

6.3.5 搜索引擎

网上有着丰富的资源和信息，有时很难找到自己明确需要的目标，此时可以使用搜索功能来查找符合要求的目标。搜索时只需要输入有关信息的关键字即可，十分的方便快捷。

搜索引擎（Search Engine）是指根据一定的策略、运用特定的计算机程序搜集互联网上的信息，在对信息进行组织和处理后，为用户提供检索服务的系统。搜索引擎大多具有庞大的数据库，可输入关键字进行信息的查询。

常用的搜索引擎有百度（http：//www.baidu.com）、谷歌（http：//www.google.cn）和雅虎（http：//cn.yahoo.com）等。图 6-13 为使用百度搜索中国世博会的结果。

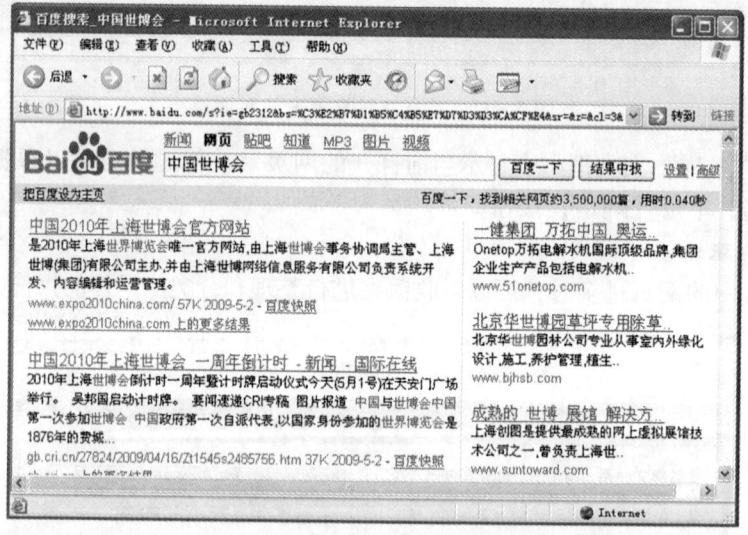

图 6-13 搜索页面

6.4 电子邮件服务

6.4.1 电子邮件概述

1. 概述

电子邮件（简称 E-mail）又称电子信箱、电子邮政，是一种用电子手段提供信息交换的通信方式。通过连接全世界的 Internet，实现各类信号的传送、接收、存贮等处理，将邮件送到世界的各个角落。到目前为止，可以说电子邮件是 Internet 资源使用最多的一种服务，E-mail 不只局限于信件的传递，还可用来传递文件、声音及图形、图像等不同类型的信息。

电子邮件是被称为"存储转发式"的服务，利用存储转发可进行非实时通信，属异步通信方式。和最常用的日常通信手段——电话系统相比，电子邮件在速度上虽然不占优势，但它不要求通信双方同时在场。信件发送者可随时随地发送邮件，即使对方现在不在，仍可将邮件立刻送到对方的信箱内，且存储在对方的电子邮箱中。接收者可在他认为方便的时候读取信件，不受时空限制。

另外，电子邮件还可以进行一对多的邮件传递，同一邮件可以一次发送给许多人。最重要的是，电子邮件是整个网间以至所有其他网络系统中直接面向人与人之间信息交流的系统，它的数据发送方和接收方都是人，所以极大地满足了大量存在的人与人通信的需求。

2. 电子邮件的工作方式

（1）电子邮件的传输通过电子邮件简单传输协议 SMTP 来完成，它是 Internet 下的一种电子邮件通信协议。

（2）电子邮件的基本原理，是在通信网上设立"电子信箱系统"，它实际上是一个计算机系统。

系统的硬件是一个高性能、大容量的计算机。硬盘作为信箱的存储介质，在硬盘上为用户分一定的存储空间作为用户的"信箱"，每位用户都有属于自己的一个电子信箱。并确定一个用户名和用户可以自己随意修改的口令。存储空间包含存放所收信件、编辑信件以及信件存档 3 部分空间，用户使用口令开启自己的信箱，并进行发信、读信、编辑、转发、存档等各种操作，系统功能主要由软件实现。

（3）电子邮件的通信是在信箱之间进行的。用户首先开启自己的信箱，然后通过键入命令的方式将需要发送的邮件发到对方的信箱中。邮件在信箱之间进行传递和交换，也可以与另一个邮件系统进行传递和交换。收方在取信时，使用特定账号从信箱提取。

6.4.2 免费的电子信箱

要拥有一个电子邮箱，通常是向某个网络公司申请了账号才能获得，一般有两种方法可以获得邮箱，在 Internet 上免费申请邮箱和向提供了电子邮箱服务的服务商申请购买得到，后者的服务一般比前者稳定。这里主要介绍免费电子信箱的使用。

使用网页方式收发电子邮件时需要先登录到提供电子邮箱的站点上，再通过站点收发邮件。

邮箱申请成功后，在邮箱登陆界面中输入用户名和密码，即可进入邮箱。如图 6-14 所示。邮箱一般分为收件箱、发件箱、草稿箱和垃圾箱等几个部分，发送邮件时可以以文本文件方式发送，也可以以附件的方式发送。

单击【写信】按钮，打开"写信"窗口，如图 6-15 所示（搜狐网络提供的免费邮箱）。在"收件人"文本框中输入收件人的地址，如需要还可以输入抄送人、暗送人等；在"主题"文本框中输入邮件的标题，在下半部分的文本框中可以编辑邮件的内容，如有附件也可以使用邮箱提供的附件功能进行附件上传，最后单击【发送】按钮，即可发送邮件，发送成功后一般都会有发送成功的提示。

计算机应用基础

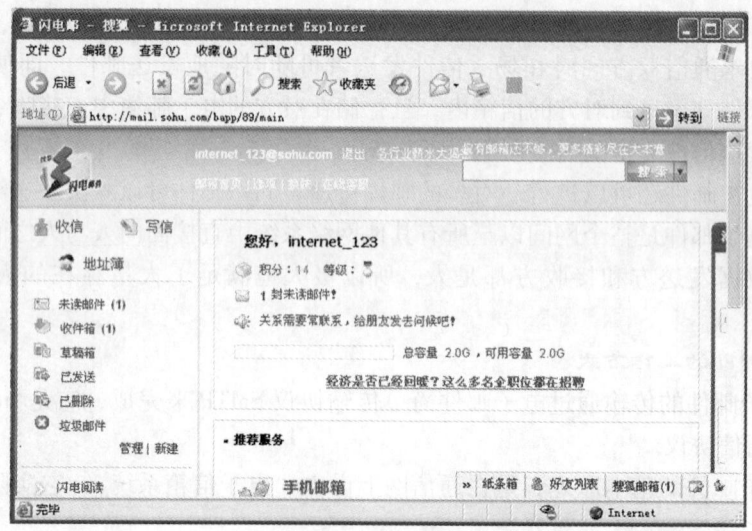

图 6-14 邮箱首界面

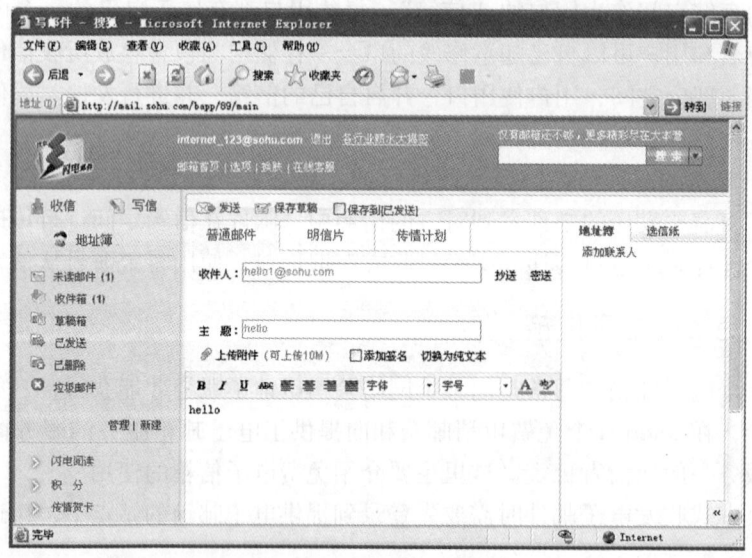

图 6-15 邮箱发信界面

6.4.3 Outlook Express 的设置与使用

Outlook Express 作为一个使用较为广泛的收发邮件的软件,是 Office 2003 的组件之一,并且集成在 IE 浏览器中。

1. Outlook Express 的启动和窗口

单击任务栏中的【开始】→【所有程序】→【Outlook Express】命令,即可启动 Outlook Express 软件,出现如图 6-16 所示的窗口。窗口分为标题栏、菜单栏、工具栏、邮件显示区、状态栏、文件夹、文件夹列表和联系人列表等几部分。

第 6 章 网络基础与 Internet 应用

图 6-16　Outlook Express 窗口

2. 账号设置

（1）第一次启动 Outlook Express 时，会出现 Internet 连接向导，进行 Outlook Express 设置。如果需要添加新的 Outlook Express 邮件账户，需要在 Outlook Express 菜单中选择【工具】→【账户】→【添加】命令，如图 6-17 所示，在级联菜单中选择"邮件"选项，启动"Internet 连接向导"对话框。

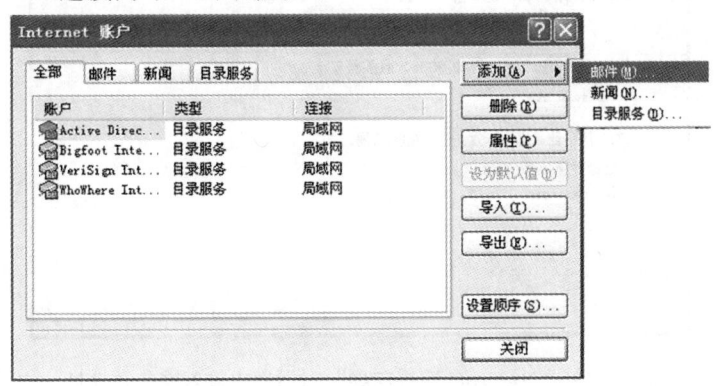

图 6-17　"Internet 账户"对话框

（2）在弹出的对话框中的"显示名"文本框中输入姓名，可任意设定，单击【下一步】按钮，再输入您的电子邮箱地址，如图 6-18 所示。

（3）在"电子邮件服务器名"对话框中，填入接受邮件服务器地址和发送邮件服务器的地址，如图 6-19 所示，单击【下一步】按钮。

（4）在"Internet Mail 登录"对话框中，输入账户名和密码，单击【下一步】按钮，在"祝贺您"对话框中单击【完成】按钮完成设置。

3. 创建并发送电子邮件

在有了自己的账户之后，就可以撰写并发送邮件了，单击工具栏中的【创建邮件】

计算机应用基础

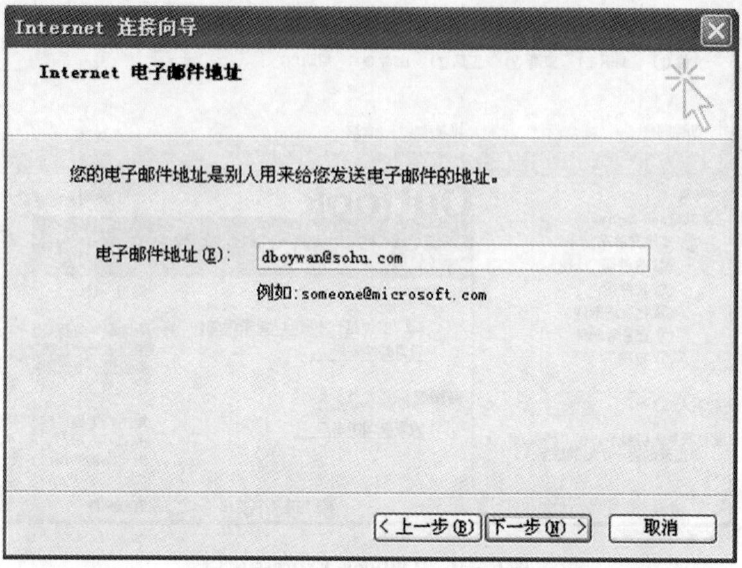

图6-18 "Internet连接向导"对话框中输入电子邮件地址

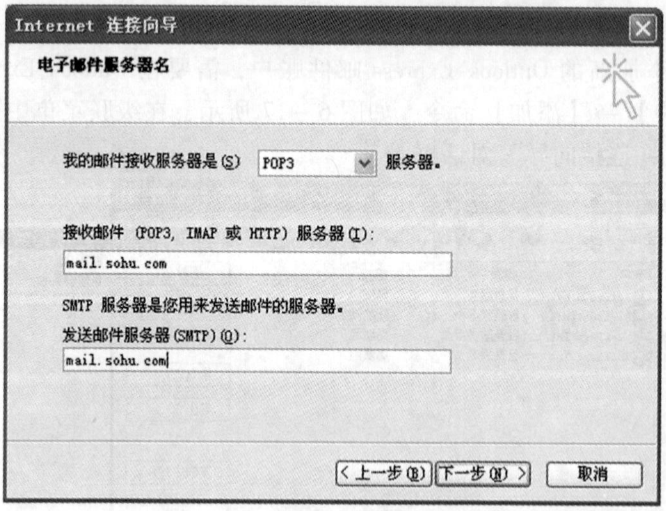

图6-19 "Internet连接向导"对话框中输入服务器地址

按钮,弹出发送邮件窗口,如图6-20所示。

在"收件人"文本框中输入收件人的邮件地址,如果有多个收件人则在每个收件人地址之间用分号隔开;在"抄送"文本框中输入邮件副本收件人的姓名;在"主题"文本框中输入该邮件的主题名;在文本编辑框中输入邮件正文。

邮件编辑好之后单击【发送】按钮,邮件将首先被发送到发件箱中,如果该邮件没有被限制时间,则立刻就会被发送出去;如果限制了邮件发送时间,则将被暂时存放在发件箱中,时间一到便会发送出去。

4. 接收、回复和转发邮件

接收到的邮件是被存放在收件箱中的,单击Outlook Express窗口文件夹列表中的"收

第 6 章　网络基础与 Internet 应用

图 6-20　Outlook Express 发送邮件窗口

件箱",所有收到的邮件将显示在邮件列表中,单击要阅读的邮件主题,其内容便显示在预览窗口中,如图 6-21 所示。

图 6-21　Outlook Express 收件箱

当需要对收到的邮件进行回复时,单击 Outlook Express 窗口工具栏中的【答复】按钮,系统弹出回复窗口,在文本框中编辑需要回复的信息,单击【发送】按钮即可发送邮件。

转发邮件可以通过单击工具栏中的【转发】按钮,在"收件人"文本框中输入收件人的邮件地址,就可将收到的邮件转发给其他人。

6.5 文件的上传与下载

6.5.1 文件的上传

1. FTP 简介

Internet 提供文件传输服务。文件传输就是把文件通过网络从一台计算机复制到另一台计算机的过程。在 Internet 中实现这一功能的是 FTP（文件传送协议的简写），其主要作用就是让用户连接上一台远程计算机，该计算机必须运行 FTP 程序，并存储了设置为共享的软件及其他文件，此时称该台计算机为 FTP 服务器。

当用户输入命令要求向服务器传送一个指定的文件时，服务器会响应这个命令，由用户确定存入的目录中（该目录 FTP 服务器允许上传），开始传送指定文件，这个过程称为"上传文件"。

2. 用浏览器上传

登陆 FTP 服务器的方法有很多种，可以使用 FTP 专门工具来传输，也可以直接在 IE 浏览器中访问 FTP 站点来访问。本节中介绍后者的操作过程。

（1）登陆 FTP 站点

打开 IE 浏览器，在地址栏上输入 FTP 服务器地址（ftp：// ***. **），即可进入指定的服务器的文件夹中。此时的进入为匿名，如果想以合法的账号来登录，单击菜单【文件】中的【登录】命令，在弹出的"登录身份"对话框中输入用户名和密码即可正确登录。

（2）上传文件

在本地的计算机中选择需要上传的文件或者文件夹并复制，然后进入 FTP 服务器中，选择需要存放的文件，执行粘贴操作即可。

6.5.2 文件的下载

当用户输入命令要求服务器传送一个指定的文件时，服务器会响应这个命令，开始传送指定文件，再由用户存入指定目录中，这个过程称为"下载文件"。

1. 登陆 FTP 站点

按照之前学习的方法进行 FTP 站点的登陆。

2. 下载文件

当进入 FTP 站点后，可以看到该站点下的所有共享信息，选择想要下载的文件或文件夹，鼠标右键单击，在弹出的快捷菜单中选择【复制】命令，指定需要存放的文件夹路径，即可将服务器中的文件下载到自己的计算机中。

3. 软件介绍

通过 FTP 上传和下载文件可以通过 IE 浏览器进行操作，也可以使用专用的 FTP 软件来进行操作，下面我们介绍一款专门的 FTP 下载工具，比如 CuteFTP。它的获取和安装过程非常简单，这里就不详细介绍了。首先来看它的程序界面，如图 6-22 所示。

第 6 章 网络基础与 Internet 应用

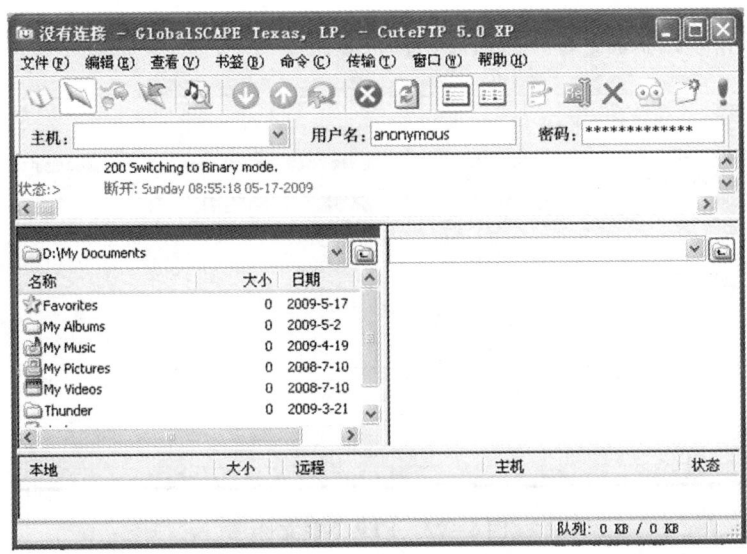

图 6-22 FTP 软件首界面

界面左上角的"主机"文本框用来输入 FTP 服务器的地址进行快速连接，它后面的两个输入框用来设置用户名和密码，如果是匿名登陆，可以将其留空，输入完地址之后直接按回车键。窗口左侧为本地驱动器，可以浏览本机上的文件。窗口最下方则是用来显示正在下载的队列，每个下载项目占一行。下面我们介绍几种 CuteFTP 的典型应用。

（1）已知下载链接下载单个文件

例如：FTP 下载连接为 ftp：//159.226.71.130/pub/file.iso，操作方法如下。

① 单击【文件】→【手动下载】命令。

② 在弹出的对话框中的"下载路径"框中输入（或者通过剪贴板粘贴）下载链接，然后单击【确定】按钮。

③ 如果 CuteFtp 成功地找到了文件，窗口下方的下载队列中会出现相应的条目。

（2）已知 FTP 服务器地址下载需要的文件

如图 6-23 所示，假设知道需要下载的文件在某个 FTP 服务器上，并且知道服务器的地址，对于非匿名服务器还需要获得账号和密码。需要下载文件时按照以下步骤操作。

① 将 FTP 输入到 CuteFtp 上方的工具栏中。

② 如果服务器不提供匿名下载，在后面的两个编辑框中输入相应的账号和密码。

③ 从文件列表中找到自己需要的文件，选中，单击鼠标右键从弹出菜单中选择【下载】即可。

本章小结

本章对计算机网络的基本概念和 Internet 的基础知识做了概要介绍，通过本章的学习，力求使学生能够了解和掌握网络与 Internet 的最基本知识，并且能够不断在实践中强化、细化。

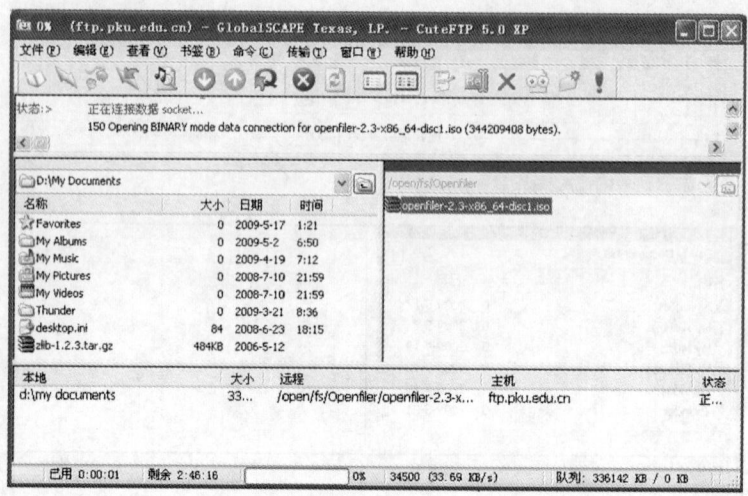

图 6-23 FTP 下载文件

主要参考文献

1. 王爱英.《计算机组成与结构》,第 2 版.北京:清华大学出版社,1994
2. 王光兴,朱志良.《计算机基础知识及应用》.沈阳:辽宁大学出版社,2001
3. 王丽萍.《中文 Word 2003 课堂》.北京:清华大学出版社,2004
4. 柴靖编.《中文版 Word 2003 实用教程》.北京:清华大学出版社,2007
5. 张瑞丰,盛书红.《图解精通 Word 2003》.北京:中国水利水电出版社,2004
6. 李淑华.《计算机应用基础》.北京:高等教育出版社,2005
7. 冯璧,孙瑞新.《计算机应用基础》.北京:高等教育出版社,2005
8. 钱晓平,龚沛曾.《计算机文化基础》.北京:高等教育出版社,1999
9. 杨振山,龚沛曾.《大学计算机基础简明教程》.北京:高等教育出版社,2006
10. 卢湘鸿.《计算机应用基础》.北京:清华大学出版社,2007
11. 王金兰.《计算机应用基础》.北京:机械工业出版社,2008
12. 成先海.《计算机网络技术基础》.北京:机械工业出版社,2002
13. 张秀杰,胡树煜.《计算机应用基础技能教程》.北京:中国农业科学技术出版社,2008